I libri di Viella

227

Al crocevia della storia

Poesia, religione e politica in Vittoria Colonna

a cura di
Maria Serena Sapegno

viella

Prima edizione: ottobre 2016
ISBN 978-88-6728-638-6

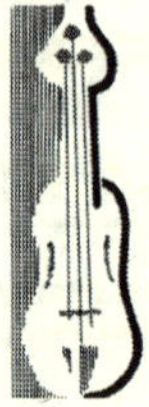

viella
libreria editrice
via delle Alpi, 32
I-00198 ROMA
tel. 06 84 17 758
fax 06 85 35 39 60
www.viella.it

Indice

Maria Serena Sapegno

Introduzione

La figura di Vittoria Colonna si colloca al centro di un periodo ricco e complesso della civiltà italiana ed europea, nel quale molte certezze si dissolsero e, solo dopo una crisi lunga e drammatica, si raggiunsero nuovi e difficili equilibri.

Vittoria Colonna nacque nel cuore di quel ceto aristocratico che, avendo costruito la grande civiltà italiana, ed essendo ancora ricco e influente, si misurava ormai con l'impotenza politica. Se suo padre Fabrizio Colonna era stato un condottiero di tale valore da divenire il personaggio chiave di un testo come *Dell'arte della guerra* di Machiavelli, è anche vero che tale straordinaria virtù militare era stata messa al servizio dei francesi prima e degli spagnoli poi, nella conquista dell'Italia. L'impossibilità o, secondo Guicciardini, la vergognosa incapacità delle classi dirigenti italiane di difendere un'indipendenza basata su un sistema di equilibri interstatuali ormai in crisi irreversibile («si disordinorono di maniera gli instrumenti della quiete e concordia italiana che, non si essendo mai poi potuta riordinare, hanno avuto facoltà altre nazioni straniere e eserciti barbari di conculcarla miserabilmente e devastarla»)[1] produsse quella che ai suoi occhi si configurava come una catastrofe.

Le stesse vicende biografiche di Vittoria Colonna sono esemplari degli eventi determinanti in corso: infatti la politica matrimoniale dei Colonna implica la sua promessa in sposa all'età di quattro anni a Fernando Francesco (Ferrante) d'Avalos, futuro marchese di Pescara, al fine di rafforzare attraverso il regno di Napoli l'alleanza con la Spagna. Vittoria Colonna aveva avuto un'educazione raffinata e anche grazie a sua madre, Agnesina

1. F. Guicciardini, *Storia d'Italia*, a cura di C. Panigada, Bari 1967 (ed. or. 1929), I, p. ix.

da Montefeltro (figlia di Federico duca d'Urbino e cresciuta nella corte idealizzata da Castiglione in *Il libro del Cortegiano*) era parte dell'élite culturale della penisola. Quando, divenuta marchesa di Pescara, si trasferirà a Ischia nella vivace corte di Costanza d'Avalos, avrà accesso a una vasta e ricchissima biblioteca e a un ambiente culturalmente e politicamente stimolante, dove avrà modo di incontrare alcuni interlocutori significativi, come i poeti Jacopo Sannazaro, Cariteo e Galeazzo di Tarsia.

Sono anni decisivi per l'Italia e per l'Europa, con eventi che segnano svolte di grande rilevanza storica come la battaglia di Pavia del 1525, il punto più alto della guerra per il predominio sull'Italia che ne sancisce la conquista da parte della Spagna dell'imperatore Carlo V; allo stesso tempo quell'evento vede l'affermazione trionfale del comandante spagnolo Ferrante d'Avalos, ma anche il suo ferimento a cui seguirà la morte, la svolta più importante della vita di Vittoria Colonna.

In quegli stessi anni si era aperto in tutta Europa, e anche in Italia, un grande dibattito sulla riforma della Chiesa: in discussione è il ruolo e il senso stesso della struttura ecclesiastica, il rapporto tra il culto e i credenti, le nozioni di ortodossia e di eresia, il rapporto del singolo credente con la Sacra Scrittura. Anche negli ambienti letterari napoletani frequentati da Vittoria Colonna circolavano gli scritti di protagonisti come Valdes, Lefèvre d'Étaples e del circolo di Meaux[2] prima ancora che la marchesa potesse incontrare a Roma la figura carismatica del predicatore senese Bernardino Ochino che tanta influenza ebbe su di lei e sull'intero movimento "spirituale" fino alla fuga forzata nel 1542.

Anche in dipendenza da queste problematiche, si manifestano nello stesso periodo cambiamenti profondi nella relazione tra cultura d'élite e una nuova "cultura di massa" consentita dalla diffusione della stampa a caratteri mobili. Per questi e altri motivi saranno moltissime le donne a vedere pubblicati i loro testi, come mai era accaduto prima, mentre si riprende e si sviluppa una *querelle des femmes* alla quale a breve prenderanno parte per la prima volta e in prima persona delle voci femminili.

Di tali questioni c'è traccia rilevante anche ne *Il libro del Cortegiano* di Baldassar Castiglione, stampato nel 1528 (dopo una lunga circolazio-

2. J. de Valdés, *Lo Evangelio di San Matteo,* a cura e con introduzione di C. Ossola, testo critico di A.M. Cavallarin, Roma 1985; C. Vecce, *Sannazaro in Francia: orizzonti europei di un 'poeta gentiluomo'*, in *Iacopo Sannazaro. La cultura napoletana nell'Europa del Rinascimento*, a cura di P. Sabbatino, Firenze 2009, pp. 149-165.

ne manoscritta anche "per colpa" della stessa Vittoria Colonna) accanto a profondi cambiamenti nella concezione stessa della socialità, del ruolo degli intellettuali, del rapporto con il potere e l'autorità, presto di nuovo trasformati radicalmente come è testimoniato ne *Il Galateo overo de'costumi* di Monsignor della Casa, stampato trent'anni dopo e testimonianza di un mondo ormai mutato.

Un destino, quello di Vittoria Colonna, che sembra collocarla, appunto, "ai crocevia della storia", per occupare in ognuno di essi un ruolo da protagonista, volente o nolente che fosse. Come nel caso delicato e difficile del sacco di Roma del 1527, perpetrato dalle truppe imperiali, che la vedono impegnata in un difficile equilibrio tra gli interessi politici della sua famiglia, schierata con l'imperatore, e la difesa e la protezione della popolazione, nonché in un tentativo di mediazione a favore del papa.

Il nostro Convegno è stato costruito precisamente sull'interrogazione di questa centralità ed esemplarità con l'intenzione di andare più a fondo per superare, attraverso l'incontro tra storiche e letterate, la maschera fissa e di maniera consegnataci dalla tradizione, con uno sguardo più ampio.

Il saggio di Virginia Cox esplora, attraverso il ricorso non solo ai testi letterari ma anche alla numismatica, aspetti complessi e meno noti di tale esemplarità. Si tratta del fortunato incontro tra una ricerca consapevole di *exempla* da parte di Vittoria Colonna, basata sulla sua cultura umanistica, e la necessità della cultura dei suoi tempi di fornire figure guida. Il modello che ne deriva è nuovo e interessante: un modello morale ed estetico originale, una figura cui vengono attribuiti cenni virili, dotata di una dimensione anche politica, legata alle più importanti discussioni del tempo.

Adriana Chemello illustra la straordinaria diffusione della immagine «gloriosa e singulare» di Vittoria Colonna nei testi di un numero elevato di scrittori e letterati contemporanei già nel corso della sua vita, specie in area napoletana, e più avanti la forte ripresa della sua fama, con varie ristampe delle *Rime* tra Settecento e Ottocento. In particolare risulta interessante la figura nuova che emerge invece dalle lettere della stessa marchesa che circolano a stampa.

Infatti prende piede proprio in quegli anni, e ha subito una vasta diffusione, il fenomeno inedito e importante dei *libri di lettere*: la stampa di scritture epistolari tra il pubblico e il privato «di diversi nobilissimi huomini». Il nuovo genere ridisegna una idea di relazione e di socialità tra intellettuali che prevede una dimensione di solitudine coltivata ma anche un intenso dialogo, condizione esemplare nella quale per la prima volta trova posto una donna, Vittoria Colonna. Colonna, che assume anche nella scrittura poetica una disposizione dialogica ed "epistolare",[3] sembra comprendere le potenzialità di questa forma e privilegiare la dimensione nella quale riesce a esprimere tante delle questioni che le stanno più a cuore, nelle lettere "pubbliche" e nelle private. Nel 1544 escono a stampa le sue *Litere*[4] spirituali e nel 1545 una nuova silloge più ampia: sono scritture spirituali nella forma della meditazione, dall'interlocutore non sempre esplicitato, molto spesso pongono a tema proprio figure di donne esemplari.

Tutte le lettere di Vittoria Colonna aiutano a inquadrare una densissima attività di scambio culturale e rapporti intensi con moltissimi dei protagonisti del tempo: da Michelangelo a Pole a Morone o Ochino, la comunicazione epistolare vede la marchesa protagonista dei dibattiti più importanti e delicati sui temi della riforma religiosa, anche in rapporto diretto con le massime autorità del tempo e con il Pontefice.

Ed è ancora soprattutto la scrittura epistolare a permetterci di conoscere altre facce della sua complessa personalità: Marina d'Amelia analizza i rapporti con la famiglia, in particolare con gli uomini autorevoli che la rappresentano. Si chiarisce il forte investimento che la famiglia Colonna aveva fatto su di lei e la sua importante funzione di mediazione negli anni difficili della crisi con il Papa, ma anche la sua difesa incrollabile dell'autonomia familiare, l'intensa attività diplomatica nei confronti degli ambienti imperiali.

Di ambivalenza e di pulsioni contraddittorie parla del resto anche la poesia delle *Rime* che, a uno studio più sistematico (Sapegno) rivelano, pur nella caotica situazione del testo, da un lato una continua e fortissima tensione costruttiva che va nella direzione di un canzoniere strutturato, dall'altro un dubbio radicale, un'aspirazione al silenzio assoluto. Si delinea un Io lirico fortemente centrato nella dimensione dell'interiorità, attento a un progetto complessivo che si va ridisegnando nel tempo e che, pur nella sostanziale continuità assicurata da una costante riflessività metapoetica, approda infine alla scoperta di una forma nuova di poesia/meditazione/

3. C. Vecce, *Vittoria Colonna: il codice epistolare della poesia femminile*, in *Les femmes écrivains en Italie au Moyen Âge et à la Renaissance*, Aix-en-Provence 1994, pp. 213-232.

4. *Litere della divina Vetoria Colona marchesana di Pescara ala duchessa de Amalfi sopra la vita contemplativa di Santa Caterina et sopra de la activa di Santa Madalena non piu viste in luce*, Stampata nella Inclita Cita di Venetia per Alessandro de Viano Venetian. Ad Instantia di Antonio detto el Cremaschino. Ne l'anno del Nostro Signore. M.D.XXXXIIII.

preghiera che tanto peso avrà nello scenario della poesia contemporanea, femminile e non solo.

Una novità di dettato e di tono che aiuta forse a spiegare anche la storia di uno straordinario successo che, nel saggio di Tatiana Crivelli, si comprende meglio se si abbandona quella divisione un po' schematica tra letteratura d'élite e di massa che proprio in quegli anni la stampa comincia a minare profondamente. È infatti guardando alla particolare diffusione delle stampe delle *Rime* che si comincia a intravedere la funzione decisiva svolta dal mercato, la nascita e la formazione di un nuovo pubblico, aperto alla scrittura delle donne e alla poesia spirituale.

Una prospettiva nuova dunque, confermata dal saggio di Abigail Brundin sullo studio dei circuiti della letteratura devozionale nei quali la poesia e i testi in prosa di Colonna si inseriscono perfettamente. Per la prima volta così una donna, per di più laica, diviene modello devoto e la lettura della sua poesia si può configurare anche come un atto di culto. D'altra parte una lettura devozionale comune rappresentava una dimensione pubblica meno lontana di altre dalla sensibilità evangelica di Vittoria. E non è da escludersi che lo stesso manoscritto Vaticano delle rime spirituali, organizzato da Vittoria Colonna per Michelangelo, risenta di quella dimensione dialogica e devozionale.

Si tratta certo di una sensibilità squisitamente individuale ma anche nutrita da una lunga storia, che inizia con ogni probabilità a Ischia, negli incontri con Jacopo Sannazaro che, al ritorno della Francia, portava con sé molti stimoli raccolti dalla vivace discussione d'Oltralpe: nel saggio di Gigliola Fragnito si ripercorrono le tappe e si osservano gli incroci con i diversi personaggi fin dai più giovani anni di Vittoria. Conta quindi l'influenza della Francia ma anche la frequentazione delle molte donne aristocratiche della famiglia allargata, impegnate in attività benefiche; l'arrivo di Ochino ma anche i rapporti col cardinale Contarini, tutti fattori che compongono un quadro complesso, e concorrono a definire una specifica competenza teologica, in formazione nel corso di lunghi anni, a smentire invece un'interpretazione corrente che attribuirebbe alla comparsa del cardinal Pole la svolta decisiva nelle opinioni teologiche e nella sensibilità religiosa della marchesa di Pescara.

Del resto, parallelamente a una intensa dimensione spirituale, anche una profonda ambivalenza tra vita pubblica e raccoglimento interiore la caratterizza da sempre, fino a un certo punto a tentarla decisamente verso una vita diversa e dedita alla sola contemplazione devozionale, come emerge dal saggio di Ramie Targoff.

Le interpretazioni della figura di Vittoria Colonna, che ha goduto del privilegio pressoché unico tra le donne letterate italiane di non scomparire mai del tutto dal canone, sono cambiate molto nel corso del tempo. Infatti la storia moderna della ricezione dell'opera di Colonna e quella della costruzione del suo mito di vedova casta e dolente la vede anche inguaribilmente dipendente, dai modelli poetici dominanti e dagli officianti dell'evangelismo. Nei primi tempi della sua attività poetica era prevalso piuttosto il modello autorevole della vedova esemplare che con la poesia sfida la morte, cantato già nei primi anni trenta da Ariosto: «Quest'una ha non pur sé fatta immortale / col dolce stil di che il miglior non odo; / ma può qualunque di cui parli o scriva, / trar dal sepolcro, e far ch'eterno viva».[5] Più tardi tale figura era stata affiancata e poi superata da quella della guida spirituale verso la salvezza, fissata nelle parole di tanti e tra tutti iconicamente in quelle famose di Michelangelo, la cui assoluta devozione e incondizionata ammirazione per l'arte e la spiritualità di Colonna giunge fino a farle grazia del suo unico vero e irreparabile "punto debole", l'appartenenza al genere "sbagliato" («Un uomo in una donna, anzi uno dio, / per la sua bocca parla»[6]).

Negli ultimi trent'anni, anche a seguito della discussa edizione critica delle *Rime* a cura di Bullock,[7] che resta con i suoi limiti l'unico testo di riferimento, si sono moltiplicati gli studi sulla figura di Vittoria Colonna, così come quelli su altri e altre protagonisti/e di quella stagione ricca e drammatica della cultura italiana ed europea. In particolare è proprio il protagonismo delle donne ad avere acquisito maggior profondità e spessore attraverso lo sguardo di tante studiose di diverse discipline. Il quadro che si sta delineando deve, anche per questo, essere riorganizzato e rivisto in una luce talora davvero molto nuova. Si tratta di un'impresa che vede insieme collaborare proficuamente studiose e studiosi di discipline diverse e anche di lingue e paesi diversi, come nel caso di questo convegno o del *Companion* appena pubblicato su Vittoria Colonna.[8] Resta, per chi studia

5. Ludovico Ariosto, *Orlando furioso*, XXXVII, 16.

6. Michelangelo Buonarroti, *Rime*, 235, a cura di E.N. Girardi, Bari 1967.

7. Vittoria Colonna, *Rime*, a cura di A. Bullock, Roma-Bari 1982.

8. *Companion to Vittoria Colonna*, a cura di A. Brundin, T. Crivelli, M.S. Sapegno, Leiden 2016.

testi scritti da donne, in particolare tra Cinque e Seicento, il rammarico per i moltissimi non più reperibili a stampa in edizioni moderne seppure fortunatamente oggetto, almeno in parte, di ristampe d'oltreoceano, come nel caso della benemerita serie *The Other Voice in Early Modern Europe*, iniziata nel 1996 da Margaret King & Albert Rabil per la Chicago University Press e successivamente continuata dal *Centre for Reformation and Renaissance Studies* (University of Toronto).

Vittoria Colonna in particolare costituisce un caso davvero unico: mentre è ormai sempre più chiaro il ruolo fondamentale svolto dalla marchesa di Pescara e dai suoi testi nel panorama della cultura europea, e questo volume contribuisce a confermarlo, resta ancora quasi impossibile a un lettore o una lettrice accedere con semplicità in Italia alle sue opere e alle lettere.

I

Una figura modello

Virginia Cox

Vittoria Colonna e l'esemplarità

Che Vittoria Colonna fosse una donna esemplare era una verità universalmente riconosciuta nel Cinquecento. L'unico punto che restava da stabilire era quanto esemplare fosse. Ludovico Ariosto ne aveva già evidenziato le altissime capacità nella terza edizione dell'*Orlando furioso*, del 1532, riconoscendo nella quarantenne Colonna l'archetipo dell'emergente figura intellettuale della donna scrittrice e rivelando di aver scelto proprio lei per evitare l'odioso compito di nominare le altre scrittrici a lei contemporanee.

Sceglieronne una; e sceglierolla tale
che superato avrà l'invidia in modo
che nessun'altra potrà havere a male
se l'altre taccio, e se lei sola lodo.[1]

In questo passaggio Ariosto presenta la superiorità di Vittoria Colonna come un fatto acquisito, tanto evidente che nessun'altra donna potrebbe offendersi per non esser stata nominata. Ella appartiene a una categoria diversa dalle «altre» destinate a rimanere ignote: *una* e *sola*, senza paragoni.

Sebbene i versi ariosteschi siano già fortemente lusinghieri, la superiorità di Vittoria Colonna viene evidenziata qui soltanto fra una cerchia di donne scrittrici. In altri testi, in modo più ambizioso, si propone la sua preminenza rispetto a tutte le donne. Un esempio lampante lo offre Giuseppe

1. Ludovico Ariosto, *Orlando furioso*, a cura di C. Segre, Milano 1976^2, p. 954 (canto 37, st. 16, ll. 1-4; la punteggiatura è stata rivista). Si veda V. Cox, *Women Writers and the Canon in Sixteenth-Century Italy: the Case of Vittoria Colonna*, in *Strong Voices, Weak History: Women Writers and Canons in England, France, and Italy*, a cura di P. J. Benson, V. Kirkham, Ann Arbor 2005, pp. 14-31, in part. pp. 17-19.

Betussi in *Delle donne illustri* del 1545, una raccolta di biografie al femminile che contiene una traduzione del *De claris mulieribus* di Boccaccio e cinquanta nuove biografie di moderne «donne illustri». Betussi inserisce Vittoria Colonna all'ultimo posto nella sua serie di ritratti e «ragionevolmente», in quanto si dimostra pari o superiore a tutte coloro che l'hanno preceduta sin dall'Antichità.

> Ragionevolmente in costei posso per hora conchiudere il numero delle Donne illustri, la quale sì come al paro di quante degne antiche e moderne, c'habbiano lasciato degna memoria a noi, si può agguagliare, non voglio dir porre innanzi, così giuditio è ch'ella abbracci tutte le particulari virtù e meriti delle altre.[2]

Vittoria Colonna è rappresentata qui come un ideale assoluto di virtù femminile. Più avanti, Betussi la presenta come «specchio», esortando le donne meno rigorose di lei nella ricerca della virtù a considerarla come modello e a riconoscere le proprie mancanze.[3]

Se Betussi si trattiene dal proclamare categoricamente Colonna la più grande donna (o donna laica) di tutta la storia, altri suoi elogiatori sono stati meno cauti. Un'orazione anonima tenuta all'Accademia Fiorentina per commemorare la morte della Colonna nel 1547 sostiene che la poetessa abbia conseguito i livelli più alti della cultura laica femminile, riuscendo a eclissare le «donne illustri» dell'Antichità classica. La Grecia non avrebbe più vantato Saffo e Penelope, né Roma Corinna e Lucrezia. In Colonna, i contemporanei avevano trovato un esempio di femminilità che abbracciava tanto le virtù morali di Penelope e Lucrezia quanto le virtù intellettuali di Saffo e Corinna, qualità mai possedute da una sola figura nell'Antichità.[4]

2. La citazione è ripresa dalla seconda edizione: *Libro di Messer Giovanni Boccaccio delle donne illustri, tradotto per Messer Giuseppe Betussi, con una additione fatta dal medesimo delle donne famose dal tempo di M. Giovanni fino a i giorni nostri, & alcune altre state per inanzi*, Pietro de Nicolini da Sabbio, Venezia 1547, 208v. In questo saggio le citazioni originali provenienti dai testi seicenteschi sono state leggermente modernizzate per quanto riguarda accenti e punteggiatura.

3. *Delle donne illustri*, 210r: «Ma dell'essempio suo mi rivolgerò a tutte l'altre, e ciòè a quelle, che gittano i giorni suoi in delicatezze e lascivie, e le metterò inanzi gli occhi questo specchio, e lume di virtù».

4. Il testo della lettura commemorativa si trova in M. Plaisance, *L'Accademia e il suo Principe: cultura e politica a Firenze al tempo di Cosimo I e di Francesco de' Medici; L'Académie et le Prince: culture et politique à Florence au temps de Côme I*[er] *et de François de Médicis*, Manziana 2004, pp. 294-309.

Colonna appariva come una donna di profonda pietà e integrità morale, ma era ben conosciuta anche per la sua cultura e il suo genio poetico: una vera e propria confutazione vivente di quel comune pregiudizio secondo il quale l'erudizione femminile era associata alla libidine, secondo il principio *nullam eloquentem esse castam.*

Il Rinascimento amava gli *exempla.* Amava gli «uomini illustri» e le «donne illustri». Diversi fattori della cultura rinascimentale contribuivano a dare particolare spessore ai discorsi sull'esemplarità.[5] Alcuni derivavano dalla cultura umanistica, quale il rilievo che la retorica classica assegnava agli esempi come potenti strumenti di argomentazione, capaci di concretizzare astratte nozioni morali e di far presa sull'immaginazione degli ascoltatori. Altri fattori derivavano dalla tradizione cristiana, come l'uso, a lungo radicato, di modellare la propria identità spirituale sugli esempi offerti dai santi, dalla Vergine, e infine, da Cristo (questo certamente una fonte importante per l'immagine dello specchio utilizzata da Betussi). Persino la moda e il gusto per gli emblemi, per le imprese e per i motti incoraggiavano la pratica dell'esemplarità e dell'autoesemplarità. «Che cosa rappresento?», domanda l'emblema. «Qual è il mio *significato*? Che cosa c'è in me che potrebbe servire da esempio per gli altri?».

Anche in questa cultura così pullulante di esempi sembra che Vittoria Colonna fosse percepita come perfettamente esemplare. Ella serviva a riassumere un preciso e moderno ideale di femminilità e veniva citata in questo senso in un'ampia gamma di testi dagli anni Trenta del Cinquecento in poi.[6] L'orazione fiorentina del 1547 appena discussa spiega, in parte, la ragione di tale fenomeno. Il mondo antico offriva numerosi esempi femminili di mirabile virtù morale, modelli di onestà, coraggio, temperanza, castità e devozione coniugale: questi comprendevano sia singole eroine, come Lucrezia, Penelope e Artemisia, sia figure eroiche collettive, come le famose donne dell'antica Sparta, il cui patriottismo guerresco rivaleggiava con quello dei loro uomini. L'antichità classica offriva anche un gruppo

5. Per uno studio fondamentale sull'esemplarità, si veda T. Hampton, *Writing from History: The Rhetoric of Exemplarity in Renaissance Literature*, Ithaca (NY) 1990.

6. Per le discussioni sui discorsi encomiastici riguardanti Colonna, si vedano C. Ranieri, *Vittoria Colonna: dediche, libri, e manoscritti*, in «Critica letteraria», 47 (1985), pp. 249-270; M. Scala, *Encomi e dediche nelle prime relazioni culturali di Vittoria Colonna*, in «Periodico della Società Storica Comense», 54 (1990), pp. 95-112; Cox, *Women Writers*; K. Gouwens, *Female Beauty and the Embodiment of Virtue: Vittoria Colonna in Paolo Giovio's Notable Men and Women*, in «Renaissance Quarterly», 68/1 (2015), pp. 33-97.

più ristretto di donne intellettualmente dotate, inclusa Saffo, l'esempio più noto, le filosofe greche Aspasia e Diotima (quest'ultima considerata una figura storica), e un manipolo di poetesse e oratrici romane, fra le quali Corinna e Ortensia. Estremamente rare invece, erano le donne dell'Antichità classica da poter citare come esempi tanto di virtù morale quanto di virtù intellettuale, tranne ovviamente quelle che si trovavano tra le fila delle sante, come Caterina d'Alessandria. Le donne erudite dell'Antichità greco-romana erano spesso rappresentate come sfrontate – è ad esempio il caso dell'oratrice Gaia Afrania menzionata da Valerio Massimo – oppure sessualmente promiscue, come la Saffo ovidiana (o pseudo-ovidiana). Persino la figlia di Scipione l'Africano, Cornelia, raro esempio di rispettabile matrona romana con un profilo letterario, era difficile da proporre come modello inequivocabile di esemplarità domestica, visto il carattere e il destino dei suoi figli, i Gracchi.[7]

All'inizio del Cinquecento, quindi, si sentiva in modo piuttosto urgente il bisogno di un *exemplum* in grado di offrire stabilità e visibilità discorsiva alla figura emergente della nobildonna laica, attiva culturalmente e dalle aspirazioni intellettuali: il tipo che Betussi cerca di definire nel suo trattato, sfruttando precisamente l'esempio di Colonna. Il Quattrocento aveva prodotto alcuni esempi di questo tipo, incluse diverse donne della linea materna di Colonna: Battista da Montefeltro Malatesta, all'inizio del secolo; Costanza Varano, la nipote di Battista, e Battista Sforza, figlia di Costanza, moglie di Federico da Montefeltro, signore di Urbino, e nonna materna di Vittoria Colonna.[8] Sebbene la loro erudizione fosse celebrata dagli umanisti, gli scritti di queste donne erano pochi e di scarsa circolazione; solo verso la fine del Quattrocento, con la diffusione della stampa e la decisiva affermazione del volgare come lingua letteraria, la cultura delle corti cominciò a divulgarsi tra gli uomini e le donne delle più estese élite urbane. È soltanto nei primi decenni del Cinquecento – e forse precisamente dagli anni Trenta del secolo – che l'Italia ebbe le sue prime vere icone

7. Su Cornelia, si veda D. Clarke, *Renaissance eloquence and female exemplarity: Coriolanus and the* matrona docta, in «Renaissance Studies», 28 (2013), pp. 128-146, in part. pp. 132-137. Su Gaia Afrania, si veda L. Caldwell, *Roman Girlhood and the Fashioning of Femininity*, Cambridge 2015, pp. 28-29. Sulla Saffo ovidiana (nelle *Eroidi*), si veda S.H. Lindman, *Mail and Female: Epistolary Narrative and Desire in Ovid's* Heroides, Madison 2003, pp. 155-175.

8. Su queste e altre "donne erudite" del Quattrocento, si veda V. Cox, *Women's Writing in Italy, 1400-1650*, Baltimore 2008, pp. 2-17.

di esemplarità morale e intellettuale femminile, in Colonna, e, in misura minore, in Veronica Gambara, contessa di Correggio, entrambe poetesse, entrambe donne colte ampiamente rispettate, ed entrambe vedove dalla reputazione esemplare.[9] Veniva così forgiato un nuovo prototipo culturale che avrebbe poi goduto di considerevole diffusione: esattamente quello proposto nell'orazione fiorentina attraverso le coppie Saffo-Lucrezia o Penelope-Corinna.

La funzionalità e l'utilità culturale del modello offerto da Colonna è dimostrata in maniera sorprendente dal fatto che essa continuò a figurare come esempio positivo anche nella cultura postridentina. Visti gli stretti legami fra Colonna e pensatori e uomini di Chiesa vicini alla Riforma, si poteva presumere che dopo il Concilio di Trento sarebbe diventata un *exemplum* negativo di come la curiosità intellettuale e spirituale potessero condurre una donna a speculazioni religiose inappropriate. In pratica, però, tutto ciò non sembra esser accaduto. Al contrario, Colonna ha continuato a servire come un modello legittimante per le donne letterate fino alla fine del Cinquecento e oltre.[10] Alle testimonianze della tarda fortuna di Colonna da me notate in altri studi, si può aggiungere un'interessante medaglia, probabilmente risalente agli anni Ottanta o Novanta del Cinquecento, che ritrae la poetessa in una posa all'antica e con una stravagante capigliatura raccolta, evocante forse la figura di Saffo nella *Scuola d'Atene* di Raffaello (fig. 1).[11] Philip Attwood ha ipotizzato che quest'opera sia un prodotto commerciale, creato con l'intento di sfruttare il fascino che Colonna continuava a esercitare sul pubblico in questo periodo, piuttosto che una commissione privata.[12]

La fortuna riscossa da Colonna nel Cinquecento è ben rintracciabile negli studi esistenti e non c'è bisogno di rivisitare qui tale argomento. Al contrario, l'intenzione di questo saggio è di esaminare il modo in cui

9. Sui fattori che hanno contribuito all'emergenza di Colonna e Gambara come figure nazionali nella cultura italiana intorno al 1530, si veda Cox, *Women's Writing*, pp. 37-79.

10. Si veda V. Cox, *The Prodigious Muse: Women's Writing in Counter-Reformation Italy*, Baltimore 2011, pp. 56-57.

11. Si veda P. Attwood, *Italian Medals, 1530-1600*, 2 voll., London 2003, I, p. 427 (n. 1064). Per l'allusione a Saffo, si veda M. Och, *Portrait Medals of Vittoria Colonna. Representing the Learned Woman*, in *Women as Sites of Culture: Women's Roles in Cultural Formation from the Renaissance to the Twentieth Century*, a cura di S. Shifrin, Aldershot 2002, pp. 153-163, in part. pp. 155-156).

12. Attwood, *Italian Medals*, I, p. 31.

Colonna utilizzava gli *exempla* classici come strumenti per esprimere e rappresentare sé stessa. Questo sembra un metodo utile da sperimentare in genere nello studio della cultura umanistica del Rinascimento poiché permette di catturare la dinamica distintiva e circolare dei processi di autoesegesi e definizione di sé con cui gli umanisti, e coloro che erano influenzati dalla cultura umanistica, costruivano la propria identità e creavano il proprio stile. Permette anche di valorizzare e rendere visibile uno strumento importante dell'autoespressione umanistica, che rischia spesso di essere ignorato rimanendo una sorta di sottofondo discorsivo. Gli *exempla* sono frequentemente trascurati nei testi rinascimentali, proprio a causa della loro estesa diffusione. I nostri occhi tendono ad appannarsi quando incontriamo l'ennesimo esempio classico nel testo che stiamo leggendo, anche perché molti di essi, familiari ai lettori rinascimentali, sono oggi nomi poco noti. Ciononostante, per riuscire a capire adeguatamente la cultura umanistica nel Rinascimento, sia latina sia volgare, è necessario valutare bene il linguaggio degli *exempla* classici. È appunto questo un linguaggio, un sistema significante. Come ogni linguaggio, può servire ad articolare discorsi banali e convenzionali, ma può anche essere capace di generarne altri sofisticati e originali quando si usano *exempla* in combinazioni e contesti particolari e inaspettati (e sono proprio le "combinazioni" o contaminazioni che dovrebbero essere messe in evidenza).

1. *Vittoria Colonna e il linguaggio dell'esemplarità*

Una rara affermazione teorica della stessa Colonna sull'efficacia degli *exempla* e sui meccanismi dell'esemplarità offre lo spunto per affrontare questi temi. Si tratta di un brano in una lettera scritta a Margherita di Navarra il 15 febbraio 1540, proprio agli albori della relazione epistolare fra le due donne.[13] Il passo sull'esemplarità si trova all'inizio della lettera:

> havendo noi bisogno in questa lunga et difficil via della vita di guida, che ne mostri il camino con la dottrina, et con l'opre insieme ne inviti a superar la fatica; et parendomi che gli essempii del suo proprio sesso a ciascuno sian piu proportionati, et il seguir l'un l'altro più lecito; mi rivoltava alle donne grandi dell'Italia, per imparare da loro, et imitarle: et benchè ne vedessi molte

13. Si veda Vittoria Colonna, *Carteggio*, a cura di E. Ferrero, G. Müller, seconda edizione con Supplemento raccolto ed annotato da D. Tordi, Torino 1892, pp. 185-188 (n. CXII).

vertuose, non però giudicava che giustamente l'altre tutte quasi per norma se la proponesseno: in una sola, fuor d'Italia, s'intendeva esser congioncte le perfettioni della volontà insieme con quelle de l'intelletto.[14]

La prima riflessione che Colonna espone qui è semplicemente che tutti abbiamo bisogno di modelli che servano da guida nel difficile pellegrinaggio della vita. La seconda riguarda il tipo di guida che tali modelli potranno offrire. Innanzitutto, serviranno come sostegno filosofico e spirituale, conducendoci sulla strada giusta attraverso il loro insegnamento («dottrina»); poi, dovrebbero essere in grado di offrire ispirazione morale per mezzo delle loro azioni. Il terzo e ultimo punto che Colonna vuole ribadire è che, idealmente, è sempre preferibile far riferimento ad esempi del proprio sesso, essendo questi più appropriati e più socialmente accettabili per coloro che li sceglieranno.

Dopo queste considerazioni teoriche, Colonna racconta di aver esaminato le donne italiane con l'intento di trovare un modello che soddisfacesse queste prescrizioni. Ne ha trovate molte che possono definirsi «vertuose» ma nessuna che potesse servire da norma assoluta – da «specchio» nel senso proposto da Betussi. Solo fuori dall'Italia, in Francia, nella figura di Margherita, ha trovato la donna ideale che combinava in sé la perfezione dell'intelletto e della volontà.[15] Il riferimento alla «congionct[ione] delle perfettioni della volontà insieme con quelle dell'intelletto» sembra alludere a quella duplice funzionalità che Colonna aveva riconosciuto nel modello ideale: ossia, la sua capacità di mostrare la giusta via attraverso la «dottrina» o l'insegnamento (quasi certamente concepito come religioso in questo contesto) e di offrire al contempo anche ispirazione per mezzo delle sue azioni.

Un'osservazione da fare a questo riguardo è che la combinazione di intelletto ed eccellenza morale che Colonna identifica come inusuale ed esemplare in Margherita, è esattamente ciò che di inusuale e di esemplare ha identificato in lei l'autore della commemorazione fiorentina del 1547 citata sopra. Ciò solleva l'importante questione su quanto Colonna abbia contribuito, con le sue personali riflessioni sull'esemplarità, alla propria fortuna come *exemplum*. Come ha notato Abigail Brundin, lo scambio epistolare con Margherita di Navarra circolava liberamente. La lettera sopracitata fu stampata per la prima volta soltanto due anni dopo la data di

14. Vittoria Colonna, *Carteggio*, p. 186.
15. Vittoria Colonna, *Carteggio*, p. 187.

composizione, nell'antologia *Lettere volgari di diversi nobilissimi huomini* del 1542, pubblicata dagli eredi di Aldo Manuzio. La stessa antologia conteneva anche una lettera scritta da Margherita di Navarra a Colonna, lettera in cui la regina ricambiava i cortesi complimenti della corrispondente, proponendola a sua volta come modello da imitare.[16] Come ha affermato Brundin, «sebbene le due donne [*Colonna e Margherita di Navarra*] si professino indegne di sostenere il confronto l'una con l'altra, ci sono indicazioni che esse stiano mettendo in atto una strategia di reciproca autoaffermazione, mostrando sottilmente la loro capacità di impersonare un modello femminile imitabile da altre donne, e il loro talento di scrittrici, figure pubbliche, e guide spirituali».[17]

Un secondo aspetto da sottolineare nel passaggio in questione è che il tipo di imitazione esistenziale ed etica su cui l'intera logica dell'esemplarità si fonda è modellato sulla prassi dell'imitazione letteraria. Nella lettera Colonna riflette su una nozione di imitazione esclusiva analoga all'imitazione letteraria neociceroniana resa celebre da Pietro Bembo nelle sue *Prose della volgar lingua* del 1525. Ella si mostra alla ricerca di un modello unico e insuperabile che possa essere considerato come norma, nello stesso modo in cui in questo periodo i poeti italiani, seguendo le indicazioni di Bembo, utilizzavano Petrarca come esempio.

Così come per il caso dell'imitazione letteraria, anche per quello dell'imitazione etica, il modello ciceroniano basato su un singolo esempio non era l'unico disponibile. Troviamo un modello alternativo ed eclettico proposto da Angelo Poliziano nella sua famosa lettera a Paolo Cortesi, scritta negli anni Ottanta del Quattrocento, che esorta lo scrittore apprendista a leggere molto e a fondere in una sola numerose influenze.[18] Nella discussione sull'ammaestramento all'uso delle armi nel primo libro del *Cortigiano*, Baldassarre Castiglione, più vicino all'imitazione letteraria di Poliziano che a quella di Bembo, delinea come tale pratica potesse esser trasferita nella sfera dell'autoformazione esistenziale.

16. Vittoria Colonna, *Carteggio*, pp. 202-206 (CXX).

17. A. Brundin, *Vittoria Colonna and the Virgin Mary*, in «The Modern Language Review», 96/1 (2001), pp. 61-81, in part. pp. 61-62.

18. Sulle teorie dell'imitazione nel Rinascimento, si veda M. McLaughlin, *Literary Imitation in the Italian Renaissance: the Theory and Practice of Literary Imitation from Dante to Bembo,* Oxford 1996. Sulla teoria e sulla pratica imitativa di Poliziano si vedano le pp. 187-227.

> Chi adunque vorrà esser bon discipulo, oltre al far le cose bene, sempre ha da metter ogni diligenzia per assimigliarsi al maestro e, se possibil fosse, transformarsi in lui. E quando già si sente aver fatto profitto, giova molto veder diversi omini di tal professione e, governandosi con quel bon giudicio che sempre gli ha da esser guida, andar scegliendo or da un or da un altro varie cose.[19]

Viene suggerito qui un processo imitativo costituito da due fasi: la prima da conseguire mediante l'uso di un unico modello, la seconda con il ricorso a molteplici esempi. La prima fase è vista come un fondamento essenziale, la seconda come una tecnica più avanzata da utilizzare una volta raggiunto un livello iniziale. Nel successivo sviluppo del passo che riguarda l'imitazione eclettica, Castiglione utilizza la metafora delle api impiegata da autori classici, quali Seneca e Quintiliano, nella discussione sull'imitazione letteraria. Così come l'ape raccoglie il polline da diversi fiori e poi lo fonde per produrre miele, allo stesso modo il cortigiano deve ricorrere a una varietà di *exempla*, evitando di imitare superficialmente un unico modello.

Il discorso di Castiglione sull'imitazione esistenziale può servirci da pietra di paragone quando torniamo a esaminare come Colonna utilizza gli *exempla* per costituire la sua identità pubblica di nobildonna-scrittrice. Al di fuori del contesto encomiastico della lettera a Margherita di Navarra, Colonna non appare "ciceroniana" nel modo in cui si avvale degli esempi. Non individua un unico esempio con il quale identificarsi, come proposto nella formula iniziale da Castiglione per l'autoformazione del cortigiano. Piuttosto, ricorre a un'estesa selezione di celebri *exempla* femminili classici, scegliendo aspetti particolari dai singoli esempi per creare una realtà nuova e ibrida, come l'ape senechiana che si nutre abbondantemente di polline prima di produrre un miele tutto suo.

2. *Il modello di moglie ideale*

Per affrontare un'analisi del concreto processo con cui Colonna crea una sua identità esemplare, un buon punto di partenza è costituito dal capitolo *Eccelso mio signore, questa ti scrivo*, talvolta chiamato anche col

19. Baldassar Castiglione, *Il libro del Cortegiano*, a cura di E. Bonora, con un commento di P. Zoccola, Milano 1972-1981, p. 61 (1.26).

nome di *Pistola*, sotto il quale il testo è apparso nella sua prima edizione a stampa del 1536.[20] Questa poesia giovanile, scritta probabilmente nel 1512, si allontana stilisticamente dalla produzione matura di Colonna e si avvicina invece ai modi della "poesia cortigiana" coeva. Per quanto anomala, però, rimane una delle poesie più note e apprezzate di Colonna, sia per l'intrigante soggetto autobiografico sia per essere stato il primo esteso tentativo da parte di una poetessa italiana di accostarsi alla tradizione del più importante testo lirico dell'Antichità classica cantato con voce femminile (ad eccezione dei frammenti che ci restano di Saffo), ossia le *Eroidi* di Ovidio.[21] Colonna adotta la forma ovidiana dell'epistola in versi per lamentare "l'abbandono" del marito, partito verso il nord per combattere con le forze spagnole e catturato dai francesi nella battaglia di Ravenna. In modo più specifico, Colonna richiama la lettera ovidiana di Penelope a Ulisse: un raro esempio, nelle *Eroidi,* di una lettera d'amore coniugale. Colonna lascia che la sua voce poetica esprima vividamente la paura, la trepidazione e l'inquietudine per l'assenza del marito, proprio come fa Penelope in Ovidio, ricorrendo a un linguaggio marcatamente latineggiante e a un costante riferimento al mondo classico.

In gran parte della *Pistola,* Colonna scrive con una voce che conferma e rafforza ampiamente le percezioni tradizionali delle differenze di genere. Gli uomini sono rappresentati come arditi e spensierati, mentre perseguono gli onori militari incuranti della sofferenza che impongono alle donne che lasciano dietro di sé. Queste ultime, invece, sono raffigurate come figure sensibili e timorose, dedite all'amore nello stesso modo in cui i mariti sono dediti alla gloria. Questa diversità morale corrisponde alle differenze spaziali riguardanti l'utilizzo dello spazio e la libertà di movimento che sono familiari a ogni studioso dell'ideologia (pseudo)aristotelica delle "sfere

20. Il testo è stato pubblicato per la prima volta in F. Luna, *Vocabulario di cinquemila vocabuli toschi non meno oscuri che necessari*, Giovanni Sulizbach, Napoli 1536, Gg1r-Gg2r.

21. Per il testo ed il suo commento, si vedano Cox, *Lyric Poetry*, pp. 77-83; C. Vecce, *Vittoria Colonna: il codice epistolare della poesia femminile*, in «Critica letteraria», 21 (1993), pp. 3-34; S. McHugh, *Rethinking Vittoria Colonna: Gender and Desire in the* Rime amorose, in «The Italianist», 33/3 (2013), pp. 349-352. Sul ruolo delle *Eroidi* come fonte di ispirazione per le autrici della poesia lirica amorosa nella tradizione italiana in generale, si veda P. Phillippy, *'Altera Dido': The Model of Ovid's* Heroides *in the Poems of Gaspara Stampa and Veronica Franco,* in «Italica», 69 (1992), pp. 1-18; Cox, *Lyric Poetry*, pp. 16-17.

separate", in base alla quale gli uomini si muovono ed esplorano il mondo avventuroso dei viaggi e della guerra, mentre le donne rimangono stabilmente all'interno della propria dimora.

Alla fine del poema, tuttavia, con un repentino cambiamento di tono, l'io poetico di Colonna rimprovera al marito di averla abbandonata per andare in guerra e, attraverso un gioco di parole, asserisce che se egli desiderava una «Vittoria» avrebbe dovuto portarla con sé. Fa quindi il nome di due eroine classiche i cui mariti hanno poi rimpianto la scelta di averle abbandonate nel momento in cui si esponevano al pericolo (Cornelia, moglie di Pompeo, e Marzia, moglie di Catone il Giovane) e un esempio più insolito di una donna che ha accompagnato il proprio marito in battaglia, Ipsicratea, moglie di Mitridate di Ponto.[22]

Se Vittoria volevi io t'era a presso,
ma tu, lasciando me, lassasti lei,
e cerca ognun seguir chi fugge adesso.
Nocque a Pompeo, come saper tu dei,
lasciar Cornelia, et a Catone ancora
nocque lassando Marsia in pianti rei.
Seguir se deve il sposo dentro e fora,
e s'egli pate affanno, ella patisca,
e lieto lieta, e se vi more mora;
a quel che arrisca l'un l'altro s'arrisca;
equali in vita, equali siano in morte,
e ciò che avien a lui a lei sortisca.
Felice Mitridate e sua [*sic*] consorte,
che faceste equalmente di fortuna
i fausti giorni e le disgratie torte!

È probabile che la fonte da cui ha attinto Colonna per i due esempi romani sia la *Pharsalia* di Lucano. Lucano ci mostra Cornelia nell'atto di accompagnare Pompeo nella guerra contro Cesare in Grecia. Verso la fine dell'ottavo libro, vediamo Pompeo che decide di avvicinarsi alle sponde egiziane dove troverà la morte, lasciando la moglie a dolersi di questa separazione (vv. 575-662).[23] In un altro episodio dello stesso libro, che

22. Cox, *Lyric Poetry*, p. 79. Si è seguito il testo della prima edizione (Luna).

23. *De bello civili libri X*, a cura di D.R. Shackleton Bailey, Stuttgart 1988, pp. 215-218. Per una discussione sulle figure femminili in Lucano, si veda R.R. Caston, *Lucan's*

potrebbe aver influenzato la rappresentazione che Colonna fa di sé nelle vesti di moglie triste e abbandonata presso Ischia all'inizio della *Pistola*, Lucano mostra Cornelia sull'isola di Lesbo, dove Pompeo l'aveva lasciata per metterla in salvo, tormentata da presentimenti funesti e con lo sguardo rivolto oltre la scogliera alla ricerca della nave che le avrebbe riportato il compagno (vv. 40-54).[24] L'esempio di Cornelia e Pompeo viene rafforzato come archetipo nel testo stesso di Lucano, quando nel secondo libro del poema, Marzia implora Catone di portarla con sé in battaglia («da mihi castra sequi»), proprio come Pompeo aveva fatto con Cornelia (vv. 348-349). Questo passo potrebbe aver collegato le due figure nella mente di Colonna.[25] Per quanto riguarda l'esempio di Ipsicratea, la fonte più probabile è il *De claris mulieribus* di Boccaccio, un'opera largamente disponibile in forma manoscritta e già stampata a Venezia nel 1506.[26]

Nella *Pistola*, quindi, troviamo un mosaico distintivo, ricco e insolito di *exempla* classici fusi insieme a plasmare l'immagine di una sposa eroica, compagna ideale per un *leader* politico o militare alla stregua di un Pompeo, di un Catone o di un Ulisse o persino di un Ferrante Francesco d'Avalos. La presenza di Penelope serve a evocare la costanza, la castità, e l'accorta custodia del focolare domestico nell'assenza del marito, mentre Marzia, Cornelia e Ipsicratea rappresentano donne pronte a sostenere il pericolo fisico e la violenza pur di seguire i propri compagni, nella buona e nella cattiva sorte – Cornelia e Marzia nella decorosa veste di matrona romana, Ipsicratea in abiti maschili e con sembianze decisamente più inconsuete, virilizzate e bellicose.

Oltre a rafforzare l'elemento della virilizzazione e della militarizzazione della sposa eroica, il poema di Colonna contiene anche un'allusione, presente nel gioco di parole "vittoria-Vittoria", a Victoria o Nike, archetipo dell'omonima dea classica, impegnata a trainare il carro di Giove durante la guerra fra Olimpi e Titani. Considerata la natura umanistica della cultura e della scelta dei nomi di famiglia (i fratelli di Colonna comprendevano un Camillo e un Ascanio, insieme a un meno classicheggiante Federico), appare improbabile che Colonna non fosse consapevole delle risonanze

elegiac moments, in *Brill's Companion to Lucan*, a cura di P. Asso, Leiden 2011, pp. 133-152, in part. pp. 136-141 su Marcia e pp. 142-146 su Cornelia.

24. *De bello civili*, pp. 196-197.

25. *De bello civili*, p. 36.

26. Per la biografia (altamente elogiativa) di Ipsicratea scritta da Boccaccio, si veda *Famous Women*, curato e tradotto da V. Brown, Cambridge (MA) 2001, pp. 323-329.

classiche del proprio *nome fatale* e delle leggende sulla dea che lo portava.[27] Pompeo Colonna, cugino della poetessa, nella lettera dedicatoria della sua *Apologia mulierum*, probabilmente scritta intorno agli anni 1529-1532, ricorda alla moderna Vittoria la bellezza e la saggezza dell'omonima dea, e ne rievoca il ruolo di consigliera presso Giove nella sconfitta dei Titani.[28] Questo sembra essere un riferimento al secondo libro delle *Dionisiache* di Nonno: un testo arcano, ma a quanto sembra conosciuto all'interno del circolo familiare dei Colonna come qui dimostrato. Il racconto che Nonno fa delle guerre dei Titani aggiunge un rilievo particolare alla figura di Nike, da lui trasformata nella figlia di Zeus. Nonno riporta testualmente l'esortazione pronunciata per il padre alla vigilia della battaglia e il sostegno offerto allo stesso durante il combattimento.[29]

Tenendo a mente l'autoritratto che Vittoria fa di sé stessa come moglie battagliera nei versi dell'epistola, possiamo adesso analizzare la rappresentazione visiva di Colonna, sempre in qualità di sposa, che appare in uno straordinario ritratto inciso su una medaglia degli anni Venti o dei primi anni Trenta del Cinquecento, recentemente attribuito da Philip Attwood e Walter Cupperi a Giovanni Bernardi da Castelbolognese (figg. 2-3).[30] La medaglia mostra l'immagine di Colonna con lo sguardo rivolto a destra, su un lato, e quella del marito con lo sguardo rivolto a sinistra sull'altro, contor-

27. Per il *topos* del "nome fatale" si veda W. Cupperi, *Il nome fatale di Vittoria: note su due medaglie della Marchesa di Pescara*, in *Lo sguardo archeologico: i normalisti per Paul Zanker*, a cura di F. De Angelis, Pisa 2007, pp. 239-253, in part. p. 239, n. 1, pp. 243-247.

28. Pompeo Colonna, *Apologia mulierum. In difesa delle donne*, a cura di F. Minonzio, Como 2015, p. 141 per il testo latino e p. 83 per la traduzione in italiano. Riguardo alla datazione del trattato, ho seguito l'ipotesi avanzata da Minonzio.

29. Si veda Nonnos de Panopolis, *Les Dionysiaques*, trad. di F. Vian *et alii*, 18 voll., Paris 1976-2003, I, in part. pp. 113-116 (Libro 2, vv. 205-237). Si veda anche *ibidem*, p. 76, per una discussione del ruolo di Nike nel poema. Per la *fortuna* di Nonno alla fine del Quattrocento e all'inizio del Cinquecento, si veda L. Ciammitti, *Dosso as a Story-Teller: Reflections on his Mythological Paintings*, in *Dosso's Fate: Painting and Court Culture in Renaissance Italy*, a cura di L. Ciammitti, S.F. Ostrow, S. Settis, Los Angeles 1998, pp. 83-112 (pp. 89-90).

30. Attwood, *Italian Medals*, I, p. 373; Cupperi, *Il nome fatale*, pp. 247-248. Per una bibliografia sulla medaglia, si veda *ibidem*, p. 240, n. 4, a cui vanno aggiunti Och, *Portrait Medals*, p. 156; N. Macola, *Sguardi e scritture: figure con libro nella ritrattistica italiana della prima metà del Cinquecento*, Venezia 2007, p. 44; Gouwens, *Female Beauty*, pp. 57-58. Per una riproduzione, si veda *Vittoria Colonna. Dichterin und Muse Michelangelos*, a cura di S. Ferino-Pagden, Wien 1997, p. 137 (I. 54).

nate dai propri nomi con l'iscrizione «VICTORIA COLUMNIA DAVALA e FER[RANS] FRA[NCISCUS] PISC[ARIE] MAR[CHIO] CAE[SARIS] DUX MAX[IMUS]». Entrambe le figure sono ritratte all'antica. D'Avalos porta uno splendido elmo piumato in stile greco e Colonna è raffigurata in modo affine con un'elaborata acconciatura e un abito entrambi anticheggianti. Una piccola stella, difficile da identificare nella riproduzione, è posta sopra la testa della donna e sotto la "N" di «COLUMNIA». Una variante più rara della medaglia, sopravvissuta in un unico esemplare nella Biblioteca Nazionale di Parigi, mostra l'immagine di Colonna sul diritto e un'allegoria con una Vittoria alata e un trionfo militare sul rovescio.[31]

La data delle medaglie non è certa, anche se l'iscrizione che individua Ferrante d'Avalos su quella col doppio ritratto offre un *terminus post quem* degli inizi del 1524, quando questi aveva assunto l'incarico di generale delle truppe imperiali («CAESARIS DUX MAXIMUS») alla morte di Prospero Colonna.[32] Se l'attribuzione della medaglia a Bernardi è corretta, si dovrebbe pensare a una data successiva al 1530, quando Bernardi si trasferì a Roma, anche se la medaglia allegorica in particolare si accorderebbe bene con il periodo che corre tra la battaglia di Pavia del febbraio del 1525 – dopo la quale d'Avalos veniva celebrato da molti poeti come il fiero conquistatore delle "due vittorie" – e la morte di quest'ultimo agli inizi di dicembre dello stesso anno. Fintanto che non emergano nuove testimonianze documentarie, è destinato a rimanere incerto se le medaglie siano state commissionate da Colonna e/o da d'Avalos, o da qualcun altro all'interno della loro cerchia. A questo proposito Cupperi ha fatto il nome di Paolo Giovio, pensando anche al rapporto di amicizia che lo legava all'artista Bernardi.[33]

La medaglia con il doppio ritratto di Colonna e d'Avalos è un artefatto affascinante dal punto di vista della rappresentazione di genere e merita di essere analizzato insieme ad altri ritratti coniugali, come il celebre dittico di Federico da Montefeltro e Battista Sforza, nonni materni di Colonna, eseguito da Piero della Francesca e adesso agli Uffizi. L'immagine di Co-

31. Per una discussione si veda Och, *Portrait Medals*, p. 155; Cupperi, *Il nome fatale*, pp. 245-247; G.F. Hill, *A Corpus of Italian Medals of the Renaissance Before Cellini*, London 1930, I, p. 299 (n. 1154). Hill identifica l'immagine come una restituzione. L'allegoria mostra un trionfo militare romano affiancato da una figura femminile incoronata, forse l'Italia, e una Vittoria alata con in mano uno scudo e una croce.

32. Cupperi, *Il nome fatale*, p. 251.

33. Cupperi, *Il nome fatale*, pp. 248-250.

lonna è particolarmente sorprendente. Le raffigurazioni all'antica delle nobildonne italiane non erano sconosciute in questo periodo, ma rimanevano comunque insolite. In più, si possono registrare alcune scelte rappresentative, nella figura di Colonna, che risultano ancora più singolari. Una è costituita dall'acconciatura dei capelli, raccolti ma con alcune ciocche che scendono liberamente sul collo. L'altra, che colpisce in modo più immediato, è che la figura di Colonna è ritratta con un seno scoperto. Entrambi i dettagli sono sufficientemente inconsueti da meritare un commento.

Nonostante la capigliatura di Colonna appaia del tutto decorosa ai nostri occhi oggi, è probabile invece che possa essere sembrata non soltanto originale ma persino audace per gli osservatori del tempo, soprattutto per una donna sposata. Nella maggior parte dei ritratti femminili sulle medaglie rinascimentali italiane riproducenti modelli classici, le chiome sono raccolte in un'acconciatura più composta e ordinata, simile a quella delle imperatrici antiche, come l'esempio di Faustina sulle monete romane.[34] Come antecedente per la capigliatura più scomposta e singolare sulla medaglia di Colonna si potrebbe citare semmai una medaglia di Caterina Sforza, databile probabilmente agli anni Ottanta del Quattrocento, ai tempi del suo primo matrimonio (fig. 4). I due microritratti si assomigliano nelle loro scelte rappresentative: anche Caterina è raffigurata con un abito classico e con i capelli legati, con una ciocca che scende.[35] Storicamente più vicino alla medaglia di Colonna, un altro esempio di ritratto femminile con capelli raccolti ma sciolti sulle spalle – sebbene in uno stile più esuberante rispetto a quello di Colonna o di Caterina Sforza – è una famosa medaglia di Isabella d'Este, creata da Giancristoforo Romano e databile a partire dal 1498 (fig. 5). Evelyn Welch ha recentemente messo in evidenza la novità dell'acconciatura di Isabella nella medaglia di Romano e come questa

34. Sull'importanza di Faustina (o le due Faustine) come prototipo per i ritratti femminili su medaglia, si veda L. Syson, *Consorts, Mistresses and Exemplary Women: the Female Medallic Portrait in Fifteenth-Century Italy*, in *The Sculpted Object 1400-1700*, a cura di S. Currie, P. Motture, Aldershot 1997, pp. 43-64 (pp. 44-45, 48-50).

35. Si veda J. de Vries, *Caterina Sforza's Portrait Medals: Power, Gender, and Representation at the Italian Renaissance Court*, in «Women's Art Journal», 24/1 (2003), pp. 23-28 (p. 24, fig. 1). Un ritratto, anch'esso del Quattrocento, che ricorda la medaglia di Colonna per quanto riguarda l'acconciatura è costituito da un bassorilievo di Battista Sforza, nonna della poetessa, che si trova alla Galleria Nazionale delle Marche a Urbino. Il ritratto è stato attribuito a Francesco di Giorgio Martini e risale probabilmente a prima del 1482. Sono grata a Melissa Swain per avermi indicato questo parallelismo.

possa aver rappresentato una sfida al comune decoro. In questa e in un'altra medaglia del 1505 raffigurante la cognata di Isabella, Lucrezia Borgia, Welch ha individuato rari esempi di ritratti di donne sposate raffigurate con capelli parzialmente o totalmente sciolti.[36]

La medaglia di Isabella d'Este assume particolare rilevanza per quella di Colonna, in quanto si propone come precedente anche per il motivo della stella, talvolta considerato indizio del fatto che il soggetto ritratto fosse già morto al momento dell'ideazione della medaglia.[37] Sulla medaglia di Isabella la stella si trova sul rovescio ed è accompagnata da un sagittario, segno dell'influsso astrale e dell'influenza nel determinare il genio di Isabella. È possibile che Giovanni Bernardi, presunto autore della medaglia di Colonna, conoscesse anche quella della Este, avendo lavorato per il fratello Alfonso all'inizio della sua carriera. Sembra altrettanto plausibile che Colonna stessa fosse a conoscenza di questa immagine, al tempo largamente diffusa.[38] L'autore della medaglia, Giancristoforo Romano, aveva visitato Napoli nel 1507, portando con sé una copia della medaglia di Isabella, nel momento in cui la giovane Colonna risiedeva a Ischia con Costanza d'Avalos, zia del futuro consorte. Una lettera dell'ambasciatore mantovano a Napoli ricorda come la medaglia avesse riscosso la più viva ammirazione delle nobildonne che si trovavano lì.[39]

Ancora più arduo appare rintracciare i precedenti per l'altro rilevante dettaglio del seno scoperto nel ritratto di Colonna. In base alle ricerche da me svolte sino a questo momento, non esistono precedenti nelle rappresentazioni dell'aristocrazia femminile del tempo, sebbene si possano trovare alcuni esempi più avanti nel corso del secolo (Giovanni Battista Cambi, detto Bombarda, morto nel 1582, raffigura sua moglie Leonora con queste sembianze (fig. 7), così come la moglie del poeta Giovanni Battista Pigna

36. E. Welch, *Art on the Edge: Hair and Hands in Renaissance Italy*, in «Renaissance Studies», 23/3 (2009), pp. 241-268, in part. pp. 246-247. Per una discussione sulla medaglia di Isabella d'Este, si veda L. Syson, *Reading Faces: Giancristoforo Romano's Medal of Isabella d'Este*, in *La corte di Mantova nell'età di Andrea Mantegna: 1450-1550 / The Court of Mantua in the Age of Andrea Mantegna, 1450-1550*, a cura di C. Mozzarelli, R. Oresko, L. Ventura, Roma 1997, pp. 281-294. Per una riproduzione, si veda *Vittoria Colonna e Michelangelo*, a cura di P. Ragionieri, Firenze 2005, pp. 40-41 (n. 5).

37. Per una sintesi delle interpretazioni del motivo della stella, si veda Cupperi, *Il nome fatale*, p. 241. Lo stesso Cupperi legge il motivo come un'allusione al defunto marito di Colonna (*ibidem*, pp. 22-43).

38. Per la diffusione della medaglia, si veda Syson, *Reading Faces*, p. 286.

39. Syson, *Reading Faces*, pp. 287-288.

e una non altrimenti identificata Anna Maurella Oldofredi d'Iseo).[40] Un possibile precedente in pittura potrebbe essere il presunto ritratto di Simonetta Vespucci eseguito da Piero di Cosimo ed esposto al Musée Condé, presso Chantilly. Tuttavia, gli argomenti a favore dell'identificazione di Simonetta come modella di Pietro sembrano tutt'altro che sicuri, e anche se lo fossero, la medaglia di Colonna rimarrebbe fortemente insolita per la sua epoca, se non unica.[41]

Se il dettaglio dei capelli sciolti nell'immagine di Colonna appare originale e provocatorio in base alle norme sul decoro del tempo, quello del seno scoperto sfida ogni decenza sartoriale, tanto che risulta persino problematico classificare la rappresentazione sulla medaglia come un ritratto nel senso proprio del termine. Piuttosto che Colonna stessa, sarebbe più verosimile considerare la piccola effigie come raffigurante un qualche archetipo classico che allude alla poetessa o che ne illustra le virtù: un «ritratto di fantasia», per usare il termine impiegato da Dennis Geronimous in riferimento all'ipotetico ritratto di Simonetta Vespucci realizzato da Piero di Cosimo.[42] Walter Cupperi e Kenneth Gouwens hanno entrambi e autonomamente suggerito che l'immagine potrebbe alludere a Nike, dea omonima di Vittoria, aggiungendo che tale figura è spesso rappresentata a seno scoperto.[43] Tenuto presente l'elemento dell'omonimia, questa proposta pare interessante, anche se risulta però problematizzata dalla mancanza dell'attributo delle ali che connotano espressamente la dea. Le riproduzioni della Vittoria alata sono frequenti sulle medaglie rinascimentali come quelle presenti, per esempio, sul rovescio delle medaglie di Caterina Sforza e

40. Si veda J. Graham Pollard, con la collaborazione di E. Luciano e M. Pollard, *Renaissance Medals*, I, *Italy*, Washington DC 2007, pp. 526-527 (n. 523) e p. 530 (n. 528); C. Chiorian Walken, *Beauty, Power, Propaganda, and Celebration: Profiling Women in Sixteenth-Century Italian Commemorative Medals*, PhD dissertation, Case Western Reserve University, 2012, pp. 92-99.

41. Gli argomenti a favore dell'identificazione di Simonetta nell'immagine di Chantilly si trovano in D. Geronimous, *Piero di Cosimo: Visions Beautiful and Strange*, New Haven 2007, pp. 56-59. Gli argomenti contro tale identificazione sono discussi in S. Fermor, *Piero di Cosimo: Fiction, Invention, and Fantasia*, London 1993, pp. 93-95.

42. Si veda, al contrario, Gouwens, *Female Beauty*, pp. 57-58, che legge l'immagine come un vero e proprio ritratto di Colonna. Sul carattere esemplare e innaturalistico dei ritratti femminili rinascimentali su medaglia in generale, si veda Syson, *Consorts*. Per un esempio di una moneta del tardo Cinquecento che ritrae il soggetto come una figura classica (in questo caso probabilmente Atena), si veda Attwood, *Italian Medals*, p. 284 (n. 653).

43. Cupperi, *Il nome fatale*, pp. 243-247; Gouwens, *Female Beauty*, p. 61.

di Isabella d'Este discusse in precedenza (fig. 6). Troviamo anche il simbolo di una Vittoria alata sul rovescio di una medaglia a Vienna che ritrae Ferrante d'Avalos, con un gioco di parole onomastico quasi certamente calcolato e vicino a quello utilizzato dalla stessa Colonna nella *Pistola* («Se Vittoria volevi [...]»).[44] Malgrado l'idea di una Vittoria senza ali non sia inconcepibile – Pausania, per esempio, menziona un tempio dedicato a una *Nike Aptera* sull'Acropoli – nell'iconografia classica della dea, le ali non sono soltanto elementi previsti ma addirittura determinanti.

Un'altra interessante ipotesi per l'identificazione della figura sulla medaglia di Colonna è stata avanzata da Marjorie Och, secondo la quale l'immagine potrebbe contenere un'allusione all'iconografia tradizionale delle Amazzoni, spesso raffigurate con un seno scoperto.[45] Vale la pena approfondire una tale ipotesi visto il riferimento alla coppia guerriera di Mitridate e Ipsicratea nella *Pistola* di Colonna, e l'interesse più generale che ella manifesta per il modello dei coniugi che affrontano coraggiosamente insieme la guerra. Benché nell'opinione più diffusa le Amazzoni non siano associate al matrimonio, nella mitologia greca ne esiste una sposata nella figura di Ippolita, la moglie di Teseo. I due hanno un ruolo determinante nella *Teseida* di Boccaccio, dove la loro relazione è presentata sotto il segno dell'amore romantico e Ippolita è descritta come un modello di bellezza, sagacia politica, e valore militare. Questa visione idealizzata della donna guerriera è ben radicata nell'arte e nella letteratura umanistiche, dove viene spesso lodata per la sua "virilità" e associata a un modello di castità fiera simile a quello di Diana. Questo è il tipo di logica seguita da Poliziano nella sua lettera all'erudita Cassandra Fedele, alla quale si rivolge con la stessa apostrofe usata da Virgilio per la vergine guerriera Camilla: «O decus Italiae virgo».[46]

Sia che il ritratto di Colonna alluda a Vittoria o a Ippolita, o più generalmente alla figura classica della donna guerriera, sembra comunque probabile che l'immagine del seno scoperto voglia rimandare proprio a un simile modello classico di donna attiva e battagliera. A differenza dei ritratti su medaglia eseguiti successivamente da Bombarda che mostrano

44. La medaglia è illustrata in *Vittoria Colonna. Dichterin und Muse Michelangelos*, p. 84 (I. 27).

45. Och, *Portrait Medals*, p. 156. Sulla tradizione artistica che rappresenta le Amazzoni con un seno scoperto, si veda E.J. Olszewski, *The Amazon in Rosso Fiorentino's Uffizi* Moses, in «Sources: Notes in the History of Art», 28/1 (2008), pp. 25-29.

46. Cox, *Women's Writing*, p. 18.

donne con il petto nudo, gioielli elaborati e capigliature intrecciate e intricate, la rappresentazione di Colonna è relativamente austera e allude forse, attraverso il dettaglio dei capelli parzialmente sciolti, al combattimento. Ciò non vuol certo significare che il ritratto non abbia anche voluto espressamente mettere in risalto la bellezza del suo soggetto, come succede in modo molto evidente nelle immagini di Bombarda. Come ben dimostrano gli esempi di Ippolita in Boccaccio, o della Bradamante dai capelli dorati nell'*Orlando furioso* di Ariosto, l'immaginario rinascimentale non aveva nessuna difficoltà a vedere il coraggio e la prodezza "virili" combinati con la bellezza femminile in una singola figura. Senza dubbio, qui siamo vicini alla formula presentata nella descrizione di Colonna fatta da Paolo Giovio nel suo *Dialogus de viris et foeminis aetate nostra florentibus* scritto intorno al 1527, che contiene un'estesa esaltazione della bellezza fisica di Colonna, con un sorprendente riferimento alla voluttuosità dei suoi seni, ma che, al tempo stesso, enfatizza anche la «severità virile» della sua condotta nella sfera pubblica e la sua conoscenza delle questioni politiche e militari.[47]

Nel concludere questa sezione, possiamo affermare che la *Pistola* di Colonna, in modo abbastanza esplicito, e forse anche la medaglia con il doppio ritratto di Bernardi, seppure in modo più sottile, esprimono un ideale matrimoniale fra eguali, un'unione fra eroi, come quella offerta da Mitridate e Ipsicratea. Non dunque il modello tradizionale delle "sfere separate" dove la nobildonna bella e casta è sposata al cavaliere forte e coraggioso, ma qualcosa di più realmente paritario e dai confini di genere meno marcati. Questo ideale è simile a quello che presenta Ariosto nel suo *Orlando furioso*, nelle figure di Ruggiero e di Bradamante, riutilizzando ancora il tropo della donna guerriera.

La tradizione culturale della coppia guerriera non va probabilmente intesa nel significato letterale, ossia come indicativo di una convinzione che le donne dovrebbero effettivamente seguire i propri mariti in guerra, anche se in realtà questa idea non può essere interamente esclusa. Troviamo alcuni esempi di donne combattenti moderne nei cataloghi delle

47. Paolo Giovio, *Notable Men and Women of Our Time*, a cura di K. Gouwens, Cambridge (MA) 2013, p. 373, pp. 502-533. L'espressione «virile severità» (*virilis severitas*) si trova a p. 520. Per una discussione dell'encomio di Giovio, si veda Gouwens, *Female Beauty*, in part. pp. 54-55, 77; e D. Robin, *The Breasts of Vittoria Colonna*, in «California Italian Studies», 3/1 (2012), pp. 1-15.

«donne illustri», quali Orsina Visconti e Bona Lombarda nell'opera di Giovanni Sabadino degli Arienti, *Gynevera, de le clare donne* (1490), entrambe rappresentate sia come mogli esemplari sia come donne di eccezionale valore.[48] All'interno dello stesso circolo di Colonna, Paolo Giovio elogia la sorella illegittima di Vittoria, Beatrice Colonna, per aver preso attivamente parte alla guerra che il marito Rodolfo da Varano aveva dichiarato alla matrigna Caterina Cybo da Camerino nel 1527 con l'intento di liberarsi della sua autorità. Giovio descrive Beatrice mentre «brandiva le armi, comandava le truppe, combattendo tenacemente e condividendo gli sforzi con il marito».[49]

Giovio non dice niente di tutto ciò riguardo a Vittoria Colonna, sebbene rilevi, attraverso alcuni dettagli, l'esperienza teorica della poetessa nelle questioni belliche, che egli attribuisce all'esser cresciuta *viriliter* in un contesto familiare militare.[50] Probabilmente per Colonna stessa, così come per Ariosto, la coppia guerriera riusciva a esprimere un ideale coniugale nel quale sia il marito sia la moglie erano contraddistinti dalla virilità, intesa come predisposizione a quelle qualità riservate agli uomini secondo il tradizionale sistema aristotelico e scolastico delle virtù, quali spirito, coraggio, valore, razionalità, eloquenza e capacità al comando.[51] La prodezza militare esprimeva bene metonimicamente questa diversa serie di virtù e la figura della donna armata, bella e temeraria era diventata una delle icone del tempo, comparendo spesso in letteratura e in arte, come la Minerva armata di Mantegna dipinta per lo studiolo di Isabella d'Este (fig. 8). L'attenzione particolare che Colonna mostra per questa figurazione anticipa l'interesse per l'immagine della donna guerriera, sposata o meno, da parte delle scrittrici successive (basti pensare agli esempi particolarmente interessanti di Risamante e di Rosmonda, proposti rispettivamente da Moderata Fonte e da Margherita Sarrocchi).[52]

48. Giovanni Sabadino degli Arienti, *Gynevera, de le clare donne*, a cura di C. Ricchi, A. Bacchi della Lega, Bologna 1887. La biografia di Orsina Visconti si trova anche in Jacopo Filippo Foresti, *De claris selectisque mulieribus* (1497) e in Betussi, *Delle donne illustri*. Foresti e Betussi riprendono la biografia da Arienti.

49. Giovio, *Notable Men and Women,* p. 502: «arma impigre tractare, auxilia cogere, et strenue divisis cum viro muneribus bellum gerere».

50. Giovio, *Notable Men and Women*, p. 522.

51. Per il sistema sessuale aristotelico-scolastico e la contestazione umanistica dello stesso, si veda Cox, *Women's Writing*, pp. 19-23.

52. Si veda Cox, *Prodigious Muse*, pp. 179-183.

3. *Il modello di vedova ideale*

Gli *exempla* esaminati finora – Penelope, Cornelia, Marzia, Ipsicratea, e forse Ippolita – rappresentano tutti spose ammirevoli sia per la devozione nei confronti dei mariti, sia per la saggezza e il valore. A seguito della vedovanza, Colonna si interessa a una seconda serie di esempi concernenti vedove e altre donne rese celebri dal dolore provocato dalla perdita dei propri compagni. Il testo più interessante a questo riguardo è la canzone *Mentre la nave mia, longe dal porto* – una delle poesie più notevoli e originali di Colonna, nonostante abbia ricevuto scarsa attenzione critica fino a oggi.[53] Non si è potuta stabilire la data del poema, anche se la composizione è sicuramente anteriore al 1538, quando i versi di Colonna erano stati pubblicati per la prima volta.

La canzone, che comprende sei strofe di dodecasillabi, ha la forma di una *synkrisis* o *comparatio*, ossia uno dei *progymnasmata* indicati dai teorici di retorica classica: una comparazione valutativa fra due o più cose. Nella definizione di Prisciano, la *synkrisis* è «un confronto fra cose simili o differenti, o fra cose più piccole e più grandi o fra cose più grandi e più piccole».[54] Nelle prime quattro strofe del poema, la voce di Colonna paragona la propria sofferenza di vedova addolorata a quella di cinque eroine classiche famose per la forza del loro amore e per la profondità del dolore provocato dalla perdita degli uomini amati. Le prime quattro eroine provengono dalle *Eroidi* di Ovidio, come ha notato Maria Serena Sapegno. La prima, ripresa dalla poesia del 1512, è Penelope, angustiata per l'assenza di Ulisse. La seconda, anch'essa proveniente dalla guerra troiana, è Laodamia, sposa novella di Protesilao, uccisasi alla notizia della morte del marito. La terza e la quarta sono Arianna e Medea, figure meno prevedibili,

53. Per il testo ed il suo commento, si veda Cox, *Lyric Poetry*, pp. 141-145. Il testo è anche discusso in M.S. Sapegno, *La costruzione d'un 'io' poetico al femminile nella poesia di Vittoria Colonna*, in «Versants», 46 (2003), pp. 15-48 (pp. 33-37).

54. Il termine *comparatio* appare nella traduzione latina di Aftonio fatta da Giovanni Maria Cattaneo, pubblicata per la prima volta nel 1507; si veda 159rv del compendio di retorica delle edizioni Aldine del 1523 (*Continentur hoc volumine. Georgii Trapezuntii Rhetoricorum libri V…*). Per la definizione di Prisciano si legga il v. 154 della stessa edizione («Comparatio est vel similium, vel diversorum, vel minore ad maiora, vel maiorum ad minora collatio»). Le traduzioni delle principali discussioni greche su tale esercizio si trovano in *Progymnasmata: Greek Textbooks of Prose Composition and Rhetoric*, a cura di G.A. Kennedy, Leiden 2003.

che hanno trovato sfogo nella rabbia e nell'indignazione dopo l'abbandono da parte dei propri compagni. La quinta e ultima eroina è Porzia, moglie di Bruto, l'assassino di Cesare, unico esempio non ovidiano, e che segna il ritorno di Colonna al tanto amato modello di sposa fedele. Dopo le eroine principali, l'io poetico di Colonna allude poi brevemente ad altri infiniti «esempi [...] di veri e falsi amori» evocati in modo tale da richiamare gli amanti dannati del Canto V dell'*Inferno*,[55] per poi concludere che la propria sofferenza è più grande di quella conosciuta da tutte queste figure, poiché non trova via d'uscita o fine né attraverso la rabbia, né attraverso la follia, né attraverso il suicidio.

Insieme alla lettera indirizzata a Margherita di Navarra, *Mentre la nave mia* costituisce la più ricca riflessione metaletteraria sull'esemplarità in tutta l'opera di Vittoria Colonna. Di particolare interesse è l'elemento di critica religiosa nei confronti dei modelli di comportamento derivanti dalla cultura pagana greca e romana. Il suicidio è escluso come soluzione, perché una donna cristiana non può scegliere questa via d'uscita senza compromettere la salvezza dell'anima e la possibilità di ricongiungersi con il proprio amato in paradiso. Questa idea è espressa in modo molto chiaro nella quarta strofa, nella quale appare Porzia: la speranza che la poetessa ripone in una «alma serena vita immortal» la incoraggia ad accettare la presente intollerabile esistenza:

Porzia sovra d'ogn'altra me rivolse
tant'al suo danno che sovente insieme
piansi l'acerbo martir nostro equale;
ma parmi il tempo che costei si dolse
quasi un breve sospir; con poca speme
d'altra vita miglior le diede altr'ale;
e nel mio cor dolor vivo e mortale
siede mai sempre, e de l'alma serena
vita immortal questa speranza toglie
forza a l'ardite voglie;
né pur sol il timor d'eterna pena,
ma 'l gir longi al mio Sol la man raffrena.

L'argomento proposto nei versi di Colonna richiama la *Città di Dio* di Agostino, che cita l'esempio di Catone, padre di Porzia, insieme a Lucre-

55. Per le allusioni dantesche, si veda Cox, *Lyric Poetry*, p. 145.

zia, nella sua celebre condanna al culto pagano del suicidio eroico. Agostino contrappone la nozione classica del coraggio manifestato in battaglia con la nozione cristiana del coraggio "passivo" manifestato attraverso la sopportazione del dolore, esattamente come fa Colonna nel suo poema.[56] Ritroviamo un'analoga riflessione in un sonetto che Veronica Gambara aveva scritto durante la vedovanza, *Quel nodo in cui la mia beata sorte*. Gambara, tuttavia, fa riferimento esclusivamente al Cristianesimo, diversamente da Colonna e da Agostino che propongono un confronto esplicito fra etica classica e cristiana.[57]

Come nel caso della *Pistola*, si possono scorgere richiami ai motivi di *Mentre la nave mia* in uno dei ritratti su medaglia di Colonna, quest'ultimo con un certo *terminus post quem* della sua vedovanza. La medaglia in questione mostra sul diritto Colonna che indossa un velo da lutto e un abito tradizionale del tempo. Sul rovescio è illustrata una fenice che brucia nel fuoco eterno, con lo sguardo rivolto al sole e circondata da una corona d'alloro (figg. 9-10).[58] Il contrasto con la medaglia discussa precedentemente è sorprendente. Lo stile anticheggiante è abbandonato e il ritratto sembra proporre quasi un rovesciamento o un'inversione dell'immagine precedente: i capelli e il seno che prima erano visibilmente scoperti sono adesso rigorosamente coperti. Questa evoluzione ci ricorda ciò che succede con le successive medaglie di Caterina Sforza, sulle quali l'effigie classicheggiante già accennata viene sostituita da una rappresentazione moderna e letterale della vedova.

Nel catalogo della mostra su Colonna e Michelangelo tenutasi alla Casa Buonarroti nel 2005, la medaglia con il ritratto di Colonna e la fenice viene identificata come postuma sulla base dell'uso della lettera iniziale "D" per DIVA che introduce il nome di Colonna.[59] Nonostante il termine *divus/diva* fosse riservato ai defunti deificati secondo l'uso classico, la tradizione della ritrattistica rinascimentale su medaglia non rientra necessa-

56. Si veda specialmente Agostino, *The City of God Against the Pagans*, trad. di G.E. McCracken, 7 voll., Cambridge (MA) 1957-1972, I, pp. 82-91 e pp. 96-107 (Libro I, cap. 19 e 22-24).

57. Per il testo si veda Cox, *Lyric Poetry*, p. 133.

58. Per la discussione si veda Cupperi, *Il nome fatale*, p. 251, n. 35; Och, *Portrait Medals*, pp. 157-158; Attwood, *Italian Medals*, I, p. 420 (n. 1030). Un'altra medaglia con il ritratto di Colonna vedova mostra una colonna con un ramo d'alloro sul rovescio; si veda *Vittoria Colonna. Dichterin und Muse Michelangelos*, p. 143 (I. 58).

59. F. Vannel Toderi, in *Vittoria Colonna e Michelangelo*, p. 108 (n. 29).

riamente in questa casistica. Ci sono diversi esempi di medaglie prodotte mentre il modello o la modella erano ancora in vita e che usano questa convenzione.[60]

Sembra plausibile, dunque, che questa medaglia fosse stata prodotta quando Colonna era viva e indubbiamente il suo linguaggio visivo ben si accorda con il modo in cui ella costruisce il proprio modello di vedova eroica e anticlassica nella canzone, combinando l'incessante e profonda passione caratteristica delle eroine pagane con i sentimenti di tolleranza e sottomissione che Dio richiede a ogni cristiano. La fenice allude chiaramente a una speranza di immortalità, la stessa speranza che nel poema salva la poetessa dal suicidio. Eppure l'uccello potrebbe essere inteso anche come un riferimento allo stato di perenne ardore – nel senso di perenne dolore – nella vita di Colonna, mentre ella rivolge lo sguardo al sole, metafora, nella sua poesia, del defunto marito e di Cristo. La fenice viene menzionata nella canzone stessa, nella strofa finale prima del congedo, proprio in questo senso:

> Onde a che volger più l'antiche carte
> de' mali altrui, né far de l'infelice
> schiera moderna paragon ancora,
> se 'nferior ne l'altre chiare parte,
> e 'n questa del dolor quasi fenice
> mi veggio rinovar nel foco ognora?
> Perché 'l mio vivo Sol dentro innamora
> l'anima accesa e la copre e rinforza
> d'un schermo tal che minor luce sdegna,
> e su dal Ciel l'insegna
> d'amar e sofferir, ond'ella a forza
> in sì gran mal sostien quest'umil scorza.

Letta insieme alla canzone, l'immagine della fenice diventa straordinariamente densa e polisemica, specialmente se si considera che questa immagine è circondata da una corona d'alloro, come a indicare che la metafora dell'uccello si riferisca tanto alla poesia di Colonna quanto alla sua condizione spirituale e psicologica. L'afflizione per la morte del marito non rimane una condizione di sterile disperazione: al contrario, il fuoco della donna, inestinguibile come quello della fenice, trova espressione nei

60. Syson, *Consorts*, p. 48.

versi commemorativi che questa compone per l'amato e che immortalano entrambi.

Questa era certamente l'immagine di Colonna come moglie e vedova affermatasi intorno agli anni Trenta e Quaranta del Cinquecento, la stessa che troviamo espressa in Ariosto, in Betussi, nella lettura commemorativa fiorentina del 1547, e in gran parte della lirica dedicata alla poetessa negli ultimi due decenni della sua vita. L'*exemplum* predominante negli encomi di Colonna in questo periodo era quello di Artemisia, la regina di Caria, nota principalmente per aver fatto costruire uno stupefacente mausoleo in memoria del marito nel IV secolo a.C., celebrato come una delle sette meraviglie del mondo antico. Artemisia è una sorta di anti-Porzia, o meglio, un correttivo di Porzia. Se quest'ultima si suicida ingerendo carbone ardente, Artemisia al contrario beve acqua mescolata alle ceneri del marito – nutrendosi con il proprio dolore, invece di rifuggirlo attraverso un atto violento. Il dolore di Artemisia contiene anche quell'elemento fecondo ed eternante che gli apologeti di Colonna celebravano in lei. Il mausoleo serviva come monumento per glorificare il marito e al contempo esprimeva la magnificenza della sovrana Artemisia: allo stesso modo i versi di Colonna immortalavano il defunto marchese di Pescara e sigillavano la fama della poetessa. Il parallelismo è sviluppato pienamente da Pierio Valeriano nel libro XXII dei suoi *Hieroglyphica,* dedicato a Colonna: «Si potrebbe dire che Artemisia abbia agito in modo più grandioso, poiché per commemorare il marito ha eretto una tomba meritevole di diventare una delle sette meraviglie del mondo, ma tu, ogni giorno, costruisci monumenti nuovi per il tuo amato, erigi nuove statue, e innalzi nuove colonne».[61]

Non c'è nessuna allusione ad Artemisia nelle medaglie che ritraggono Colonna, ma esiste una testimonianza visiva che potrebbe comprovare come tale associazione fosse incoraggiata dalla poetessa. Si tratta di un misterioso ritratto che si trova alla Harewood House, attribuito a Sebastiano del Piombo, e che raffigura una donna con in mano una piccola urna (fig. 11). La figura rappresentata sembrerebbe la stessa donna che appare in un altro ritratto che si trova a Barcellona, anch'esso attribuito a Sebastiano, dove è raffigurata con un foglio in cui si legge – o si leggeva, prima che il

61. Citazione da Macola, *Sguardi e scritture*, pp. 50-51 («Magnificentius dicat forte aliquis Artemisiam fecisse quae marito celebrationis tante sepulchrae struxerit, ut inter septem orbis miracula nomen habere meruerit. At tu quotidie tuo Mausolea facis, quotidie novas statuas ponis, quotidie columnas erigis»).

ritratto fosse danneggiato nel corso della guerra civile in Spagna – un sonetto spirituale di Vittoria Colonna, *Ovunque giro gli occhi o fermo il core.*[62] Il soggetto del dipinto alla Harewood House sembra aver generato qualche perplessità nel passato, fino al punto che su alcune copie del ritratto sono stati aggiunti due occhi sull'urna per trasformarlo in un'immagine di santa Lucia. Di recente, tuttavia, Novella Macola e Monica Bianco hanno proposto in maniera convincente che nella donna raffigurata nell'immagine della Harewood House si dovrebbe riconoscere Vittoria nelle vesti di Artemisia con in mano le ceneri di Mausolo.[63] L'attendibilità di tale identificazione è incrementata dalle affermazioni del Vasari riguardo ai ritratti di Colonna e del marito che Sebastiano avrebbe eseguito.[64]

4. *Polisemia nel linguaggio degli* exempla*: il caso di Porzia*

Sebbene Artemisia rappresentasse fondamentalmente la sintesi più riuscita ed esemplare dell'*ethos* di Colonna nel ruolo di vedova, è forse uno degli archetipi di vedove e innamorate che Colonna respinge nella canzone *Mentre la nave mia*, che meglio illustra la complessità del rapporto che la poetessa instaura con gli *exempla.* Si tratta di Porzia, moglie di Bruto: una figura che, come già osservato, si dimostra modello inappropriato per le lettrici cristiane del tempo, perché macchiatasi dell'atto inaccettabile del suicidio per sfuggire alla propria pena.

Malgrado Porzia fallisca come esempio di vedova eroica, la canzone chiarisce il ruolo fondamentale che essa occupa nell'autobiografia esemplare di Colonna. Porzia è l'ultima delle eroine di *Mentre la nave mia* e a lei è dedicata un'intera strofa nella canzone, mentre gli altri *exempla* classici vengono introdotti in coppia. Colonna lascia che la propria voce poetica parli con affetto della sorellanza che unisce le due donne nella sofferenza:

62. Per la discussione e le riproduzioni dell'immagine a Barcellona, si vedano *Vittoria Colonna. Dichterin und Muse Michelangelos*, pp. 133-35 (I. 52); *Vittoria Colonna e Michelangelo*, pp. 49-51 (n. 10). Per l'immagine alla Harewood House, si veda *ibidem*, pp. 52-53 (n. 11).

63. Si veda Macola, *Sguardi e scritture*, pp. 47-51 e 158-60; M. Bianco, *Per la datazione di un sonetto di Vittoria Colonna (e di un probabile ritratto della poetessa ad opera di Sebastiano del Piombo),* in «Italique», XI (2008), pp. 92-107.

64. Bianco, *Per la datazione*, p. 98.

Porzia sovra d'ogn'altra me rivolse
tant'al suo danno che sovente insieme
piansi l'acerbo martir nostro equale.

La costruzione grammaticale atipica di questi versi fa sì che Porzia occupi la posizione iniziale di soggetto e acquisti una singolare agentività: è lei che reclama l'attenzione della poetessa, invece di attendere passivamente il momento in cui sarà estratta dalle "pagine antiche" come le altre eroine. Il contrasto fra l'avverbio *insieme* e il seguente verbo alla forma singolare *piansi* – messo qui in rilievo dall'interruzione del verso – sottolineano l'identificazione fra Colonna e Porzia anche prima che il loro tormento sia accomunato in maniera più enfatica nella chiusura finale (*l'acerbo martir nostro equale*).

Mentre la nave mia non è l'unico poema in cui Colonna allude a Porzia come archetipo. Un altro esempio è il sonetto *Veggio ai mie' danni acceso e largo il Cielo*, nelle cui terzine viene menzionato il suicidio di Porzia nella stessa maniera quasi invidiosa che vediamo nella canzone, per poi concludere similmente che sia proprio il timore di una punizione eterna a dissuadere la poetessa dal commettere lo stesso gesto.[65] Considerati insieme, questi testi ci invitano chiaramente a paragonare l'eroina antica e quella moderna: paragone che risulta straordinariamente fecondo. Questo caso, infatti, illustra molto bene il tipo di ricchezza semantica che è possibile individuare in *exempla* ben scelti, se si va oltre ciò che di ovvio ed esplicito offre la comparazione – qui, il fatto che entrambe le donne amano i propri mariti e soffrono profondamente dopo la loro scomparsa.

Un primo ulteriore parallelismo fra Porzia e Colonna si percepisce nelle relazioni con gli uomini che le circondano. Porzia rappresentava un caso esemplare di donna romana ritenuta capace di trascendere la proverbiale fragilità femminile attraverso un'associazione con grandi uomini. Oltre a essere la moglie di Bruto, era la figlia di Catone il giovane (anch'egli suicida eroico). Nella *Vita di Bruto,* Plutarco racconta come Porzia si ferisca volontariamente per dare prova del proprio coraggio e convincere Bruto di meritare la sua fiducia nel momento della cospirazione contro Cesare. Nella versione di Plutarco, Porzia sostiene questa convinzione adducendo come prova la prodezza esibita con il proprio ferimento, ma anche quella sua particolare condizione di sposa e figlia di eroi. L'argomento è sintetiz-

65. Vittoria Colonna, *Rime*, a cura di A. Bullock, Roma-Bari 1982, A1, 78.

zato da Shakespeare nel *Giulio Cesare* (II, 1), nella ripresa di questo stesso discorso: «Credi che io non sia più forte del mio sesso, avendo un tale padre e un tale marito?».[66]

Per i motivi riassunti qui, Porzia esercitava una fascinazione particolare su quelle donne rinascimentali che rivendicavano un riconoscimento attraverso i propri padri e i propri mariti. Un esempio interessante è rappresentato da un dipinto di Porzia e Bruto eseguito da Ercole de' Roberti probabilmente per Eleonora d'Aragona, duchessa di Ferrara, negli anni Ottanta del Quattrocento, e che adesso si trova al Kimbell Museum di Fort Worth. Il dipinto di de' Roberti, che allude al momento in cui Porzia si infligge la ferita, è inteso forse come tributo a Eleonora, che era moglie del duca Ercole d'Este, ma anche figlia del re Ferdinando I d'Aragona, sovrano di Napoli.[67] Con un tale padre e un tale marito, Eleonora poteva considerarsi superiore alle donne comuni per saggezza e per risolutezza, e dunque meritevole di condividere il potere con il marito, nello stesso modo in cui Porzia si era guadagnata un ruolo nella vita politica di Bruto.

Questo stesso argomento costituiva quasi sicuramente un fattore determinante nell'identificazione da parte di Colonna con Porzia. Come Porzia, anche Colonna era la moglie di un uomo importante e la figlia di un altro, il generale imperiale, Fabrizio Colonna. Colonna era anche la nipote di un altro rinomato condottiero, Federico da Montefeltro, come mette in evidenza Paolo Giovio.[68] In due suoi poemi Colonna accosta la figura del padre a quella del marito per enfatizzare questa doppia connessione con la prodezza maschile. Il primo è la *Pistola*, già discussa in precedenza, che si apre con una descrizione del dolore per la cattura di Fabrizio Colonna e Ferrante d'Avalos da parte dei francesi a Ravenna. L'altro è il singolare sonetto *S'io non dipingo in carte il sovra umano,* nel quale Colonna sembra scusarsi per non aver lodato dopo la morte «il sovra umano / del roman nostro padre almo valore» come aveva fatto, invece, in modo grandioso per il proprio marito.[69] Vale forse la pena notare che l'amazzone Ippolita, precedentemente menzionata come possibile modello per l'acconciatura

66. La traduzione è di A. Serpieri; si veda William Shakespeare, *Giulio Cesare*, a cura di A. Serpieri, Milano 1993. Per una discussione sul discorso in Plutarco, si veda V. Cox, *Gender and Eloquence in Ercole de' Roberti's Portia and Brutus*, in «Renaissance Quarterly», 62 (2009), pp. 61-101 (pp. 69-70).

67. Si veda Cox, *Gender and Eloquence*, pp. 70-71.

68. Giovio, *Notable Men and Women*, pp. 516, 522.

69. Vittoria Colonna, *Rime*, A2, 31.

di Colonna sulla medaglia di Bernardi, rappresentava un'altra "Porzia" in questo senso, in quanto figlia del dio della guerra Ares e moglie di Teseo.

È significativo che Colonna privilegi la "romanità" nella descrizione del valore del padre nel sonetto *S'io non dipingo,* poiché ciò indica un altro concetto sottinteso nelle sue allusioni a Porzia. Identificandosi con Porzia, Colonna evidenzia il suo legame con Roma, e quindi con il coraggio e la prodezza degli antichi Romani: qualità che non erano limitate ai soli uomini, come dimostravano esempi come quelli di Porzia, appunto, e di Veturia, madre di Coriolano. Un'allusione alla comune identità romana di Porzia e di Vittoria si trova in un epigramma in latino pubblicato in una raccolta di versi del 1532 dal poeta siciliano Pietro Gravina, un cliente di Prospero e di Pompeo Colonna.

«Non vivam sine te, mi Brute», exterrita dixit
Portia, et ardentes sorbuit ore faces;
«Avale, te extincto», dixit Victoria, «vivam
perpetuo moestos sic dolitura dies».
Utraque Romana est, sed in hoc Victoria maior,
nulla dolere potest mortua, viva dolet.[70]

Il comune legame con la costa napoletana costituiva un'ulteriore coincidenza geografica che quasi certamente ha contribuito all'associazione di Colonna con Porzia. La residenza della poetessa era stata per molti anni l'isola di Ischia, di fronte a Napoli, spesso rammentata nei suoi versi. Sulla vicina isola Nisida sorgeva una villa appartenuta a Bruto, tradizionalmente identificata come il luogo in cui Porzia aveva commesso il suicidio. Colonna dunque osservava il lutto in solitario e perpetuo dolore a poca distanza dal sito ove Porzia aveva terminato la propria sofferenza attraverso una "morte eroica". Si può osservare, di sfuggita, che le isole hanno in generale un ruolo determinate nella geografia esemplare di Colonna. Uno dei motivi per cui Penelope funziona così bene come *alter ego* della poetessa nella

70. «Non posso vivere senza di te, mio Bruto» dichiara Porzia impaurita e ingerisce i carboni ardenti. «Avalos» afferma Vittoria, «con la tua morte, vivrò il resto dei miei giorni in perpetuo dolore». Entrambe sono Romane, eppure Vittoria si mostra più grande: niente può causare dolore a una donna morta, mentre una viva è ancora capace di provare la sofferenza». *Petri Gravinae Neapolitani poematum libri*, Giovanni Sultzbach, Napoli 1532, 40v (con *exterita* corretto in *exterrita*, come indicato nella *Errata*; e *Ramana* corretto in *Romana*). L'epigramma, che riecheggia quello di Marziale 1.42, è talvolta attribuito ad altri, come per esempio Marcantonio Flaminio.

Pistola è che l'attesa ansiosa di entrambe per il ritorno dei propri mariti avviene su un'isola: Itaca in un caso, Ischia nell'altro.

Tornando alla questione della romanità di Colonna e di Porzia, si può fare una considerazione finale sull'affinità fra le due donne, questa volta di carattere politico. È possibile che Colonna percepisse una connessione fra i sentimenti repubblicani di Porzia e di Catone e la difesa dei privilegi romani della propria casata contro le ambizioni espansionistiche del papato. Il cugino di Colonna, il cardinale Pompeo Colonna, al quale ella era vicina, aveva condotto due insurrezioni contro il papato, prima nel 1511 poi nel 1526.[71] Già in precedenza, durante gli anni Trenta del Quattrocento, i Colonna si erano ribellati e avevano espulso da Roma per breve tempo il papa veneziano Eugenio IV. La tendenza, all'interno della cultura umanistica, di associare tali ribellioni antipapali all'eroico repubblicanesimo romano è ben dimostrata dal caso del rivoluzionario anticlericale Stefano Porcari, giustiziato nel 1453 dopo un fallito complotto contro Nicola V. Le orazioni che restano di Porcari mostrano come questi avesse esplicitamente reclamato il mantello di Bruto e di Catone, tanto da assumere persino il nome di Porzio, in riferimento a Catone.[72] Pompeo Colonna sembra aver condiviso in larga misura l'ideologia di Porcari, in special modo la sua convinzione che la decadenza di Roma durante il papato potesse essere sanata soltanto con un ritorno alla libertà e alla *virtus* dell'antica repubblica romana.[73]

Questo contesto repubblicano o pseudorepubblicano, può essere utile per spiegare l'allusione nella *Pistola* a Marzia, la moglie di Catone, che altrimenti si accorderebbe male con la consueta logica del linguaggio dell'esemplarità femminile usato da Colonna. Marzia non appartiene alla tipica categoria delle mogli fedeli e *univirae* alle quali Colonna amava far riferimento. Al contrario, aveva una storia coniugale singolare e piuttosto complessa: Catone divorziò da lei per permettere a Ortensio di sposarla, e poi, dopo la morte di Ortensio, Marzia fece ritorno a casa di Catone. Il con-

71. Si vedano L. Pastor, *Storia dei papi dalla fine del Medo Evo*, trad. di A. Mercati, 17 voll., Roma 1950-1963, III, pp. 790-793 e IV/2, pp. 215-218; A. Serio, *Una gloriosa sconfitta. I Colonna tra papato e impero nella prima età moderna (1431-1530)*, Roma 2008, pp. 176-180, 312-313; Pompeo Colonna, *Apologia mulierum*, pp. 12, 14, 30-32, 37-39.

72. A.F. D'Elia, *Stefano Porcari's Conspiracy Against Nicholas V and Republican Culture in Papal Rome*, in «Journal of the History of Ideas», 68/2 (2007), pp. 207-231 (p. 221).

73. L'ideologia antipapale di Pompeo Colonna, ritratta da storici quali Paolo Giovio e Francesco Guicciardini, è discussa in Serio, *Una gloriosa sconfitta*, pp. 176-177; Pompeo Colonna, *Apologia mulierum*, p. 31.

testo politico nel quale Colonna scriveva, tuttavia, aiuta a spiegare l'enfasi posta sulla storia repubblicana e l'impiego di fonti prorepubblicane nella *Pistola* (si ricorderà che il poema menziona la Cornelia di Pompeo, così come Marzia, e si rifà anche a Lucano, anticesareo convinto). La *Pistola* era stata scritta intorno al 1512, solo un anno dopo l'assalto a Roma da parte di Pompeo Colonna, durante la grave malattia, risultata poi fatale, di papa Giulio II. La coincidenza onomastica fra i due protagonisti e i rispettivi modelli classici, Pompeo e Cesare, doveva aver posto in evidenza i parallelismi fra le due epoche.

L'interpretazione politica dell'identificazione di Colonna con Porzia trova supporto nel commento sulle *Rime* scritto da Rinaldo Corso, dove l'analogia tra le due donne è descritta in modo simile, anche se si fa riferimento alle inclinazioni politiche del marito piuttosto che a quelle della famiglia natale della poetessa.

> Eguale era il martire di Portia à quel di Vittoria, perché da due mariti nasce, Latini amendue, & in due petti Romani, & per morte, non per minore accidente. Oltre ciò Portia haveva perduto Bruto amico della libertà Romana, Vittoria il suo Sole difensor dell'Impero Romano, sustituito oggi in luogo di quella libertà.[74]

Per Corso, Ferrante d'Avalos è un «difensore dell'Impero Romano» in virtù del servizio reso al Sacro Romano Impero sotto Carlo V e può esser visto come il vero erede di quella libertà romana per la quale Bruto aveva lottato ed era morto. Malgrado questo argomento possa apparire complicato e contraddittorio per noi oggi, aveva una certa logica nel contesto proimperiale del Cinquecento. Esisteva una lunga tradizione secondo la quale l'Impero era considerato come erede e compimento della repubblica romana, mentre i papi potevano essere raffigurati come illegittimi e assetati di potere temporale. In questo modo, "Impero" e "libertà" potevano diventare slogan politici tra loro compatibili, in una maniera che avrebbe

74. *Tutte le Rime* della Illustriss. et Eccellentiss. Signora Vittoria Colonna, Marchesana di Pescara. Con l'esposizione del Signor Rinaldo Corso, nuovamente mandate in luce da Girolamo Ruscelli. Con Privilegio, In Venezia, per Giovan Battista et Melchior Sessa Fratelli, [1558], p. 382. Per questo commento si vedano M. Bianco, *Rinaldo Corso e il Canzoniere di Vittoria Colonna,* in «Italique», s.n. (1998), pp. 35-45; Ead., *Le due redazioni del commento di Rinaldo Corso alle rime di Vittoria Colonna*, in «Studi di filologia italiana», 56 (1998), pp. 271-295; C. Cinquini, *Rinaldo Corso editore e commentatore delle Rime di Vittoria Colonna*, in «Aevum», 73 (1999), pp. 669-696.

lasciato perplessi i grandi pensatori repubblicani come Cicerone e Leonardo Bruni. Numerose fonti confermano, del resto, che le truppe di Pompeo Colonna nel 1526 avevano sollevato la popolazione contro Clemente VII al grido di battaglia di «Imperio, Colonna, libertà».[75]

5. *Conclusioni*

Certamente si potrebbe dire molto di più sull'utilizzo da parte di Colonna degli *exempla* e sulla dialettica fra tale utilizzo e il modo in cui ella costruisce la propria esemplarità. Questo saggio si è limitato all'esame di modelli classici e laici, ma lo stesso argomento potrebbe essere esteso all'uso che Colonna fa degli *exempla* religiosi, in special modo alla sua identificazione con Maria Maddalena nei versi religiosi e nel dipinto forse commissionato a Tiziano attraverso Federico Gonzaga. Tutto ciò aggiunge un altro ricco capitolo alla storia della costruzione identitaria messa a punto da Colonna.[76]

Andrebbe osservato, tuttavia, che nonostante le allusioni a Maria Maddalena, Colonna ricorre sempre meno agli *exempla* nel corso della sua vita. Delle due poesie che documentano meglio la sperimentazione di Colonna nell'uso dei modelli classici, uno, la *Pistola*, risale agli esordi della sua carriera poetica, e l'altra, *Mentre la nave mia,* scritta prima del 1538, ha il sapore di un addio, in quanto accentua l'allontanamento dagli antichi *exempla* e dalle verità etiche che essi volevano insegnare. Appare rilevante, a questo proposito, che *Mentre la nave mia* si chiuda con l'immagine di una fenice – simbolo, come già visto, dell'immortalità spirituale e dei dolori "eterni" provocati dall'amore e dal lutto, ma anche emblema di eccellenza e unicità. È difficile non giungere alla conclusione che, intorno all'ultima decade della propria vita, per Vittoria Colonna non fosse più necessario attingere da modelli classici e religiosi per rappresentare sé stessa. Come una fenice, era diventata a sua volta un vero e proprio *exemplum*, capace (per riprendere le parole di Ariosto citate all'inizio di questo saggio) di far tacere tutte le altre.

75. Si veda Pastor, *Storia dei papi*, IV/2, p. 216; *Le rime di Vittoria Colonna corrette su i testi a penna e pubblicate con la vita della medesima dal cavaliere Pietro Ercole Visconti*. Si aggiungono le poesie ommesse [sic] nelle precedenti edizioni e le inedite, Roma 1840.

76. Per una discussione si veda N. Ben-Ayreh Debby, *Vittoria Colonna and Titian's Pitti* Magdalene, in «Women's Art Journal», 24/1 (2003), pp. 29-33.

Fig. 1. Anonimo italiano, *Vittoria Colonna*, XVI secolo, Washington D.C., National Gallery of Art, Samuel H. Kress Collection.
Fig. 2. Giovanni Bernardi da Castelbolognese (?), *Medaglia con ritratti di Ferrante Francesco d'Avalos e Vittoria Colonna* (*recto*), XVI secolo, Vienna, Kunsthistorisches Museum, Münzkabinett.
Fig. 3. Giovanni Bernardi da Castelbolognese (?), *Medaglia con ritratti di Ferrante Francesco d'Avalos e Vittoria Colonna* (*verso*), XVI secolo, Vienna, Kunsthistorisches Museum, Münzkabinett.
Fig. 4. Anonimo italiano, *Medaglia con ritratto di Caterina Sforza*, 1495, Londra, The British Museum.

Fig. 5. Giancristoforo Romano, *Medaglia con ritratto di Isabella d'Este* (*verso*), 1505, Vienna, Kunsthistorisches Museum, Münzkabinett.
Fig. 6. Giancristoforo Romano, *Medaglia con ritratto di Isabella d'Este* (*verso*), 1505, Vienna, Kunsthistorisches Museum, Münzkabinett.
Fig. 7. Andrea Cambi, detto Bombarda, *Medaglia con ritratto di Leonora, moglie dell'artista*, XVI secolo, Washington D.C., National Gallery of Art, Samuel H. Kress Collection.

Fig. 8. Andrea Mantegna, *Minerva scaccia I vizi dal giardino dell virtù* (part.), ca. 1520, Parigi, Louvre (Foto: Gérard Blot; Réunion des musées nationaux/Art Resource, New York).

Fig. 9. Anonimo italiano, *Medaglia con ritratto di Vittoria Colonna* (*recto*), XVI secolo, Londra, The British Museum.
Fig. 10. Anonimo italiano, *Medaglia con ritratto di Vittoria Colonna* (*verso*), XVI secolo, Londra, The British Museum.

Fig. 11. Sebastiano del Piombo, *Ritratto di gentildonna (Vittoria Colonna in guisa di Artemisia?)*, ca. 1526, Leeds, Harewood House, Earl of Harewood Collection.

II

Il ruolo pubblico

Adriana Chemello

«Il più bel lume di questo mondo»: Vittoria Colonna e il suo tempo*

La storiografia sette-ottocentesca ha recuperato in diverse occorrenze l'elogio ariostesco di Vittoria Colonna a testimonianza della centralità della poetessa di Marino nel panorama letterario cinquecentesco, elevandolo a *leitmotiv* per elogiare la singolare sublimità dei versi e la loro efficacia pragmatica nell'innalzare un imperituro mausoleo alla memoria del marito:

Quest'*una* ha non pur sé fatta immortale
col *dolce stil* di che il *meglior* non odo;
ma può qualunque di cui parli o scriva,
trar del sepolcro, e far ch'*eterno viva* (Ariosto, *Furioso*, xxxvii, 16).

Pietro Ercole Visconti, nel *Discorso preliminare* alla sua edizione delle *Rime* di Vittoria Colonna (1840), ribadisce che tale «illustre donna» era stata «levata a cielo dai più alti ingegni della dottissima età sua, [ed] ebbe vanto di una somma eccellenza».[1]

La fama e l'eccellenza letteraria che circondavano il nome di Vittoria Colonna presso i contemporanei sono già state ampiamente documentate

*«Il più bel lume di questo mondo [...] ci sarà tolto dagli occhi»: da una lettera di Fracastoro a Gualteruzzi che gli chiedeva consulto preoccupato per la salute della Marchesa, in *Della Nuova Scielta di Lettere di Diversi Nobilissimi Huomini, et Eccell.mi Ingegni, Scritte in diverse Materie, Fatta da tutti i Libri sin'hora stampati*, [...] Con un Discorso della commodità dello scrivere, di M. Bernardino Pino, Venezia [la marca tipografica è di Andrea Muschio], c. 291.

1. *Le rime di Vittoria Colonna corrette su i testi a penna e pubblicate con la vita della medesima dal cavaliere Pietro Ercole Visconti*. Si aggiungono le poesie ommesse [sic] nelle precedenti edizioni e le inedite, Roma 1840, p. XXII.

soprattutto grazie alle ricerche di Concetta Ranieri e Tobia Toscano.[2] Astro di prima grandezza nell'orizzonte letterario di primo Cinquecento, donna *illustre* per il blasone nobiliare che le ha dato i natali, è celebrata da poeti e letterati come «specchio, e lume di virtù», in lei la *claritas* è illustrata dal «generoso e nobilissimo sangue» e rischiarata da «virtù e valor suo».

Una fama letteraria non circoscritta alla penisola italiana e alle sue corti bensì espansa oltre i confini delle Alpi grazie a quel libro a circolazione europea, *Il libro del Cortegiano*, scritto da «uno de los mejores Caballeros del mundo», Baldassar Castiglione, dove il nome di Vittoria compare nella *dedicatoria* con l'elogio de «l'ingegno e prudentia di quella Signora, la virtù della quale io sempre ho tenuto in venerazione come cosa divina».

Non intendo riprendere il ricco "catalogo" degli *elogia* a lei indirizzati. Vorrei invece farne una lettura longitudinale, andando a evidenziare le differenze (e le distanze) che separano la figura pubblica della marchesa di Pescara negli anni napoletani e ischiani da quella della maturità romana e viterbese.

Gli anni dal 1512 al 1525 rappresentano la fase aurorale del mettersi al mondo della giovane marchesa, una fase che costituisce un tassello importante per la costruzione della sua fortuna letteraria, in cui viene prendendo forma un "personaggio" che risulterà via via ibernato in un'atmosfera rarefatta, lontano dalla realtà storica della donna e delle sue vere relazioni intellettuali.

Dell'interesse di Vittoria Colonna per la poesia e della pratica poetica a cui si dedica, soprattutto durante le prolungate assenze del marito impegnato in imprese militari, abbiamo scarse testimonianze dirette; ne alludono tuttavia le dediche e gli encomi che lumeggiano la rete di relazioni con letterati e poeti, prevalentemente di area napoletana, le cui opere sia manoscritte che a stampa si fregiano del suo nome, tramandandoci l'immagine di una donna colta e raffinata, dalle aggraziate movenze che partecipa con nobile «sprezzatura» alla vita della corte napoletana, di cui si farà cronista più tardi Paolo Giovio nel suo *Dialogus*.

Sul piano cronologico, una delle prime attestazioni di questa presenza in corte è la dedica che nel 1517 Bartolomé de Torres Naharro, autore di

2. Cfr. C. Ranieri, *Vittoria Colonna: dediche, libri e manoscritti*, in «Critica Letteraria», 47 (1985), pp. 249-270; M. Scala, *Encomi e dediche nelle prime relazioni culturali di Vittoria Colonna*, in «Periodico della Società Storica Comense», LIV (1990), pp. 97-112; T.R. Toscano, *La formazione "napoletana" di Vittoria Colonna e un nuovo manoscritto delle sue Rime*, in «Studi e problemi di critica testuale», LIII (1996), pp. 79-106.

una raccolta di versi e di *pièces* teatrali, la *Propalladia*, indirizza a Francesco Ferrante d'Avalos, il cui nome compare nel frontespizio accostato a una silografia che ricorda le imprese di casa D'Avalos.

Di qualche anno posteriore è una testimonianza che chiama in causa direttamente Vittoria, e ci informa sull'alta considerazione in cui era tenuta nell'ambiente napoletano. Nel 1519, Girolamo Britonio si fa cronista-reporter di un evento eccezionale per la corte napoletana, pubblicando un opuscolo in cui descrive l'*Ordene et recolletione de la festa fatta in Napoli per la nova havuta de lo imperatore Carlo de Austria* e, mutuando il *topos* letterario di tradizione cortese dell'«innamoramento per fama», si rammarica per l'assenza della marchesa di Pescara che, assente il marito da Napoli, non aveva partecipato alla festa in omaggio all'imperatore:

> Non lassarò pur dirvi che disdicevole cosa stata non fusse il *non essere* tra l'altre degnissime Danzanti questa *Gloriosa & singular Donna*: percioché in Ischia da non colpabile, ma giusta occasione fu contra sua voluntà detenuta. Costei verissimamente non picciola adornezza stata sarebbe degli alternanti balli, però che di tanta non più veduta maniera aballar suole, che meglio è molto tacerlo che ragionando dirne poco. Perché né con antiche, né con moderne comparationi il suo *merito* si potrebbe agguagliare: percioché dalle Sacratissime Camene accompagnata, ballando quasi non donna, ma veramente una *immortale Idea* a gli circostanti rassembrar suole.[3]

Un'assenza che si fa predicato e da una sottrazione «non colpabile» si espande nell'elogio della «gloriosa & singular donna», celebrandone un «merito» privo di termini di confronto, tale che la sola presenza di Vittoria avrebbe recata «adornezza» all'ambiente circostante, mentre la magistrale leggerezza della danzatrice assimilata a una «immortale Idea» la eleva a una dimensione divina. Il Britonio, autore di questo insolito *reportage*, in un suo libro di rime intitolato *La Gelosia del sole*, edito per la prima volta a Napoli nello stesso anno (1519), dedica inoltre alla Colonna la sua «giovenil fatica»:

> Priegovi dunque accettarla vi degnate: per ciò che il perpetuo pegno del mio a voi divoto animo con lei vi mando [...][4]

3. G. Britonnio, *Ordene e recolletione de la festa fatta in Napoli per la nuova havuta de lo imperatore Carlo de Austria*, Napoli 1519; la citazione è ripresa da Toscano, *La formazione "napoletana" di Vittoria Colonna e un nuovo manoscritto delle sue Rime*, p. 82.

4. Ranieri fa notare che la stessa dedica si può leggere in *Opera volgare* di Girolamo Britonio di Scignano, stampato in Venetia per Marchio Sessa ne li anni MDXXXI, cc. 2rv.

Aggiungendo, in un sonetto encomiastico, l'elogio della «dolce rima» e dello «stil di tanta istima» di Vittoria Colonna.

Altra testimonianza che ci restituisce con profondità chiaroscurale lo spessore della presenza a Napoli di Vittoria Colonna è il *Trattato di Amore* di Benedetto Di Falco, stampato a Napoli da Sultzbach nel 1538, dove si conserva traccia di due quartine di un sonetto di Vittoria (A1, 6 ed. Bullock) con minime varianti stampato nello stesso anno nell'edizione parmense delle *Rime*. Nel *Trattato* del Di Falco si legge:

> Avenne un dì agli anni a dietro, nelle nozze del eccellente Conte d'Altavilla, fratel del presente, però d'altra madre, che ragunati, secondo si costuma, tutti Baroni del regno nel palazzo dell'illustre segnor Duca di Termine, ove si muovevano i cavalieri et donne a gli amorosi balli nottiali, vennevi, *per illustrar tutto 'l palazzo*, l'illustrissimo segnor Marchese di Pescara, segnor di giusta persona et d'una segnoril bellezza, con un martial viso degno d'imperio, con un portamento honestissimo, vestito di nero, come usano vestire gran Ri et imperatori, con sua virtuosa spada; vedesti in un momento, all'apparir de sì gran Marchese, tuti que' prencepi e duci, ch'erano coperti in oro, con una debita accoglienza riverentemente il recevettero, collocandolo a que' sedili regali, ove si riposano con honore que' Cesari et Agosti, che non con panni o con otiose gemme acquistano gloria et regni, ma con una sola spada e vertù; dil che, io, ch'era presente, ringratiava Dio che le pompe et le vane ricchezze alla fine davano luoco alla *virtù*, sì come divinamente la sua *castissima illustrissima segnora* Vittoria Colonna, ch'a tutte sue giuste imprese fu auguriosa vittoria, con tai *aurei versi cantò*:
>
> Alle vittorie tue mio lume eterno
> Non dié il tempo e la stagion favore;
> La spada, la vertù, l'invitto cuore
> Fur li ministri tuoi, l'estate e 'l verno.
> Prudente antiveder, divin governo
> Vinser le forze adverse in sì brievi ore
> Che 'l modo all'alte imprese accrebbe onore
> Non men che l'opre al bell'animo interno.

Ranieri informa inoltre che il Britonio era stato chiamato a Ischia nel 1512 da Costanza D'Avalos ed era passato poi al servizio di Vittoria Colonna, curandone gli interessi economici e restando a Napoli con lei, dedicandole appunto il suo canzoniere edito per la prima volta a Napoli nel 1519 (Ranieri, *Vittoria Colonna: dediche, libri e manoscritti*, p. 252).

Per la qual cosa ogn'huom può chiaramente comprendere la corporal bellezza essere uno manifesto inganno et una tirannide di poco tempo [...].[5]

La scenografia è quella di una festa nuziale all'interno del palazzo baronale di Ferrante di Capua, duca di Termoli, in occasione delle nozze del fratello Luigi di Capua, conte di Altavilla. Nella fastosità dell'evento mondano che riunisce «tutti i Baroni del Regno», il cronista registra l'arrivo di Francesco Ferrante D'Avalos accompagnato dalla moglie e commenta che «la vera bellezza non apparer né a i panni, né al corpo ma alle virtù dell'animo». La figura di Vittoria che con il marito «illustra tutto 'l palazzo», oltre a caratterizzarsi per due superlativi «castissima illustrissima», esprime le virtù dell'animo attraverso gli «aurei versi» suoi, evidentemente già noti e apprezzati in una circolazione manoscritta.[6]

Se ci spostiamo dall'ambiente della corte napoletana alla laguna veneta e in particolare nella prestigiosa officina della tipografia aldina, leggiamo quello che a tutti gli effetti ci appare il primo "ritratto in piede" di Vittoria, a cui Andrea Torresano dedica una impressione della *Commedia* dantesca:

Alla Valorosa Madonna Vittoria Colonna / Marchesa Illustrissima di Pescara./ Andrea di Asola/
Avendo nuovamente, *illustrissima* madonna, il divino poeta Dante a niuno degli altri scrittori, o antichi o moderni [...] ristampato; non m'ha parso sotto più *chiaro nome*, quanto quello di V.S. è, poterlo dar fuori: e a ciò non solo la mia antica servitù verso la nobilissima casa di lei spronato m'ha; ma più ancora la *viva fama delle immortali e divine sue bellezze*: le quali di giorno in giorno così con la giovinetta età crescendo vanno e se stesse avanzando, che veramente si crede, e *'l mondo ne ragiona*, che in questa nostra, né in qual'altra si voglia età *donna più bella o più compiuta si vide*. E quantunque questo infinitamente sia: *le bellezze* dell'animo per ciò di quelle del corpo niente minori sono; anzi di gran lunga le trapassano pure. Perché quelle niuna

5. Cfr. *Trattato di amore* per messer Benedetto di Falco napolitano, Napoli, per Giovanni Sultzbach, 1538. La citazione è ripresa da Toscano, *La formazione "napoletana" di Vittoria Colonna e un nuovo manoscritto delle sue Rime*, pp. 79-106; poi in Id., *Letterati Corti Accademie. La letteratura a Napoli nella prima metà del Cinquecento*, Napoli 2000, pp. 22-23.

6. Il sonetto citato si legge con minime varianti in Vittoria Colonna, *Rime*, a cura di A. Bullock, Roma-Bari 1982, p. 6, A1, 6. Per l'analisi del racconto di Benedetto Di Falco, si rinvia al saggio di A. Quondam, *Tutti i colori del nero. Moda e cultura del gentiluomo nel Rinascimento*, Costabissara (VI) 2007, pp. 28-31.

cosa hanno che naturale non sia, e queste l'arte non meno che la natura seco unita tengono. Le quali cose si come le care gemme la vostra bionda testa ornano e abbelliscono; così di tutte le *belle e pregiate virtù*, quasi celeste arco di mille colori dipinto, isplendida e vaghissima a' riguardanti vi dimostrano. Onestate, vergogna, senno, modestia, cortesia, puritate, grazia, castità, magnificenza ed eloquenza tanta quanta in valorosa donna desiderar si potrebbe, in voi sola tutte ed abbondevolmente si vedono. Per ciò da tali e tante divine doti sospinto, questo mio *dono* a V.S. dedico e consacro. Alla cui dolce mercé inchinevolmente bascio le mani.[7]

L'editore offre in «dono» il prodotto della sua officina, rimarcando la clarità del nome associata alla «viva *fama* delle immortali e divine [*sue*] bellezze» della giovane e «Valorosa» marchesa, di cui già «'l mondo [*ne*] ragiona» come di «donna più bella o più compiuta». Sono tutti fotogrammi che illustrano la fama mondana di Vittoria durante gli anni napoletani – in quest'ultima occorrenza i primissimi anni dopo il matrimonio – già inscindibilmente connessa alle «belle e pregiate virtù» del suo animo.

Con il passare degli anni il nome di Vittoria – spesso associato alla sua corte di Ischia – è presente in dedicatorie e sonetti encomiastici; ricordiamo tra gli altri un "panegirico" a lei dedicato, l'*Apologia pro Mulieribus*, composta dal cardinale Pompeo Colonna tra il 1524 e l'autunno del 1525, dove alla marchesa si attribuisce «virtutum omnium definitionem», per far argine alla «mordacissimorum hominum improbitatem».[8]

Dopo il sacco di Roma del 1527, Ischia diventa il rifugio di tutta la casa d'Avalos e accanto a Vittoria Colonna è presente Paolo Giovio, anch'egli in fuga dalla città capitolina. In questa piccola corte, tra la fine del 1527 e l'ottobre del 1529, il letterato comasco, tra gli *otia* che quell'irenico rifugio garantisce, si dedica alla stesura del *Dialogus de viris et foeminis aetate nostra florentibus*, per fissare in carta una «forma di cortigiania» che intende tramandare le conversazioni tra poeti e letterati napoletani nella corte dei d'Avalos. Il *Dialogus* – rimasto inedito fino al secolo scorso[9] – celebra

7. *Dante col sito et forma dell'inferno tratta dalla stessa descrizione del poeta*, Impresso in Vinegia nelle case d'Aldo et Andrea di Asola suo suocero nell'anno M.D.XV del mese di agosto. Cfr. Le *Rime* di Vittoria Colonna, pp. XLII-XLIII.

8. Pompeo Colonna, *Apologiae mulierum*, in G. Zappacosta, *Studi e ricerche sull'umanesimo italiano. Testi inediti del XV e XVI secolo*, Bergamo-Milano-Firenze-Roma-Messina 1972, pp. 159-246.

9. Paolo Giovio, *Dialogus de viris et foeminis aetate nostra florentibus*, in *Descriptiones et Dialogi*, a cura di E. Travi, M.G. Penco, in Id., *Opera*, IX, Roma 1984, pp. 147-321. Il terzo

nel terzo libro gli «Etrusca carmina» di Vittoria e il loro «virile decus», e riecheggia vistosamente, anzi sembra voler imitare, seppur in formato ridotto, il *Libro del Cortegiano*, opera che Giovio conosceva ben prima dell'*editio princeps* del 1528, per aver avuto accesso alla copia manoscritta, conservata presso la marchesa.

Lo scambio di sonetti responsivi tra Veronica Gambara e Vittoria Colonna è solo un episodio di una pratica elogiativa ormai diffusa attorno al nome di Vittoria. Veronica si rivolge così alla poetessa di Marino:

> O de la nostra etade unica *gloria*,
> *Donna saggia, leggiadra, anzi divina,*
> A la qual riverente oggi s'inchina
> Chiunque è degno di famosa istoria;
> [...]
> Il sesso nostro un sacro e nobil *tempio*
> Dovria, come già a Palla e a Febo, alzarvi
> Di ricchi marmi e di finissim'oro.
> E poiché di virtù siete l'esempio,
> Vorrei, Donna, poter tanto lodarvi,
> Quanto io vi *riverisco*, *amo*, ed *adoro*.[10]

Rizzardi, curatore dell'edizione settecentesca delle *Rime* di Veronica (1759), commenta l'intenzione della locutrice di voler significare «la somma estimazione in che l'aveva per la sua virtù». Se il primo verso nomina la poeta situandola nel suo tempo («unica gloria» della sua «etade») il secondo con l'oculata scelta di tre epiteti nell'implosività dell'endecasillabo

dei *Dialoghi* è dedicato alle "Donne Illustri" del suo tempo e presenta il primo grande elogio della poesia di Vittoria Colonna. L'elogio è alla p. 321. Si veda inoltre: F. Alicarnasseo, *Vita di Vittoria Colonna marchesa di Pescara*, in «Museo di Scienze e Letteratura», I/10 (1844), pp. 116-189, ora in Vittoria Colonna, *Carteggio*, a cura di E. Ferrero, G. Muller, seconda edizione con Supplemento raccolto ed annotato da D. Tordi, Torino 1892, pp. 489-518.

10. Il sonetto si legge subito dopo il sonetto proemiale in V. Gambara, *Rime e Lettere* raccolte da Felice Rizzardi, In Brescia, Dalle Stampe di Giammaria Rizzardi, MDCCLIX; nelle *annotazioni* dello stesso Rizzardi leggiamo, a p. 79: «Scrive alla medesima lodandola moltissimo, e significandole la somma estimazione in che l'aveva per la sua virtù. Il Corso chiama questo Sonetto, come tutte l'altre cose di questa Signora sono, candidissimo, e per se facile, e piano». Nella edizione moderna delle *Rime*, a cura di A. Bullock, Firenze 1995, è il sonetto XLII, p. 103. Vittoria Colonna risponde per le rime con il sonetto che ora si legge nell'edizione Vittoria Colonna, *Rime*, E, 13, *incipit*: *Di novo il cielo de l'antica gloria*, p. 209. Il corsivo è mio.

condensa già un ritratto della "divina" Vittoria. La singolarità e la fama del personaggio si intensificano in un *elogio* espresso dalla voce di una donna-poeta che nel gioco onomastico ("ampia vittoria") celebra una "fama" in grado di assicurarle "eterna *memoria*" presso i posteri. La celebrazione della "divina", costruita nelle quartine sulle tre parole in rima (*gloria*, *memoria*, *vittoria*), si potenzia nelle terzine dove si auspica la costruzione di un "tempio" per celebrare la "diva Vittoria", segno di riconoscenza da parte del femminile sesso nei confronti di tale "esempio di virtù". L'omaggio devoto di Veronica si condensa, in clausola, in una terna verbale complementare e speculare ai tre epiteti dell'esordio: *riverisco* la "saggia"; *amo* la "leggiadra"; *adoro* la "divina".

Quando Betussi nel 1545 dà alle stampe il volgarizzamento al *Libro M. Gio. Boccaccio delle Donne Illustri*, sigilla la sua «giunta» proprio sul nome della marchesana di Pescara:

> Ragionevolmente in costei posso ora conchiudere il numero delle *donne illustri*, la quale si come al par di quante degne antiche e moderne, che abbiano di sé lasciato degna memoria a noi, si può agguagliare, non voglio dir porre inanzi, così giusto è, ch'ella abbracci tutte le particolari *virtù* e *meriti* dell'altre, essendone *dignissima*, e *sopra l'uso mortale* stata ricca e felice.

Fedele all'indicazione ariostesca («Sceglieronne una e sceglierolla tale [...]») Betussi vede incarnati in Vittoria «virtù» e «meriti» che fanno di lei una figura «dignissima, e sopra l'uso mortale», come meglio illustra poco dopo:

> Imperocché a' giorni nostri non s'è veduto spirito dotato di maggior *nobiltà* d'animo, né che ne gli studi delle lettere, e sopra tutto della Poesia, abbia avanzato il donnesco sesso più di lei: la quale si può dire, che *col volo delle proprie penne dell'intelletto suo si sia alzata sovra le stelle*, e co' *raggi della virtù sua abbia illustrato questa nostra età*.[11]

Alle «penne dell'intelletto» Betussi affianca i «raggi della virtù», una «vera Vettoria di nomi e d'affetti» che è riuscita a rischiarare un'epoca tanto da essere assimilata a «il più bel lume di questo mondo».[12] La poetessa

11. G. Betussi, *Di Vittoria Colonna Marchesana di Pescara. Cap. L*, in *Libro di M. Giovanni Boccaccio delle donne illustri. Tradotto di latino in volgare per M. Giuseppe Betussi, con una giunta fatta dal medesimo, d'altre donne famose. E un'altra nuova giunta fatta per M. Francesco Serdonati. d'altre donne illustri. Antiche e moderne. Con due tavole una de nomi, e l'altra delle cose più*, Firenze, Filippo Giunti, 1596, pp. 472-473. Il corsivo è mio.

12. *Della Nuova Scielta di Lettere di Diversi Nobilissimi Huomini*, c. 291.

assurta a simbolo di un Parnaso femminile che ha in lei l'*exemplum maximum*, già celebrata per la funzione eternatrice dei suoi versi riverberantisi sul «morto marito», come ribadisce Girolamo Ruscelli, nelle vesti di curatore dell'edizione commentata delle *Rime*, uscita dai torchi veneziani dei fratelli Sessa nel 1558, con dedica alla nuova marchesa di Pescara, Isabella Gonzaga,[13] ha illuminato con la sua luce la società letteraria del suo tempo ma anche le coscienze di coloro che hanno condiviso con lei alcuni tratti del pellegrinaggio terreno.

Ad illustrare quest'altro lato della medaglia contribuiscono, al di là delle attestazioni elogiative ed encomiastiche da Ariosto a Molza, da Giovio a Bembo, da Bernardo Tasso[14] a Girolamo Ruscelli fino al suo affezionato commentatore Rinaldo Corso, le numerose corrispondenze sia quelle "private" tutelate dal «segreto epistolare» sia quelle rivolte a un destinatario collettivo attraverso l'arte tipografica della stampa che s'impone, nel quarto decennio del secolo, con il nuovo genere "libro di lettere". Se gli elogi e gli encomi alludono prevalentemente a una dimensione essoterica illuminata dal «verso alto e purgato» della sua poesia, secondo la definizione bembiana,[15] un altro genere di scrittura s'incarica di tramandarci una figura più in ombra, quasi esoterica, della marchesa di Pescara quale ce la restituiscono in particolare relazioni attestate dalla scrittura epistolare.

L'Ottocento è il secolo in cui la "fortuna" letteraria di Vittoria conosce un forte *revival*, grazie all'«affaccendarsi degli stranieri a studiarne e *scriverne la vita*»[16] ma soprattutto all'intraprendenza di alcuni editori che, nell'arco di vent'anni, propongono ben due edizioni delle *Rime* della nostra accompagnate da altrettanti profili biografici. Pietro Ercole Visconti, nel *Discorso preliminare* alla sua edizione delle *Rime* di Vittoria Colonna (1840), oltre a situare la poetessa tra i «più alti ingegni della dottissima età

13. *Tutte le Rime* della Illustriss. et Eccellentiss. Signora Vittoria Colonna, Marchesana di Pescara. Con l'esposizione del Signor Rinaldo Corso, nuovamente mandate in luce da Girolamo Ruscelli. Con Privilegio, In Venezia, per Giovan Battista et Melchior Sessa Fratelli, [1558], c. 474.

14. Sui rapporti tra Bernardo Tasso e Vittoria Colonna si veda in particolare lo studio di G. Ferroni, *Bernardo Tasso, Ficino, l'evangelismo. Riflessioni e materiali attorno alla* Canzone all'anima *(1535-1560)*, i.c.s.

15. Pietro Bembo, *Prose della volgar lingua, Gli Asolani, Rime*, a cura di C. Dionisotti, Milano 1989, CXXV, p. 609.

16. *Rime e Lettere di Vittoria Colonna Marchesana di Pescara*, Firenze 1860, p. VI.

sua»,[17] accompagna al *Discorso* una dettagliata ricostruzione biografica e ribadisce «quanto profonde radici avesse negli animi di ciascuno [scil.*: dei letterati del suo tempo*] l'estimazione verso la Colonnese nostra, e che gli amici erano suoi e non della ventura».[18] È merito di Visconti aver per primo valorizzato e utilizzato a fini documentari le lettere di Vittoria apparse a stampa nel corso del Cinquecento, con l'esplicito suggerimento metodologico di «investigare e ordinare [...] nelle epistolari corrispondenze, nelle quali è *la più intima e riposta istoria* delle cose e degli uomini».[19] Sollecitazione destinata a essere raccolta da Enrico Saltini che, riproponendo vent'anni dopo l'edizione delle *Rime* nella lezione approntata da Visconti, la correda con una folta *Appendice* in cui recupera e ristampa ventidue lettere di Vittoria, la gran parte già apparse a stampa nel corso del Cinquecento ma aggiungendone anche un manipolo di inedite.[20]

L'operazione di Saltini si configura come recupero di una figura «meritevole in ogni tempo d'esser proposta in esempio, e singolarmente alle donne italiane»,[21] anzi in clausola al suo profilo biografico il curatore nomina esplicitamente le virtuali destinatarie, appalesando il circolo virtuoso che la lettura di quella "vita" dovrebbe promuovere:

> Una donna di tanta esemplare e ammirata bellezza, di così squisito ingegno, eleganza e facondia fornita, e per sopra più autrice di versi tanto stupendi, ci parve degna d'essere ricordata *alle donne italiane*, a cui più particolarmente intendiamo indirizzato questo volumetto. [...] v'apprenderanno esempio non comune di fede coniugale, il santo amor della patria, la sincera fiducia in Dio, e in fine a rifarsi nella favella italiana. Lo ripetiamo, perché mai non par detto abbastanza, la lingua è il primo segno ove appare manifestamente scolpita la nazionalità di un popolo.[22]

17. *Le Rime di Vittoria Colonna corrette su i testi a penna*, p. XXII.
18. *Le Rime di Vittoria Colonna corrette su i testi a penna*, p. CXXVII.
19. *Le Rime di Vittoria Colonna corrette su i testi a penna*, p. CXXXVI. Il corsivo è mio.
20. *Rime e lettere di Vittoria Colonna Marchesana di Pescara.* Nella Avvertenza il curatore annota: «La stampa di queste rime fu condotta con lievissime varianti, che reputammo necessarie, sulla edizione, fuor di commercio, fatta a Roma nel 1840 per cura del Cav. Pietro Ercole Visconti ed a spese del Principe Alessandro Torlonia, quando egli impalmò donna Teresa Colonna. E vogliamo qui ringraziare pubblicamente la cortesia di questo Signore, il quale, inviandocene una copia, consentì che su quella ponessimo in luce il presente volumetto. Le lettere poi furono raccolte da noi, e ne dicemmo la provenienza nelle note» (c. VII).
21. *Rime e lettere di Vittoria Colonna Marchesana di Pescara*, p. VII.
22. *Rime e lettere di Vittoria Colonna Marchesana di Pescara*, pp. XLV-XLI.

Negli stessi anni, Pietro Ercole Visconti, in qualità di Commissario delle Antichità, si era fatto promotore, presso l'Accademia d'Arcadia in Roma, il 12 maggio 1845, di una solenne adunanza per inaugurare un busto di Vittoria Colonna. Per l'occasione si era provveduto a stampare una miscellanea di versi per celebrare la più illustre delle poetesse rinascimentali, affiancando agli elogi di trentatré poeti anche il timbro di qualche voce femminile (Rosa Taddei, Teresa Gnoli, Luisa Amalia Paladini, Elena Montecchia ed Enrica Orfei). E sono appunto le donne a superare nei propri versi la canonica dimensione dell'*elogium* per rivolgere una esplicita esortazione alle «italiche donzelle», e un incitamento a «spezzar la vil catena / che la virtù del vostro sesso inceppa» e a dare prova di «valor femineo».[23]

La scrittura epistolare di Vittoria Colonna contribuisce a restituirci «la più intima e riposta istoria» della sua anima. Il momento epifanico in cui questa modalità di relazione con uomini e donne del suo tempo trova una chiara nominazione è la lettera datata dicembre 1538, dal monastero di San Silvestro in Capite in Roma, in cui Vittoria scrive a Pietro Bembo confessandogli di «star in una solitudine che la soglio chiamare pacifica e dolce conversazione co' i libri e co' i pensieri».[24] La conversazione «pacifica e dolce» condotta in silenziosa solitudine si trasferisce in quei dialoghi *in absentia* affidati alla scrittura epistolare, a partire dalle seppur scarse occorrenze attestate nelle più significative raccolte di «libri di lettere» del Cinquecento.[25]

23. *Per la inaugurazione del busto di Vittoria Colonna*, Roma, 1845; su cui si veda anche T. Crivelli, *La donzelletta che nulla temea*, Roma 2014, pp. 92-93.

24. Cfr. C. Ranieri, *Ancora sul carteggio tra Pietro Bembo e Vittoria Colonna*, in «Giornale italiano di filologia», n.s., XVI (1983), p. 145.

25. Gli storici della letteratura si sono interrogati – negli ultimi decenni – intorno alla trasformazione cinquecentesca che ha modificato lo statuto della *lettera* privata, fino a farla diventare oggetto pubblicabile, riproducibile in decine e decine di esemplari. Il passaggio dalla *epistola* al *liber* realizza uno scarto segnalato, *in primis*, dalla sostituzione del destinatario singolare con un destinatario collettivo, il lettore del «libro di lettere». Il *décalage* dal manoscritto alla stampa consente all'autore di intervenire nei testi con correzioni, aggiunte, omissioni, censure, stravolgendo la fisionomia della lettera originaria. Questa operazione autoriale fa assumere al «libro di lettere» la fisionomia di vera e propria *opera letteraria*. Cfr. *Le «carte messaggiere». Retorica e modelli di comunicazione epistolare: per un indice dei libri di lettere del Cinquecento*, a cura di A. Quondam, Roma 1981, pp. 277-326. Scrive Quondam: «Il "libro di lettere" nel Cinquecento non costituisce qualcosa di episodico, di marginale, rispetto alla più ampia pratica di scrittura di lettere, rispetto all'insieme complessivo dei circuiti epistolari: assume una funzione modellizzante generale, fonda la stessa

La dedicatoria premessa da Manuzio alle *Lettere volgari di diversi nobilissimi huomini* del 1542, dove compaiono a stampa le prime lettere di Vittoria Colonna, segnala la modificazione intervenuta nello statuto della scrittura epistolare:

> Mi sono immaginato di raccogliere e fare stampare alcune *lettere d'huomini prudenti*, scritte con eloquentia in questa lingua comune Italiana [...]. Però mi persuado che gli auttori di queste lettere non havranno a male ch'io dimostri al mondo *i fiori dell'ingegno loro con utilità comune*, perché così porgeranno ardire all'industria di quei che sanno: e quei che non sanno, loro haveranno obligo, potendo da questi essempi ritrarre la vera forma del ben scrivere.[26]

Se andiamo a sfogliare le più importanti raccolte di *lettere* del Cinquecento (per esempio i tre libri di *Lettere volgari*, stampate da Manuzio, che accorpano insieme 400 lettere), notiamo subito che la presenza femminile è poco significativa, ma il nome della marchesa di Pescara è quello più attestato. Senza aver la pretesa di costruire un registro delle mittenti, scorrendo il primo libro segnaliamo tre nomi di donne: Vittoria Colonna, marchesa di Pescara, Veronica Gambara e la regina di Navarra. Le loro lettere sono in tutto sei (quattro di Vittoria Colonna e una ciascuna per le altre due mittenti).[27] Il secondo libro registra una sola lettera di Veronica Gambara.[28] Nel terzo libro è presente solo una lettera di Chiara Matraini.[29] Le destinatarie sono invece più numerose e il nome di Vittoria Colonna compare

praticabilità dello scrivere lettere. La sua presenza risulta egemone non soltanto in termini quantitativi, ma soprattutto formali» (p. 19).

26. *Delle lettere volgari di diversi nobilissimi huomini et eccellentissimi ingegni scritte in diverse materie, Libro Primo*, Aldus in Venetia, MDXLII. Il corsivo nel testo è mio.

27. Le quattro lettere della marchesa di Pescara sono indirizzate rispettivamente a: Principe d'Oranges, Lodovico Dolce, Serafina Contarina e Regina di Navarra. La lettera della regina di Navarra è indirizzata alla marchesa di Pescara e quella di Veronica Gambara è per Gabriel Cesano.

28. *Lettere volgari di diversi eccellentissimi huomini, in diverse materie. Libro secondo*, Aldus, Con privilegio [...] 1545. La lettera di Veronica Gambara è indirizzata a Giovanni Michiel.

29. *Delle lettere volgari di diversi nobilissimi huomini et eccellentissimi ingegni scritte in diverse materie*, nuovamente mandate in luce [...], Venezia 1567. La lettera di Chiara Matraini è indirizzata ad Annibal Tosco. Segnaliamo inoltre che nei due volumi di *Lettere facete*, curati rispettivamente dall'Atanagi e dal Turchi, non ci sono lettere di mano femminile. Le donne sono presenti solo come destinatarie: nel primo libro c'è una lettera del Muzio alla duchessa d'Urbino; nel secondo ne troviamo due: di Paolo Giovio alla marchesa di Pescara e di Rinaldo Corso a Claudia Rangone.

ben otto volte come destinataria di lettere inviate da Giovan Matteo Giberti, Pier Paolo Vergerio (3), Margherita D'Angoulême regina di Navarra (1), Baldassar Castiglione (2), Luigi Alamanni (1). Le mittenti sono donne d'alto rango dedite a coltivare la musa della poesia (unica eccezione è rappresentata da Chiara Matraini): grazie ai privilegi del loro *status* possono dedicarsi allo studio delle *humanae litterae*. All'altezza del 1555, i loro nomi compaiono impressi nel frontespizio di uno o più libri a stampa.[30]

Nel *Novo libro di Lettere scritte da i più rari auttori e professori della lingua volgare italiana* (ed. Gherardo 1544 e 1545)[31] compaiono tra i mittenti in tutto sette nomi di donne: Ippolita Borromeo in Anguissola (1 lettera); Vittoria Colonna (6 lettere); Violante Gambara in Valente (1 lettera); Virginia Negri (1 lettera); Renata di Francia (1 lettera); Isabella Sforza (1 lettera); Bona Maria Soarda di Sangiorgio (1 lettera).

La raccolta dei *Tredici uomini illustri* curata da Girolamo Ruscelli per Ziletti nel 1556, dove si trova riunito «il fiore di quante altre belle lettere si sono vedute fin qui», presenta tra i trentasei autori selezionati solo due nomi femminili: la marchesa di Pescara (con tre missive) e la regina di Francia (con una sola missiva alla marchesa di Pescara).[32] La raccolta, poi riproposta con i tipi di Comin da Trino di Monferrato nel 1564, ha il merito di rendere visibile questa presenza accorpando le *quattro lettere* sopra segnalate in un «libro XIV», quasi a indicare simbolicamente che accanto ai tredici «huomini illustri» trovano luogo anche donne di chiara fama come Vittoria Colonna e Margherita di Navarra.

Nella raccolta parallela a quella di Ruscelli, curata da Lodovico Dolce e impressa rispettivamente nel 1554 e nel 1559, con i tipi del Giolito, la mar-

30. Le *Rime* di Vittoria Colonna, dopo la prima edizione parmense del 1538 erano state più volte ristampate. Per Veronica Gambara cfr. *Rime di diversi eccellenti autori bresciani, nuovamente raccolte e mandate in luce da Girolamo Ruscelli, tra le quali sono le rime della Signora Veronica Gambara et di M. Pietro Barignano*, Venezia, P. Pietrasanta, 1554. Per Chiara Matraini cfr. *Prose e rime di M. Chiara Matraini gentildonna lucchese*, Lucca, V. Busdraghi, 1555.

31. *Novo libro di lettere scritte da i più rari auttori e professori della lingua volgare italiana*, a cura di G. Moro, Bologna 1987 (rist. anastatica delle edd. Gherardo, 1544 e 1545).

32. *Lettere di diversi autori eccellenti. Libro primo. Nel quale sono i tredici autori illustri e il fiore di quante altre belle lettere si sono vedute fin qui* [...] Venezia, Giordano Ziletti, 1556. Le lettere della marchesa di Pescara sono le stesse già presenti nella raccolta manuziana: al principe d'Oranges, alla regina di Navarra e a Serafina Contarini. La lettera della regina di Francia è indirizzata alla marchesa di Pescara (come nell'edizione manuziana).

chesa di Pescara è ancora attestata con due lettere: una è la già nota missiva al principe d'Oranges; l'altra è indirizzata al curatore della stessa raccolta.[33]

Accanto alle lettere "pubbliche" di Vittoria Colonna ci sono le corrispondenze private con letterati come Pietro Bembo, Pietro Aretino, Bernardo Tasso, Giovanni Guidiccioni, Luca Contile e tanti altri, di cui quelle che arrivano alle stampe cinquecentesche sono solo la punta di un *iceberg* più ampio e nascosto. I carteggi a noi noti, pur nella loro incompletezza e lacunosità, forniscono una perfetta cartografia della ragnatela di relazioni della marchesa di Pescara con uomini e donne di potere e con autorevoli uomini di chiesa. Ne emerge il profilo di una Signora che, pur rifuggendo la mondanità, sa situarsi al centro tenendo aperto il dialogo con i protagonisti della cultura, della religione, della politica del suo tempo.

Nella pratica di «scriver lettere» della Colonna possiamo individuare almeno tre diversi momenti che corrispondono a differenti modalità di scrittura e di circolazione dei testi: 1) l'epistola in terza rima indirizzata al marito impegnato in guerra e data alle stampe nel 1536; 2) le «lettere spirituali» pubblicate in un volumetto autonomo nel 1544-1545 e riproposte nel *Novo libro di Lettere*; 3) le lettere che documentano scambi di sonetti con poeti e letterati del tempo, ma anche le lettere che affrontano le questioni dibattute nei circoli evangelici frequentati dalla Colonna (Costanza D'Avalos, Bernardino Ochino, Giulia Gonzaga, Contarini, Bembo, il cardinal Pole e altri) e le lettere a principi e papi per questioni di politica familiare e di benefici ecclesiastici.

Il modulo epistolare è stato assunto da Vittoria Colonna fin dai suoi esordi letterari e adattato con intelligenza alle differenti esigenze comunicative. La prima attestazione è la *Pistola* in terza rima (*incipit*: *Excelso mio Signor, questa ti scrivo*) che si colloca cronologicamente tra le sue primissime prove di poesia. L'epistola tramandata con il titolo *Pìstola de la I(llustrissima) S(ignora) M(archesa) di P(escara) ne la rotta di Ravenna* è un componimento ormai datato con sicurezza: viene scritto durante la prigionia del marchese di Pescara, catturato dopo la rotta di Ravenna (1512).[34] Adotta il modulo dell'*epistola* o *capitolo* in versi, situando la

33. *Lettere di diversi eccellentiss. huomini, raccolte da diversi libri tra le quali se ne leggono molte, non più stampate. Con gli argomenti per ciascuna delle materie, di che elle trattano, e nel fine una Tavola delle cose più notabili, a commodo de gli studiosi*, Venezia, Gabriel Giolito de' Ferrari, 1559 (si cita dalla seconda edizione).

34. Per il testo della *Pistola* si rinvia all'edizione delle *Rime*, a cura di Bullock, pp. 53-56.

scrittura nella scenografia dell'attesa, seguendo il modello ovidiano delle *Heroides*, e tematizza l'inquietudine per la lontananza dell'amato, la trepidazione dell'attesa, il lamento per l'assenza. Viene pubblicato in appendice al *Vocabulario* di Fabricio Luna (Napoli 1536) e il testo a stampa è l'unico *testimone* a tramandare la redazione originaria. La *Pistola* conserva le caratteristiche di una scrittura «privata», arrivata alla tipografia in modo fortuito, sfuggita alle maglie del controllo severo di Vittoria, forse affidata a persona di fiducia che aveva libero accesso alle sue carte.

Il componimento, considerato «un esperimento di poesia fortemente "datato"»[35] sia sul piano metrico che stilistico, è – a mio avviso – interessante per la scelta del modulo epistolare e per la narrazione in prima persona in cui la mittente realizza un processo di «ricreazione soggettiva» degli eventi narrati, mettendo in campo la propria soggettività in una «epistola d'amore» inscritta nel paradigma mitologico delle *Heroides* ma non priva di originalità. È una scrittura che dà accesso allo studiolo di Vittoria e consente di osservare i libri aperti sul suo scrittoio, come se la poetessa avesse intenzionalmente voluto squadernarli davanti agli occhi dei lettori e delle lettrici. La *Pistola* è pertanto un documento importante per comprendere la formazione letteraria della Colonna, la stratigrafia dei prestiti, dei calchi, delle preferenze, delle reminiscenze stilistiche e semantiche nelle citazioni palesi o occulte, nell'uso e ri-uso dei modelli letterari. I versi sono costruiti con un accumulo onnivoro di riferimenti letterari da Petrarca a Dante, da Ovidio a Boccaccio: un assemblaggio di differenti suggestioni sia di carattere formale che semantico. Il testo riceve forza da una novità strutturale: la locutrice ha il timbro della voce femminile non più nella finzione letteraria bensì nella realtà storica. Si passa dal «simulacro della scrittura» femminile codificato dall'opera ovidiana (Penelope, Laodamia, Briseide, Fillide, Didone, Arianna, Medea, ecc.) alla storia; dal mito alla fondazione di un paradigma, a un componimento incentrato su una verità storica (la battaglia di Ravenna) e sulle relazioni parentali storicamente attestate di Vittoria Colonna con il padre e il marito.

Vittoria Colonna è la prima donna che scrive realmente una *epistula Heroidis*.[36] Il simulacro letterario della donna intenta a scrivere, a vergare sull'*epistelle* la lettera all'amato lontano transita dalle *Heroides* ovidiane

35. C. Vecce, *Vittoria Colonna: il codice epistolare della poesia femminile*, in «Critica letteraria», 21 (1993), pp. 3-34, in part. p. 12.

36. Vecce, *Vittoria Colonna*, p. 33.

alla letteratura latina medievale e umanistica, adattandosi a diverse situazioni testuali. La incontriamo nel «personaggio moderno» di Fiammetta, protagonista dell'omonimo romanzo di Boccaccio, che si rivolge fin dal *prologo* alle «nobili donne» scelte come destinatarie esplicite di una insolita scrittura dell'io: «Voi sole, [...] priego che leggiate; voi, leggendo, non troverete favole greche ornate di molte bugie, né troiane battaglie sozze per molto sangue, ma amorose, stimolate da molti disiri, nelle quali davanti agli occhi vostri appariranno le misere lagrime, gl'impetuosi sospiri, le dolenti voci e li tempestosi pensieri [...]».[37]

La *Pistola* di Vittoria Colonna enuncia in *incipit* le marche distintive della comunicazione epistolare: si rivolge a un destinatario assente, lontano, separato nello spazio; un destinatario che viene nominato (*Excelso mio Signor, questa ti scrivo*), assieme all'oggetto a lui destinato. A seguire viene descritto l'evento che offre l'occasione alla mittente per tematizzare la lontananza: la volontà di narrare la sua condizione di donna abbandonata. La distanza spaziale consente alla mittente di sviluppare un discorso sulla differenza tra maschile e femminile a partire dalla diversità di obiettivi e di comportamenti. La distanza tra maschile e femminile viene messa in figura sul tema dell'*oikos* e declinata sull'alternanza *intus* ed *extra*: le donne fungono da specchio, da approdo sicuro dove gli uomini finiscono per contemplare soddisfatti le loro prodezze. La lontananza dal marito impegnato in pericolose imprese belliche per inseguire l'ideologia dell'onore è il *leitmotiv* ricorrente nell'epistola. La semantica del dolore è il *file rouge* dell'intero componimento marcato dalle scelte lessicali: da «doglia» (con le varianti doglie/dogliosa/dogliose) a «dolore» (con le varianti dolente/dolor/duolo) a «pianto» (piangeano/piangendo/pianti). Il lamento di Vittoria si sdoppia modulandosi secondo due distinti paradigmi relazionali: il padre e il marito. E il dolore per la sua condizione di *relicta* non le inibisce l'uso dell'intelletto, la sua logica argomentativa è coerente e serrata, in un crescendo che enuncia il punto di vista di una donna sulla guerra e sull'«onore».

L'epistola è costruita secondo la canonica struttura tripartita: un esordio (vv. 1-24), una *narratio* (vv. 25-105) e un congedo (vv. 106-112). La

37. Giovanni Boccaccio, *Elegia di Madonna Fiammetta*, a cura di R. Scrivano, Roma 1967; si veda anche: A. Chemello, *Il codice epistolare femminile. Lettere, "libri di lettere", e letterate nel Cinquecento*, in *Per lettera. La scrittura epistolare femminile tra archivio e tipografia secoli XV-XVII*, a cura di G. Zarri, Roma 1999, pp. 3-42.

battaglia al centro della narrazione viene vista attraverso la duplice prospettiva del maschile e del femminile. La condizione di donna «dolente, abbandonata», assecondando il paradigma mitologico della *relicta*, consente a Vittoria di inserire sulla costruzione antinomica guerra *vs* pace un'espansione che illustra la ragione delle donne opposta a quella degli uomini. Inseguendo le loro imprese belliche (l'onore e la fama), gli uomini non si preoccupano del «dolore» in cui abbandonano le donne.

Dopo la digressione sulla battaglia, ritorna il modulo epistolare e la mittente si rivolge al marito attraverso un gioco onomastico, portando a testimoni del suo argomentare le donne illustri del mondo antico da Cornelia a Ipsicratea, già attestate in Dante (*Inf.* IV, 128) e nel *Trionfo d'Amore* di Petrarca. Vittoria assume la parzialità del punto di vista di una donna destinata ad aspettare sul proprio scoglio (Ischia) il ritorno del guerriero, rimarcando, sulla scorta di una schiera di eroine antiche, gli effetti negativi della separazione. Per dare forza al suo discorso, si appella al diritto familiare romano condensato nell'antica formula *vel in talamo vel in tumulo*, evoca l'obbligo della moglie di essere unita al marito in vita e in morte, portando a testimone la figura esemplare di Ipsicratea che per seguire il marito si era travestita *in habitum virilem*.

Nella formula di congedo, la mittente rivolge un appello accorato al destinatario e, recuperando l'opposizione «onore» *vs* «dolore», in figura di una "nuova" Penelope, sposta lo sguardo realizzando un'imprevista generalizzazione del discorso, dal «tu» al «voi», dal marchese a tutti gli uomini: il desiderio di fama e di onore è per loro fonte di gioia («vostro gioir») mentre alle donne rimane solo il «duol». Lasciandosi suggestionare dalla antica Penelope (come già in esordio e seguendo il *ductus* ovidiano) che lamenta il deserto letto («Non ego deserto acuisse frigida lecto») e implora dal consorte non una lettera responsiva bensì il suo sollecito ritorno («Nil mihi rescribas attinet: ipse veni!»),[38] Vittoria auspica che la sua *epistola* abbia un'efficacia pragmatica, inducendo il marito a modificare i suoi comportamenti, a prendersi cura del suo amore, facendo ritorno a casa.

Se «il secolo della stampa si apre con le lettere di Santa Caterina da Siena»,[39] la stagione dei «libri di lettere» si apre con un libretto di *Litere* di

38. Ovidio, *Lettere di eroine*, introduzione, traduzione e note a cura di G. Rosati, Milano 1989, pp. 66 ss.

39. A. Prosperi, *Lettere spirituali*, in *Donne e fede. Santità e vita religiosa in Italia*, a cura di L. Scaraffia, G. Zarri, Roma-Bari 1994, pp. 227-251, in part. p. 228.

Vittoria Colonna. E analogamente, queste lettere, come quelle di Caterina, si collocano come un'indicazione e un monito «di riforma religiosa e morale indirizzato alla Chiesa italiana e all'Italia»,[40] enunciando fin dalla complessa titolazione l'impianto tematico che le sorregge: *Litere della divina Vetoria Colonna Marchesana di Pescara a la Duchessa de Amalfi sopra la vita contemplativa di santa Caterina e sopra de la activa di santa Madalena*.[41] Destinate a inaugurare il filone delle «lettere spirituali», le *Litere* vengono stampate quando Vittoria è ancora in vita, mentre la gran parte delle sue sparse corrispondenze arriva alle stampe molto più tardi.

Ma c'è un'altra peculiarità in questo manipolo di lettere (tre in tutto): essere indirizzate a un'unica ed esclusiva destinataria, nominata fin dal frontespizio, Costanza D'Avalos Duchessa d'Amalfi. Oltre l'impostazione dottrinale e didascalica enunciata dalla titolazione, l'orientamento verso una destinataria singolare sottintende una condivisione di consuetudini, di pratiche di vita e di pensiero che si appalesa pagina dopo pagina. La mittente e la destinataria, pur separate nello spazio e nel tempo, condividono una comune pratica di introspezione e di riflessione spirituale, sono sintonizzate sulla stessa lunghezza d'onda, hanno una competenza scritturale e linguistica, un "lessico familiare" che le accomuna: «per quella cara dilettione che caldamente ci lega in un desio».[42]

Le *Litere* di Vittoria Colonna, pubblicate nel 1544, e riprese l'anno successivo nella seconda edizione dell'antologia del Gherardo, *Novo libro di lettere scritte da i più rari auttori e professori della lingua volgare italiana*, rappresentano la prima silloge di "lettere spirituali" data alle stampe, dove la scrittura epistolare assolve la funzione di strumento e di modello per apprendere e tramandare un "cammino di perfezione". Con un linguaggio figurato ricco di suggestioni platoniche e scritturali, ci portano al cuore delle dispute spirituali di quei decenni a cui Vittoria partecipa seppur con discrezione.

40. C. Dionisotti, *Gli umanisti e il volgare fra Quattro e Cinquecento*, Firenze 1968, pp. 4-5.

41. *Litere della divina Vetoria Colona marchesana di Pescara ala duchessa de Amalfi sopra la vita contemplativa di Santa Caterina et sopra de la activa di Santa Madalena non piu viste in luce*, Stampata nella Inclita Cita di Venetia per Alessandro de Viano Venetian. Ad Instantia di Antonio detto el Cremaschino. Ne l'anno del Nostro Signore. M.D.XXXXIIII. Si veda in proposito la fine lettura di M.L. Doglio, *Lettera e donna. Scrittura epistolare al femminile tra Quattro e Cinquecento*, Roma 1993, pp. 17-31.

42. Si cita da *Novo libro di lettere*, p. 277.

Già sul finire degli anni Trenta, l'interesse per le problematiche religiose era stato risvegliato nella Colonna e nelle famiglie aristocratiche napoletane, dal carisma di un esule spagnolo, Juan de Valdés, approdato per la prima volta a Napoli nell'autunno del '33, dopo un breve soggiorno romano.[43] Alla figura del Valdés si affianca quella del celebre predicatore Bernardino Ochino, conosciuto da Vittoria a Roma, dove si trovava nella primavera del 1535, e dove risulta essere stata attenta auditrice del quaresimale del frate senese tenuto nella chiesa di San Lorenzo in Damaso, come apprendiamo dal resoconto di una lettera di Agostino Gonzaga a Isabella d'Este.[44] Ritroverà il frate l'anno successivo, quando l'Ochino tiene il suo quaresimale a Napoli.

Il seme gettato nella quaresima del 1536 a Napoli avrebbe prodotto, a breve, numerosi germogli: in coincidenza con le feste per l'arrivo di Carlo V, la città partenopea accoglie la predicazione di Bernardino Ochino che, in quella circostanza, viene per la prima volta in contatto con Juan de Valdés. Da costui l'esule spagnolo sembra aver preso spunto per la stesura del suo *Alphabeto cristiano*, impostato in forma di dialogo tra lo stesso Valdés e Giulia Gonzaga. L'intensificarsi e l'approfondirsi in Vittoria Colonna della riflessione religiosa, indotta dalla percezione della propria finitudine, coincidono con la vicinanza e la frequentazione del circolo napoletano del Valdés, assieme ad altre presenze femminili del mondo aristocratico non solo napoletano (Costanza d'Avalos, Isabella Villamarina, Caterina Cibo, Isabella Brisegna), alle quali l'esule spagnolo si proponeva come «dottore e pastore», in coincidenza con la circolazione dei suoi scritti nelle prime traduzioni italiane.[45]

43. «Non v'è dubbio che il precoce prestigio e la centralità del ruolo acquistato dal Valdés a Napoli si debbano spiegare con il fascino di una personalità e di un magistero spirituale che trovavano nella conversazione diretta e nei modi irripetibili della parola, dello sguardo e del gesto gli strumenti privilegiati di una carismatica guida di coscienze». Cfr. M. Firpo, *Introduzione*, in J. de Valdés, *Alfabeto cristiano. Domande e risposte. Della predestinazione. Catechismo*, a cura di M. Firpo, Torino 1994, p. LXV; G. Fragnito, *Vittoria Colonna e il dissenso religioso*, in *Vittoria Colonna e Michelangelo*, a cura di P. Ragionieri, Catalogo della Mostra (Firenze, 24 maggio-12 settembre 2005), Firenze 2005, pp. 97-105.

44. Cfr. A. Luzio, *Vittoria Colonna*, in «Rivista storica mantovana», 1 (1885), p. 26; M. Bianco, *Per la datazione di un sonetto di Vittoria Colonna (e di un probabile ritratto della poetessa ad opera di Sebastiano del Piombo)*, in «Italique», XI (2008), pp. 93-107.

45. Cfr. Firpo, *Introduzione*, pp. LXVI-LXIX; Fragnito, *Vittoria Colonna e il dissenso religioso*, pp. 97-99.

Al soggiorno romano di Vittoria Colonna dal 1538 al 1541 risale l'amicizia con Michelangelo. In questi anni, la marchesa, per il tramite del cugino Alfonso d'Avalos, si rivolge all'artista commissionandogli un dipinto raffigurante la Maddalena. L'intrinseca amicizia che li legò e i proficui scambi che seguirono sono registrati dal primo biografo di Michelangelo, Ascanio Condivi, che annota: «[*Michelangelo*] amò grandemente la marchesana di Pescara del cui divino spirito era innamorato».[46] Lo riscontrano poi le lettere e i numerosi sonetti («pieni d'ingegno e dolce desiderio») intercorsi tra loro, e i disegni realizzati da Michelangelo per la marchesa, di cui Condivi fornisce per primo una puntuale e precisa descrizione.[47] Negli anni in cui Michelangelo è in «dolce conloquio» con la pittura e attende alla realizzazione della Cappella Paolina, attorno alla figura della marchesa di Pescara si viene costituendo una piccola «scuola», frequentata anche dal maestro. Se ne fa cronista il miniatore portoghese Francisco de Hollanda presente a Roma alla fine degli anni Trenta, al seguito dell'ambasciatore portoghese. I suoi *Dialoghi romani*, scritti dieci anni dopo a Lisbona, ma ambientati nella Roma dell'autunno 1538, ci restituiscono il resoconto di conversazioni tra spiriti eletti con al centro le due figure di Michelangelo e della Colonna. Vittoria è presente nei *Dialoghi* in qualità di interlocutrice: a lei compete condurre il discorso con una riflessione sull'arte e sulla funzione della pittura nella rappresentazione dell'«incomprensibile immagine del Signore Dio» l'unica in grado di far «sprofondare lo spirito e la mente».[48] In un clima di forti sentimenti e di profonda ispirazione religiosa, i disegni del maestro per la marchesa diventano il *medium* figurale per rinsaldare il legame d'affetto nel segno di un percorso interiore verso la «vera fede viva»: «io non so come servirvi in altro che in pregar questo dolce Christo, che sì bene et perfettamente havete dipinto».[49] Scambio epistolare e poetico con al centro una corona di sonetti: quelli sul tema della croce, quelli sulla "pietà", con la esplicita «requisizione» all'artista di un disegno sul tema, e le

46. Cfr. A. Condivi, *Vita di Michelagnolo Buonarroti raccolta per Ascanio Condivi da la Ripa Transone*, in Roma, appresso Antonio Blado stampatore camerale, 1553.

47. M. Bianco, V. Romani, *Vittoria Colonna e Michelangelo*, in *Vittoria Colonna e Michelangelo*, pp. 145-164; B. Agosti, *Vittoria Colonna e il culto della Maddalena (tra Tiziano e Michelangelo)*, *ibidem*, pp. 71-81; N. Macola, schede n. 10/11, *ibidem*, pp. 49-52.

48. Bianco, Romani, *Vittoria Colonna e Michelangelo*, pp. 146-147.

49. Bianco, Romani, *Vittoria Colonna e Michelangelo*, pp. 146-147.

contemplazioni sul *Crocifisso* che accompagnano il disegno realizzato da Michelangelo «per amore di lei».[50]

Negli anni del ritiro claustrale viterbese, via via che i legami con il mondo si allentano e si affinano, Vittoria si concentra sulla ricerca interiore, privilegiando le letture e le meditazioni sui testi scritturali, lontano dagli encomi e dagli elogi mondani. Ne fanno fede le tre lettere indirizzate a Costanza D'Avalos, la prima delle quali, in figura di «domestica cena», inscrivendo il suo discorso in una dimensione prandiale, esorta la "sorella d'anima" alla *lectio divina*, l'unica in grado di garantire il cibo spirituale: «perché so che mercé del Signor nostro sarà chiaro alla tua mente, come l'alta invisibil luce si fa visibile a suoi eletti».[51] Suggerendo come meglio «preparar la sitiente anima» ad accogliere la «larga mensa» divina, Vittoria insiste sulla relazione verticale col divino e nomina i 'punti luce' delle sue letture scritturali:

> Ma perché so che nel tuo alienarti starai si lucida in quel divin lume, si accesa nel bellissimo fuoco, et si perfetta ne l'alta somma perfettione, che attenderai sol a cibarti, mi par che a l'allentar dello spirito quando già senti che la gravezza terrena vuol richiamarti, ti fermi col mio osservandissimo padre *Paolo*, o col mio *gran lume Agostino*, overo con la *ferventissima serva mia Maddalena*, et da essi t'informa di quel, che t'ho supplicato, et sopra tutto ti prego ti sforzi veder come la singularissima patrona, et Regina nostra Maria il mirabil mistero de l'altissimo Verbo incarnato in lei, et come si liquefa di divino ardore di veder la sua istessa carne fatta un vivo sole, et come vive beata nella riposata e sicura pace del cielo, e quanto gode di vedere, che dal suo vivo lume nascono i raggi, che fanno bello il Paradiso.[52]

Una lettera che è un dialogo dell'anima, dove la mittente sembra leggere nel pensiero e farsi interprete dei desideri e delle aspirazioni più remote e nascoste della sua silenziosa interlocutrice.

La seconda lettera, incentrata sulla figura di Maria, ha una rilevanza ermeneutica in quanto la mittente fornisce direttamente le chiavi per interpretare la sua scrittura: esordisce con una notazione sulla funzione dell'epistola che serve per recare «consolatione assai», nella fattispecie se

50. Bianco, Romani, *Vittoria Colonna e Michelangelo*, p. 154; si veda anche A. Brundin, *Volume Editor's Introduction*, in Vittoria Colonna, *Sonnets for Michelangelo*, edizione bilingue a cura di A. Brundin, Chicago-London 2005, pp. 1- 55.

51. *Novo libro di lettere*, lettera CXXXI, p. 277.

52. *Novo libro di lettere*, lettera CXXXI, p. 278. Il corsivo è mio.

la destinataria partecipa a un comune orizzonte di senso («ma dico quel che soavemente ne l'usata nostra chiesa mi rappresenti»).[53] Descrive poi il metodo introspettivo: «il mio più caro pensiero, vedeva con l'occhio interno», lasciando intendere che l'occhio interiore è il vettore direzionale e lo strumento imprescindibile per la silenziosa meditazione.

All'«Apostola diletta» di Cristo, «nostra advocata, et fedelissima scorta Maddalena», e alla figura di Caterina d'Alessandria, Vittoria dedica la terza lettera indirizzata a Costanza. La meditazione attivata dalla vista interiore («l'occhio interno») procede a spirale, con proposizioni che sembrano avvitarsi l'una sull'altra: l'«occhio interiore» *vede* e la mente, inabissandosi nelle profondità dell'anima, *considera*, seguendo le orme della Maddalena che con «l'intrepido animo, la dottissima, e calda disputazione, la sincera, e costante fede» era stata accolta da Cristo tra i suoi eletti. È in particolare sulla figura della Maddalena che converge l'attenzione della mittente:

> Considero che quella amata *discepola* meritò prima de tutti vederlo glorioso et immortale: dando chiaro testimonio il Signor grato quanto al suo ardore, la sua perseveranza et il suo fido et accetto amore gli fosse piacciuto, et per certificarla che era sua *apostola* le comandò che fosse la prima annunciatrice de la aspettata novella, et del mirabil mistero della sua resurrettione».[54]

Maddalena è la prima testimone della Resurrezione di Cristo e per questo primato ottiene l'investitura di «sua apostola»; ma a lei si accosta anche la figura della «convertita donna da l'hora che ardentemente lo amò» (*dilexit multum*). L'immagine «penitente» di Maria Maddalena diventa una icona «per specchio e norma d'ogni penitente»,[55] sulle suggestioni del Vangelo di Luca in cui Cristo afferma: «ti dico che le son rimessi i suoi molti peccati, perché molto ha amato» (Lc 7, 46-49), ribadendo la funzione salvifica della «sola fede». Una figura quella della Maddalena a cui è particolarmente affezionata, e che recupera «armata sol di viva ardente speme» in alcuni dei sonetti spirituali, associata alla reminiscenza evangelica di Luca e Giovanni (Lc 7, 44-50; Gv 12, 1-11).[56] Già nel marzo 1531 da Ischia, Vit-

53. *Novo libro di lettere*, lettera CXXXII, p. 279.

54. *Novo libro di lettere*, lettera CXXXIII, p. 285.

55. G. Bardazzi, *Le rime spirituali di Vittoria Colonna e Bernardino Ochino*, in «Italique», IV (2001), pp. 61-101, in part. p. 79.

56. Sui sonetti dedicati alla Maddalena rinvio per gli approfondimenti all'antologia di testi di Vittoria Colonna da me curata per il volume *Liriche del Cinquecento*, a cura di M. Farnetti, L. Fortini, Roma 2014.

toria chiedeva «una pittura [...] d'una figura di S.ta Maddalena», ottenendo pochi mesi più tardi un dipinto a opera di Tiziano; e, rivolgeva analoga committenza a Michelangelo Buonarroti.[57] Sull'intersezione tra la stesura dei sonetti dedicati alla Maddalena e alcune raffigurazioni iconografiche si è soffermata Monica Bianco, ai cui studi si rinvia.[58]

L'edizione Gherardo del 1545 del *Novo libro di lettere*, nel riproporre le tre lettere spirituali a Costanza D'Avalos, integra le breve silloge con altre due lettere a un destinatario non dichiarato ma persuasivamente identificato in Bernardino Ochino. La contiguità tematica con le lettere a Costanza è palese, così come il registro linguistico e la modalità di scrittura: queste due lettere si configurano come una piccola "appendice", una riflessione a latere sulle prediche del frate. Rivolgendosi al «Reverendo osservandissimo Padre mio», Vittoria dichiara in esordio alla prima lettera di accingersi a scrivere «qualche meditation semplice», nominando subito l'oggetto della sua riflessione: «lo Evangelio della adultera».

Nella lettura delle «sacre carte» Vittoria è profondamente suggestionata dalla figura della «donna adultera» e dal suo incontro salvifico con Cristo. Le suggestioni sono ravvivate dall'ascolto diretto delle prediche di Bernardino Ochino, e per l'«intrinsichezza» che la lega al frate decide di affidare alla scrittura la sua personale meditazione sui «dotti concetti» del predicatore.[59] Al centro della sua riflessione sta la «singular gratia» ricevuta da questa donna che, secondo il racconto di Giovanni (Gv 8, 1-11), ha il privilegio di «esser giudicata dal giustissimo vero giudice nel suo advento dolce, e nella sua benigna conversation fra noi». L'incontro con Cristo avviene per lei nella dignità e nella libertà: la donna è sola di fronte a Cristo, i suoi accusatori si sono allontanati spiazzati dalle parole del maestro che invita "chi è senza peccato" ad alzare la prima pietra. Secondo il magistrale commento di Agostino, «relicti sunt duo, *misera* et *misericordia*». Dall'episodio giovanneo, Vittoria recupera soprattutto la «gran bontà clementia, et misericordia» di colui che «veniva per li peccatori, per medico delli infermi, per ministrare, per dar la pace, la luce, la gratia, tutto infuocato di carità».[60] Un Cristo che distingue tra peccato e peccatore dà una lezione

57. Agosti, *Vittoria Colonna e il culto della Maddalena*, pp. 71-81.

58. Bianco, *Per la datazione di un sonetto di Vittoria Colonna*, pp. 93-107.

59. Si veda in proposito il saggio di Bianco, Romani, *Vittoria Colonna e Michelangelo*, p. 163.

60. *Novo libro di lettere*, lettera CXXXIV, p. 287.

ai detrattori della donna, invitandoli a guardarsi dentro prima di scagliare le pietre del giudizio. E nel ribadire la pietà di Cristo, sottolinea l'«acceso amore e viva fede» della donna che «veramente convertita, illuminata, e perfetta si lassò tutta in Cristo».[61] Un abbandono totale nell'amore e nella viva fede che lei aspira a far diventare una regola di vita per sé. Di queste riflessioni rimane traccia nel sonetto (S1: 121) delle *Rime spirituali*:

Donna accesa animosa, e da l'errante
vulgo lontana, in soletario albergo
parmi lieta veder, lasciando a tergo
quanto non piace al vero eterno Amante,
e, fermato il desio, fermar le piante
sovra un gran monte; ond'io mi specchio e tergo
nel bello exempio, e l'alma drizzo ed ergo
dietro l'orme beate e l'opre sante.

Nel periodo viterbese cadono invece i colloqui col cardinal Reginald Pole «senza arbitri e senza testimoni»,[62] quando accantonati «affanni o guerra» del mondo, la marchesa si dedica ad approfondire le questioni dottrinali dell'evangelismo: la giustificazione per la sola fede e il suo significato liberatorio, il libero arbitrio, il valore delle opere, la pacificazione interiore che arriva dal perdono di Dio, la «dolcissima predestinazione» con cui ciascun cristiano viene chiamato a diventare «cittadino del cielo». Una spiritualità elitaria quella di Vittoria, un richiamo interiore a sentire e pensare, a mettersi in ascolto di Dio, condiviso con uomini e donne di cultura, ponendo interrogativi, cercando risposte all'inquietudine interiore, interrogando i testi, lasciandosi suggestionare dalla figuralità di Paolo e di Agostino (come documenta la lettera a Costanza). Tutta attenta alla «salute dell'anima», non ne fa mistero a Giulia Gonzaga, a cui scrive di essersi «retirata» per «attendere a servire Dio più quietamente che non faceva a Roma».[63] La sua spiritualità è tutta tesa a sviluppare l'«occhio interiore», in una sorta di separatezza dal fluire della storia.

61. *Novo libro di lettere*, lettera CXXXIV, p. 290.

62. M. Firpo, *Vittoria Colonna, Giovanni Morone e gli «Spirituali»*, in «Rivista di storia e letteratura religiosa», XXIV/2 (1988), p. 222; ma si veda anche C. Ranieri, *Storia e analisi dei testi*, in S. Pagano, C. Ranieri, *Nuovi documenti su Vittoria Colonna e Reginald Pole*, Città del Vaticano 1989, p. 67.

63. Firpo, *Vittoria Colonna, Giovanni Morone e gli «Spirituali»*, p. 213.

Il *Quinternus Litterarum Marchionissae Pescariae*, restituito sul finire del secolo scorso dagli Archivi vaticani e dato alle stampe, ci porta al centro del periodo viterbese di Vittoria Colonna e di quella *Ecclesia* che ha come figura di riferimento il cardinal Reginald Pole.[64] Nel potenziare l'«occhio interiore» che coincide con il «bene interiore» dell'anima la si avvicina a quella «divina voluntà che è sempre bona».[65] Le lettere di questo periodo indirizzate al cardinal Pole e a Giovanni Morone ci consentono di percepire solo la patina di superficie del fervore spirituale che circola tra l'*Ecclesia Viterbiensis*: solo cenni, allusioni, formule ellittiche, un formulario condiviso, appunto («vera vite», «gaudio del porto», «vero gaudio», «sola nostra pascua», «vitale et vivifico aere», ecc.). Viene tuttavia assiduamente nominata la «christiana affettione» che unisce tra loro i corrispondenti in una sorta di «parentado interiore», una comunione delle anime che si propaga anche senza parole. E le lettere, come esplicitamente dichiarato nella prima missiva a Costanza, provocano sempre «grandissima consolatione», attivano e vivificano quel «parentado interiore» destinato a perfezionarsi in Cristo: «perché vedo in lui un ordine di spirito che solo lo spirito lo sente, et sempre mi tira tanto in su a quell'amplitudine di luce che non mi lassa troppo fermare nella miseria propria».[66] Non più «carte messaggiere», queste lettere sono scarsamente connotative, prive di informazioni documentarie o biografiche interessanti, trattengono tuttavia un valore simbolico, funzionano come un promemoria, per «resuscitare la consolatione» in chi la riceve.[67] Gli atti e i documenti del *Processo Carnesecchi* avevano già consegnato alla storia la fisionomia del gruppo viterbese e in particolare la profondità della relazione tra Vittoria e il cardinal Pole, «al quale ella credeva come a un oracolo». Anche sulle "conversazioni spirituali" tra i due le dichiarazioni del Carnesecchi non lasciano ombra di dubbio:

> [*Pole*] haveva spesso ragionamenti con quella Signora et in Roma et in Viterbo, et sempre, credo, delle cose di Dio, perché l'uno et l'altro se delettava

64. Pagano, Ranieri, *Nuovi documenti su Vittoria Colonna e Reginald Pole*; Ranieri, *Storia e analisi dei testi*, pp. 63-88; Th.F. Mayer, *Reginald Pole: Prince and Prophet*, Cambridge 2000; A. Brundin, *Vittoria Colonna and the Spiritual Poetics of the Italian Reformation*, Ashgate, Hampshire 2008.

65. Pagano, Ranieri, *Nuovi documenti su Vittoria Colonna e Reginald Pole*, p. 99.

66. Pagano, Ranieri, *Nuovi documenti su Vittoria Colonna e Reginald Pole*, p. 153: lettera di Vittoria Colonna a Reginald Pole.

67. Pagano, Ranieri, *Nuovi documenti su Vittoria Colonna e Reginald Pole*, p. 139: lettera di Vittoria Colonna a Giovanni Morone.

più di questo che di niuno altro subietto [...] I particulari di *lor ragionamenti* non poteva intendere né io né altri, perché parlavano insieme *senza arbitri et senza testimonii*, ché, si ben il Flaminio, il Priuli et io accompagnavamo Sua Signoria illustrissima al monasterio, non intervenivamo però alli loro colloqui, ma se intertenivamo da noi in chiesa o lì intorno».[68]

Corrispondendo con un amico, Luca Contile, dopo aver fatto visita a Roma a Vittoria, fissa in un'immagine la valenza "esoterica" di questa figura tra i seguaci dell'evangelismo. Colpito dalla sua modalità «piacevolmente modesta» di interloquire, confessa al suo interlocutore di aver moderato la giovanile presunzione:

> Sono stato a visitar la marchesa di Pescara, e non mi son potuto partir da lei per quattro ore. Ella piacevolmente modesta dimostrava aver in grado il mio indugio: io ragionevolmente presuntuoso non mi curavo da lei partirmi giammai.[69]

E dichiara di essere stato preso da ammirazione per questa vera maestra di saggezza («imparavo da lei quel che mi bisognava»), che sapeva farsi maieuta verso il giovane discepolo («veggo quanto una cristiana mente [...] sappia far caminar altrui per la strada della salute»).[70] Nella lettera Vittoria veste i panni di una novella Diotima e viene accostata alla figura biblica della Regina di Saba (Re 10, 1-12) per la sua capacità di coniugare insieme modestia e abilità nell'interloquire con la profondità della dottrina «infusa» ricevuta non dai libri ma da «vera ed invisibil luce».[71] La lettera allude inoltre a una forma di 'malleveria' assolta dalla Colonna nei confronti di un'opera di Luca Contile, *I Dialoghi spirituali*, usciti dai torchi veneziani nel 1543, dove in una cornice conviviale («banchetti» o «conviti» che ci riportano alla metafora prandiale della prima lettera a Costanza D'Avalos) vengono trascritti una serie di discorsi intorno alle tematiche care all'evangelismo italiano e in particolare all'*Ecclesia Viterbiensis*. *Dialoghi* che nulla trattengono dei "ragionamenti spirituali" di Vittoria col cardinal Pole, non essendo mai stati da lei consegnati alle carte e agli inchiostri.

Concludo con una postilla, quasi una "noticina a pie' di pagina" che tuttavia evidenzia la fortuna di lunga durata e la risonanza dei versi di

68. Firpo, *Vittoria Colonna, Giovanni Morone e gli «Spirituali»*, p. 222.
69. L. Contile, *Lettere*, I/1, Pavia, appresso Girolamo Bartoli, 1564, c. 19.
70. Luca Contile, *Lettere*, Pavia, appresso Girolamo Bartoli, 1564, cc. 23v-24v.
71. Vittoria Colonna, *Rime*, S1, 61, p. 115.

Vittoria Colonna nell'Ottocento, ben oltre i confini nazionali. Nel 1824, rientrata in Inghilterra dopo la morte del marito vittima di un naufragio davanti alla spiaggia di Viareggio, Mary Shelley si preoccupa di raccoglierne e pubblicarne i versi. Escono in quell'anno i *Posthumous Poemes* di Percy B. Shelley (London 1824) curati da lei. In una copia di questo volumetto, conservata alla Keats-Shelley House di Roma è leggibile la dedica autografa di Mary a Jane Williams, il cui marito Edward era annegato insieme a Shelley. Sotto la sua firma, Mary trascrive questo verso: «Giusta cagion a lamentar ci mena» che combina insieme (A1, 1, v. 5) «Giusta cagion a lamentar m'invoglia» con (A2, 5, v. 4) «giusto duol certo a lamentar mi mena»,[72] dimostrandosi lettrice attenta e ammirata dei versi di Vittoria Colonna con la quale aveva condiviso l'«interna doglia» e forse anche molte altre parole per dirla al mondo.

72. Vittoria Colonna, *Rime*, A1, 1, p. 3; A2, 5, p. 58. Ringrazio Luca Caddia, della Keats Shelley House di Roma, per la segnalazione di questa dedica.

Marina d’Amelia

L’orgoglio delle origini. Prestigio e interessi familiari in Vittoria Colonna

Come ha fatto Shakespeare a diventare Shakespeare, si chiedeva anni fa Sthepen Greenblatt?[1] Come ha fatto Vittoria Colonna a diventare Vittoria Colonna? Invano si cercherebbero tracce di riflessione sulle posizioni di Vittoria nelle più recenti analisi sulla presenza femminile nella sfera pubblica, sul ruolo svolto dalle aristocratiche negli schieramenti che caratterizzarono la vita politica dell’Italia, alla vigilia e durante le guerre d’Italia e in seguito nella dinamica fazionaria dell’Italia imperiale.[2] Tra le aristocratiche al centro di una rivisitazione attenta – il cui merito principale è lo stretto collegamento istituito tra *otia* intellettuali, schieramenti politici e affari pubblici – troviamo figure che condivisero con Vittoria Colonna le inquietudini spirituali e le forme di dissenso religioso maturate in quegli anni di speranze (penso a Caterina Cybo e a Giulia Gonzaga),[3] altre a lei legate da stretti vincoli di parentela come Costanza d’Avalos, Giovanna e Maria d’Aragona, ma non Vittoria Colonna.

Nel caso della poetessa il convenzionale dilemma tra nobiltà di sangue e nobiltà della virtù sembra risolto a favore della nobiltà della virtù, in una agiografica mimesi della rappresentazione fattene a opera dei contemporanei. La mancanza di nuovi squarci documentari sull’esistenza di

1. S. Greenblatt, *Premessa*, in Id., *Vita, arte e passioni di William Shakespeare, capocomico*, Torino 2005 (ed. or. New York 2004), p. XI.

2. Per un primo panorama delle differenziate direzioni di ricerca, si rimanda a *Donne di potere del Rinascimento*, a cura di L. Arcangeli, S. Peyronel, Roma 2008.

3. *Caterina Cybo duchessa di Camerino (1501-1557)*, Atti del Convegno (Camerino, 28-30 ottobre 2004), a cura di P.L. Moriconi, Camerino 2005 e S. Peyronel Rambaldi, *Una gentildonna inquieta. Giulia Gonzaga fra reti familiari e relazioni eterodosse*, Roma 2012.

Vittoria Colonna – «dei tocchi di realtà» direbbe Greenblatt – una lettura delle sue lettere esclusivamente attenta ai rapporti con il mondo intellettuale, ai convincimenti religiosi e al suo dialogo con il cardinal Reginald Pole e con il mondo dei "riformatori" in Curia, aspetti su cui si è continuato a interrogarsi – hanno pesato e continuano a pesare. Il silenzio delle fonti sul modo in cui svolse l'unico incarico formale e politico di cui fu investita da Clemente VII, quello di governatrice del ducato di Benevento in supplenza del marito impegnato nella guerra, hanno fatto il resto nel disincentivare una comparazione con le forme e i modi dell'esercizio del potere, incarnato in modo tutt'altro che passivo e ben documentato altrove dalle sue pari.

Gli ostacoli documentari costituiscono un'obiettiva difficoltà. Nel caso della poetessa si è finito però con andare oltre rinunciando a ogni possibile confronto, come se il monumento manoscritto dei suoi versi (che circolano negli ambienti colti e sono oggetto di edizioni pirata) potesse alterare, fino ad annullarne tutti quegli aspetti che avvicinano i modi di agire e l'universo mentale di Vittoria Colonna alle donne dell'élite. Eppure Vittoria Colonna, dietro l'icona e il riconoscimento della fama letteraria, ha incarnato il modo di essere e il destino della famiglia Colonna, un casato in grado di condizionare le politiche dello Stato della Chiesa e del Regno di Napoli, in tutti i suoi risvolti, ne ha rappresentato e difeso gli interessi mostrando una fondamentale solidarietà ai suoi legami di sangue.

Il mio intervento vuol essere un invito a leggere con occhi nuovi quei momenti e snodi lasciati in ombra nella biografia della poetessa dalle indagini più recenti: quelli legati all'orgoglio del nome che portava, alla fedeltà al prestigio e ai disegni strategici immaginati nella generazione che l'aveva preceduta. Forse è eccessivo parlare di una Vittoria Colonna «sempre immersa nell'epopea del suo casato feudale»,[4] ma è indubbio che l'"alta Colonna" all'ombra della quale era nata rappresenti un simbolo di straordinaria portata nella consapevolezza di sé e non solo della sua fama letteraria. Frammenti, più o meno significativi, del coinvolgimento e delle preoccupazioni ripetute nutrite da Vittoria per le fasi più critiche attraversate dai Colonna, per il possesso quindi di quegli "stati" di cui nelle sue lettere parla diffusamente, non mancano. Frammenti non di certo inediti

4. F. Gui, *L'attesa del Concilio. Vittoria Colonna e Reginald Pole nel movimento degli spirituali*, Roma 1998, p. 182.

(e ben conosciuti agli studiosi) che balzano in primo piano soprattutto se analizziamo i rapporti intrattenuti dalla poetessa con il cardinale Pompeo Colonna, con il fratello Ascanio e infine, tre anni prima di morire con il nipote Fabrizio, primogenito di Ascanio; nella prima metà del Cinquecento tutti e tre gli uomini, sia pure in momenti e con ruoli diversi, hanno condizionato i destini della famiglia Colonna, diventando nelle aspettative di Vittoria le indispensabili figure di riferimento del prestigio familiare. Nel bagaglio di esperienze di Vittoria Colonna la tensione politica, oltreché quelle intellettuali e religiose, conserva una sua nitidezza. Al centro del mio intervento, dunque, gli scambi e i rapporti tra Vittoria e i maschi della famiglia Colonna, che vorrei qui ripercorrere in modo più esaustivo di quanto sia stato fatto finora.

Sul suo attaccamento all'autorità e al prestigio di quell'alta Colonna in cui era nata e a suoi destini, Vittoria non si concede di certo la lucida e consapevole sincerità cui si abbandona Giulia Gonzaga nei confronti della sua famiglia di origine – «quei de casa mia che sono dopo Dio le persone a chi son più inclinata de amare et servire»;[5] Vittoria ha una personalità diversa, più trattenuta, come mostrano le sue lettere se le mettiamo a confronto con la prosa immediata, aperta e a tratti ironica di Giulia Gonzaga, ma il modo con cui partecipò alle peripezie dei Colonna e gli atteggiamenti che assunse per sostenerne la "reputazione" – concetto chiave dell'epoca – possono essere agevolmente accostati a quelli di Giulia Gonzaga e, nella prospettiva di un futuro ritratto di gruppo dell'élite femminile (auspicabile, maturo ma che ancora non abbiamo) a quelli delle donne aristocratiche del primo Cinquecento. È possibile che Vittoria Colonna, come donna di lettere, abbia incarnato negli ideali degli intellettuali neoplatonici del primo Cinquecento le sembianze della musa spirituale, non priva di autorità religiosa (seppure non più di quel carisma di cui erano investite le donne religiose del Medioevo).[6]

Resta il fatto che non c'e separazione o conflitto, in Vittoria come nelle altre aristocratiche, tra un sapiente esercizio della solidarietà e del governo familiare e la spiritualità e l'inquietudine religiosa che porta molte di loro ad affollare le prediche di Bernardino Ochino e a seguire da

5. Peyronel, *Giulia Gonzaga*, p. 222.

6. Su questo punto insiste C. Furey, *"Intellects Inflamed in Crist": Women and Spiritualized Scholarship in Renaissance Christianity*, in «The Journal of Religion», 84/1 (2004), pp. 1-22.

vicino le questioni dottrinali poste all'ordine del giorno dalla critica di Lutero e che si vanno discutendo in vista del prossimo concilio. Nell'universo mentale e nella esperienza quotidiana delle donne non meno che degli uomini, spazi secolari e spazi religiosi sono strettamente intrecciati; onore familiare, con quel che ne consegue sul piano dei diritti e delle questioni patrimoniali o nelle cerimonie di prestigio, e letture religiose conoscono una immediata trasversalità. E se compiti e responsabilita nell'amministrazione dello spazio secolare rappresentano un portato di lungo periodo nell'apprendistato femminile ai ruoli complementari funzionali tra i generi, i nuovi entusiami religiosi sono il frutto di scelte che maturano più lentamente e possono nascere all'interno delle pratiche quotidiane delle *household* nobiliari. Il rapporto di Giulia Gonzaga con Juan de Valdés, iniziato nel 1535 a Fondi, prima di trasformarsi in legame spirituale – Giulia era stata la prima patrocinatrice delle idee religiose del Valdés, come le riconoscerà in una celebre lettera la stessa Vittoria – nasce e si salda sulla collaborazione giuridica offertale da Valdés nella lunga vertenza che oppone la donna alla figliastra Isabella, su mandato del cardinale Ercole Gonzaga intenzionato ad aiutare la cugina.[7] La lealtà e il coinvolgimento attivo nelle strategie familiari sono connotati imprescindibili nella vita delle donne dell'aristocrazia cinquecentesca. A distinguere le diverse esperienze è semmai il modo con cui la difficile composizione tra lealtà diverse (alla famiglia di origine e alla famiglia in cui le giovani aristocratiche entrano per matrimonio) era affrontata, non solo nelle logiche delle alleanze familiari ma anche nella complessa geografia politica del tempo e delle relazioni internazionali.[8] In un'epoca di matrimoni burrascosi, Vittoria con la sua fedeltà alla memoria del marito, Ferdinando Francesco d'Avalos, e quindi all'impegno di un'alleanza filospagnola, decisa dalle strategie Colonna, rappresenta un esempio raro. Diversamente da Vittoria, Giulia Gonzaga non sentì mai l'appartenenza alla famiglia Colonna come un vincolo che la legasse, sebbene il suo matrimonio con Vespasiano Colonna fosse stato, non diversamente da quello

7. Su un sodalizio spirituale più volte analizzato dalla storiografia, mi limito a rimandare al resoconto presente nella biografia di Giulia Gonzaga di Peyronel (*Giulia Gonzaga*) esaustivo della più recente bibliografia in proposito non meno che sul personaggio Valdés, in part. pp. 95-101.

8. *Dynastie und Herrschafssicherung in der fruhen Neuzeit*, a cura di H. Wunder, Berlin 2000.

di Vittoria, il frutto dell'alleanza tra i due casati feudali che «costituivano le pedine più sicure del gioco di Carlo V sullo scacchiere italiano».[9]

Nel corso della sua vita, Vittoria come esponente della famiglia Colonna si trovò, infatti, a fronteggiare due serie minacce: la prima, rappresentata dalla possibile confisca dei possedimenti feudali in seguito a atti e comportamenti di uno o più membri della famiglia, stigmatizzati quindi dal pontefice di turno; nella storia dei Colonna le confische, per la verità, erano state numerose e nell'arco della sua vita la stessa Vittoria ne aveva fatto diretta esperienza più volte. La seconda minaccia fu innescata dalle rivendicazioni di Isabella de Lannoy nominata nel testamento del padre Vespasiano Colonna (morto nel 1528) sua erede, in mancanza di figli maschi: un «gesto clamoroso» che violava il fedecommesso stabilito nel 1427 da papa Martino V Colonna e i patti stabiliti in seguito nel 1508 tra tre capofamiglia dei vari rami del lignaggio, tra cui Fabrizio, il padre di Vittoria.[10] Una volta apertasi la questione dell'eredità di Isabella, Vittoria non nutrì dubbi su quale posizione prendere e a più riprese espresse, come vedremo, la sua fedeltà alla logica patrilineare elaborata dal padre e dai diversi lignaggi Colonna. Nel suo caso, scelte e comportamenti non sembrano confermare un assunto posto alla base dello scavo documentario della ricerca storica, cioè che «tutela e proprietà sono anche un linguaggio attraverso cui possiamo tentare di cogliere la formazione di un soggetto femminile».[11] Sottese (nemmeno poi tanto, come si vedrà) alla partigianeria in materia di patrilinearità mostrata da Vittoria vi erano una valutazione degli interessi patrimoniali e un'inimicizia politica radicata, che può essere rappresentata come una duplice fedeltà: ai patti degli avi Colonna e alla memoria del marito.

9. Gui, *L'attesa del Concilio*, p. 86.

10. Commento che si deve a Alessandro Serio, cui rimando più generale per la storia della creazione del fedecommesso e degli accordi dei vari lignaggi della famiglia Colonna, *Una gloriosa sconfitta. I Colonna tra papato e Impero nella prima età moderna*, Roma 2008, p. 319. Sulla creazione del fedecommesso si veda anche A. Rehberg, *Etsi prudens paterfamilias... pro pace suorum sapienter providet. Le ripercussioni del nepotismo di Martino V a Roma e nel Lazio*, in *Alle origini della nuova Roma. Martino V (1417-1431)*, Atti del Convegno (Roma, 5 marzo 1992), a cura di M. Chiabò, G. d'Alessandro, P. Piacentini, C. Ranieri, Roma 1992, pp. 225-282; dell'episodio si occupa ovviamente anche A. Coppi, *Memorie Colonnesi*, Roma 1855, pp. 229-301.

11. *Le ricchezze delle donne.Diritti patrimoniali e poteri familiari in Italia (XIII-XIX secc.)*, a cura di G. Calvi, I. Chabot, Torino 1998, p. 8.

1. *Pompeo o dell'uomo cui «doveva darsi il governo delle santi chiavi»*

All'immagine di sé sapientemente elaborata da Vittoria non fu estranea l'attiva promozione della stessa famiglia Colonna, grazie al trattato manoscritto dell'*Apologia Mulierum*, scritto, nell'intervallo di tempo tra il 1526 e il 1530, dal cardinal Pompeo Colonna.[12] Al di là delle numerose questioni sollevate sulla esatta datazione del testo e su i modelli di riferimenti utilizzati dall'autore, l'*Apologia* rappresenta un attestato dell'investimento dei Colonna sulla figura di Vittoria come figura esemplare grazie alla centralità che la poetessa assume nell'opera, come è stato rimarcato più volte. Il nome di Pompeo Colonna, senza alcun dubbio il personaggio più rilevante della famiglia Colonna dopo la morte della generazione precedente, è di rado associato alle biografie di Vittoria, tanto più che delle relazioni intercorse tra Vittoria e il cardinale Pompeo esistono solo testimonianze indirette.[13] Eppure Pompeo Colonna è l'uomo che al momento della morte nel 1532, Vittoria celebrerà nelle *Rime* come colui cui «doveva darsi il governo de' le sante chiavi», cioè essere papa, omaggio non d'occasione al ruolo di primo piano svolto a partire dagli anni Dieci-Venti del Cinquecento dalla figura di Pompeo nella esistenza del lignaggio; un omaggio che Vittoria ripeterà in tono più dimesso nella risposta alle lettera di condoglianze mandatale da Eleonora Gonzaga della Rovere nella quale confessa la sua «pena grandissima» per la morte del «cardinale nostro» e

12. Un riepilogo delle edizioni dell'*Apologia Mulierum,* da quella di Aida Consorti nel lontano1909 a quella di Guglielmo Zappacosta del 1972, e delle discussioni sulla datazione cui ha dato origine tra gli studiosi ora in Pompeo Colonna, *Apologia mulierum. In difesa delle donne*, a cura di F. Minonzio, Lecco 2015. A Minonzio si deve infatti la terza edizione, traduzione e una prima collocazione critica del testo e delle sue fonti, *ibidem*, pp. 65-70.

13. Non esiste una biografia aggiornata di Pompeo Colonna. Un breve ritratto si può trovare in F. Petrucci, *Pompeo Colonna*, in *Dizionario biografico degli italiani*, XXVII, Roma 1982, pp. 407-412. Utili informazioni, comprensive della bibliografia più antica si trovano in A. Serio, *Pompeo Colonna tra papato e "grandi monarchie", La pax romana del 1511 e i comportamenti politici dei baroni romani*, in *La nobiltà romana in età moderna. Profili istituzionali e pratiche sociali*, a cura di A. Visceglia, Roma 2001, pp. 63-87, e Id., *Una gloriosa sconfitta* (*ad indicem*), e quindi un nuovo profilo biografico, introduttivo dell'*Apologia*, a opera del Minonzio, basato soprattutto sulla biografia di Paolo Giovio, *Pompeii Columnae Vita*, pp. 1-79. Numerosi infine i riferimenti al ruolo svolto da Pompeo nelle strategie Colonna, oltre il noto episodio della rivolta del 1511 contro Giulio II, in Serio, *Una gloriosa sconfitta.*

aggiunge «solo dovemo allegrarce della sua gloria et vera pace antivista da lui, e dal Signore ottimo nostro per mille exsperientie, visioni, fede et gratie fattolo sicuro».[14] Dei funerali di Pompeo, rimpianto come mancato papa dalla poetessa (che sembrerebbe essersi presa cura della celebrazione e della sepoltura)[15] non rimane traccia di cerimonie solenni, tantomeno di orgogliosa esaltazione della sua figura come era avvenuto per i funerali del padre di Vittoria, Fabrizio, e di altri esponenti della famiglia.[16] A interessarci qui sono gli interessi culturali che Pompeo, grande mecenate di letterati, artisti e intellettuali[17] e Vittoria condividevano e, più in generale, i meriti e il prestigio che la figura del cardinale può rivestire agli occhi della cugina (e di tutto il lignaggio) nella politica signorile e dinastica dei Colonna. Essenziale nella mentalità politica di Vittoria il ruolo svolto da Pompeo nel collegio cardinalizio come cardine del potere di condizionamento dei Colonna e il fatto di essere stato, oltre un interlocutore privilegiato di Carlo V,[18] anche un grande accumulatore di rendite e di ricchi benefici grazie alle numerose diocesi assegnateli; le rendite ecclesiastiche di Pompeo, unite a quelle che derivavano ai Colonna (a Vespasiano e Ascanio) dalle entrate fiscali del Regno di Napoli e dai domini laziali avevano dato ossigeno al graduale aumento dei costi che la politica signorile dei vari lignaggi Colonna andò incontro nel primo trentennio del Cinquecento sotto l'incalzare della mobilitazione a fianco dell'impero di Carlo V.[19] Di questo aumento di spese, la stessa Vittoria era stata testimone diretta per quell'aspetto che

14. *Carteggio di Vittoria Colonna Marchesa di Pescara*, a cura di E. Ferrero, G. Müller, Torino 1889, Lettera LIII, 1 agosto 1532 pp. 81-82.

15. Petrucci, *Pompeo Colonna*, p. 411.

16. La morte di Pompeo, per la verità, era stata tutt'altro che all'insegna della buona fama, come sappiamo. Per altri esempi di suntuosi funerali Colonna, a partire dal padre di Vittoria, Fabrizio, morto a Napoli il 15 marzo 1520, e di Marcantonio Colonna morto il 9 marzo 1522, si veda Serio, *Una gloriosa sconfitta,* pp. 273-274.

17. Oltre alle notizie fornite nella sua biografia del Colonna da Paolo Giovio, si veda Serio, *Una gloriosa sconfitta*, pp. 93, 98

18. Pompeo Colonna era stato forse il primo dei Colonna a incontrare Carlo, prima che divenisse imperatore, nel viaggio compiuto nelle Fiandre nel 1516. Oltre a Petrucci, *Pompeo Colonna*, si veda Serio, *Pompeo Colonna tra papato e "grandi monarchie"*, pp.68-72, per i precoci rapporti intrattenuti da Pompeo con l'ambasciatore di Ferdinando d'Aragona, Geronimo de Vich.

19. Per la documentazione relativa alle entrate del cardinale Pompeo e l'aumento dei costi delle strategie coordinate dei vari lignaggi Colonna, rimando alla minuziosa ricostruzione di Serio, *Una gloriosa sconfitta*, pp. 275-278.

nessuna donna dell'epoca ignorava o trascurava: l'aumento progressivo delle doti pagate alle proprie figlie (legittime o naturali). La dote di Vittoria al momento del matrimonio nel 1509 con Ferdinando Francesco d'Avalos era stata di 14.000 ducati. Venti anni dopo la cifra per i matrimoni delle donne Colonna appariva raddoppiata.[20]

Destini in certa misura paralleli quelli di Pompeo e di Vittoria, e ambedue allo stesso modo centrali nelle articolate strategie di innalzamento del gruppo familiare. Della complementarietà di Pompeo e di Vittoria, la testimonianza culturalmente più ricca per l'autorappresentazione colonnese è offerta proprio dal progetto comune che da vita all'*Apologia mulierum.* Il trattato non solo è dedicato a Vittoria, ma è dall'«autorevole consiglio» di Vittoria direttamente ispirato: «Abbiamo bisogno di una guida, di un combattente, di un regolatore di questa nostra intrapresa, di un precettore, e che sia una figura più forte dell'ordinario, e se si dovesse sceglierne uno solo fra tutti, non vediamo, o Vittoria, chi si possa – ed è un dato incontestabile – porre al confronto con te».[21] Non è l'unico omaggio destinato alla "divina" Vittoria in questa confutazione della tradizione misogina classica, propedeutica a dimostrare che «le nostre donne sono assolutamente perfette, e capaci di tutte le virtù, e per questa ragione non devono essere tenute lontane dai pubblici uffici e dalle magistrature».[22] L'urgenza apologetica nei confronti di Vittoria, dichiarata sin dall'esordio, si coglie soprattutto nel secondo libro dell'*Apologia*, quando aprendo una finestra sull'età contemporanea Pompeo fa spazio a Vittoria come l'unica donna dotata di quelle virtù all'altezza degli esempi classici: «Ma perché riprendo così da lontano questi argomenti»,retoricamente si chiede l'autore, «e traggo esempi da ogni sorta di antichità? Chi mai fu più forte? Chi più dotata di maggior continenza, chi più assennata di te, Vittoria? Si è mai trovato qualche uomo che susciti un ricordo comparabile?».[23] A sostegno dell'esemplarità di Vittoria, l'*Apologia* rievoca i comportamenti tenuti dalla poetessa nell'*affaire* Morone, allorchè il cancelliere di Francesco II Sforza duca di Milano, all'indomani della vittoria di Pavia (1525), la sconfitta dei francesi e l'imprigionamento di Francesco I, cercò di conquistare l'appoggio

20. Serio, *Una gloriosa sconfitta*, p. 276.
21. Cito da Pompeo Colonna, *Apologia mulierum. In difesa delle donne*, l.I, 3, p. 83.
22. Pompeo Colonna, *Apologia mulierum. In difesa delle donne*, l.I, 36, p. 94.
23. Pompeo Colonna, *Apologia mulierum. In difesa delle donne*, l.II, 11, p. 98.

del marchese di Pescara offrendogli segretamente la corona del Regno di Napoli, per scongiurare la supremazia incontrastata di Carlo V in Italia, preoccupazione comune alla repubblica di Venezia, a Milano e Clemente VII. Il Davalos denunziò la congiura all'imperatore, preferendo secondo il famoso giudizio di Francesco Guicciardini «avere per patria più presto Spagna,che Italia».[24]

Parallelamente alla decisa smentita di presunte ambiguità da parte del Davalos, l'*Apologia* celebra la reazione della «fermissima e davvero temperante» Vittoria che preferì «morire sposa di un validissimo marchese e di un integerrimo comandante, piuttosto che come consorte di un re disonorato e segnato da qualche taccia d'infamia».[25] E l'unica occasione in cui la celebrazione delle virtù di Vittoria – distribuita a piene mani nel testo – viene associata alla rievocazione di un preciso momento storico della vita della poetessa. Non può essere un caso. Delle due l'una: se la scrittura dell'*Apologia* è direttamente sollecitata da Vittoria e numerosi sono i rimandi per la parte che riguarda il modo in cui «ingiustamente il sesso femminile sia condannato da parte di quelli che si arrogano per così dire l'autorità dei censori», questa pagina si aggiunge come la versione dei fatti più gradita ai Colonna alle altre già in circolazione e commissionate in seguito in funzione della costruzione del mito del marchese di Pescara.[26] Nell'*Apologia* Vittoria del resto è ricordata come neovedova, che ha rifiutato più volte l'ipotesi di un secondo matrimonio ed è ripiegata nella scrittura celebrativa della vita del marito: «con divini ed elegantissimi carmi, ogni giorno parli con lui come se ancora vivesse, nella memoria e nel

24. Oltre alla rievocazione della "tentazione del Pescara" nel classico K. Brandi, *Carlo V*, Torino 1937, pp. 210-219, si veda R. Colapietra, *Il baronaggio napoletano e la sua scelta spagnola: "Il Gran Pescara"*, in «Archivio storico delle Provincie Napoletane», 107 (1989), pp.7-71. Fiumi di inchiostro sono stati scritti sulla battaglia di Pavia e su quella che è stata chiamata" la fine della libertà d'Italia" (in cui si inserisce anche l'*affaire* Morone) e le sue conseguenze nella storia italiana. Mi limito a rinviare alla recente sintesi di M. Pellegrini, *Le guerre d'Italia 1494-1530*, Bologna 2009, comprensiva della più recente bibliografia (l'iniziativa di Morone è sinteticamente rievocata alle pp. 172-176).

25. Pompeo Colonna, *Apologia mulierum*, l.II, 14, p.100.

26. Elegie, ad esempio, in cui si elogiava come artefice del successo di Pavia Ferdinando Francesco d'Avalos erano già apparse nel 1525 a opera di Girolamo Borgia come ricorda E. Valeri, *Carlo V e le guerre d'Italia nelle Historiae di Girolamo Borgia (1525-1530)*, in *L'Italia di Carlo V. Guerra, religione e politica nel primo Cinquecento*, a cura di F. Cantù, M.A. Visceglia, Roma 2003, p. 146. Altri esempi in Colapietra, *Il baronaggio napoletano e la sua scelta spagnola*, pp. 66-71.

ricordo di quello riposi»,[27] offrendo quindi una testimonianza superba delle virtù della continenza, della pudicizia e della temperanza.

Tra un'incursione e l'altra, tra lo scontro con Clemente VII e la frequentazione di letterati, il poliedrico Pompeo si dedica dunque alla composizione di questo trattatello che senza troppi infingimenti, si prefigge in primo luogo di offrire una cornice genealogica, nutrita di erudizione e riferimenti classici per magnificare la virtù di Vittoria, sgombrando allo stesso tempo il campo da dicerie e malignità sul marchese di Pescara, obiettivo tutt'altro che secondario per la stessa Vittoria e la famiglia Colonna. Con questo scritto il cardinale si accostava poi al grande tema sollevato nei primi trent'anni del Cinquecento sulla natura delle donne, dando libero sfogo alle represse ambizioni letterarie. Non mi avventuro nel labirinto delle mutuazioni tra l'*Apologia* e alcuni testi coevi – come *Della eccellenza e dignità delle donne* di Galeazzo Capra e il terzo libro del *Dialogus de viris et foeminis aetate nostra florentibus* di Paolo Giovio – e delle contrastanti ipotesi, affidate in gran parte all'incerta e difficile datazione dell'*Apologia* del Colonna.[28] Qui importa notare come nella febbrile attenzione profusa da Vittoria nel pensarsi e costruirsi come *exemplum*, la figura più prestigiosa (e controversa) della famiglia si riveli un attivo fiancheggiatore della rappresentazione esemplare di sé. Lo fa mettendo sul piatto della bilancia il suo prestigio (nonostante le rituali dichiarazioni di modestia) e avendo in mente il mondo intellettuale che continua a sostenere le ragioni del latino di fronte al volgare, come era ancora nell'ambiente intellettuale di Napoli.

Attribuirei un ulteriore significato alla scrittura del cardinale, che è anche il più profondo, se vogliamo, nella orgogliosa mobilitazione per una politica dell'immagine praticata da tempo dai Colonna: la necessità, per

27. Pompeo Colonna, *Apologia Mulierum*, l.II, 28, p. 104.

28. Il cardinale prima di accingersi a scrivere l'*Apologia*, con molta probabilità ha letto sia il *Cortegiano* di Baldassare Castiglione – il cui manoscritto era posseduto, come sappiamo, da Vittoria Colonna che lo fece circolare con disappunto del Castiglione costretto quindi ad accelerarne la pubblicazione nel 1528 – sia *Della eccellenza e dignità delle donne* di Galeazzo Capra. Numerose, infatti, appaiono le mutuazioni dell'*Apologia* rispetto a questi due testi, vagliate e segnalate da tempo, e non era forse del tutto all'oscuro del *De nobilitate foeminis sexus* di Cornelio Agrippa. Più controversa la relazione tra l'*Apologia* e il terzo libro del *Dialogus de viris et foeminis aetate nostra florentibus* di Paolo Giovio, la cui filiazione dal testo del Colonna era stata sostenuta con forza da Vecce e più di recente messa in dubbio da Minonzio; si veda C. Vecce, *Paolo Giovio e Vittoria Colonna*, in «Periodico della società storica comense», 44 (1990), pp. 67-93 e M. Scala, *Encomi e dediche nelle prime relazioni culturali di Vittoria Colonna*, *ibidem*, pp. 97-112.

promuovere il prestigio della famiglia, di costruire attorno alle figure femminili, non meno di quelle maschili, un'aurea di esemplarità. Il cardinale, insomma, precorre uno stile che molte famiglie nobili faranno proprie nel corso del Cinquecento e nei tempi a venire.

Di certo l'omaggio di Pompeo sarà ripagato post mortem allorchè Paolo Giovio ricostruirà la vita di Pompeo Colonna sulla falsariga del sonetto dedicatogli da Vittoria, anche se ufficialmente a commissionargli la storia è Francesco Colonna, nipote di Pompeo e arcivescovo di Rossano.[29]

Un'ultima richiesta avanza Pompeo nei confronti della "dolcissima" Vittoria: che la poetessa si incarichi di diffondere il testo, frutto delle sue veglie nel travaglio di tanti impegni pubblici «corroborato dalla tua eloquenza e illustrato dai tuoi carmi divini». Questa diffusione nella famiglia Colonna e nel ramificato entourage di alleanze deve esser avvenuto, ne troviamo un'eco nelle parole polemiche pronunciate nel 1565 da Giulia Gonzaga (una vedova Colonna in fondo): «le donne sono atte a far bene ogni cosa contro l'opinione di alcuni huomini che s'hanno fatto le leggi a lor modo».[30]

Vittoria seppe dunque lucidamente giocare a proprio vantaggio tutti gli elementi che l'essere una Colonna le forniva: una famiglia che aveva creato nel tempo una rete di solidi rapporti di patronage e clientelari.

È soprattutto dopo la morte di Pompeo – una morte che privava i Colonna dell'indispensabile cordone ombelicale con il sacro Collegio – che Vittoria svolse un ruolo cruciale nella dinamica politica familiare. Nell'ultimo periodo della sua vita, all'indomani dell'assunzione al pontificato di Paolo III, Vittoria si assunse quindi crescenti responsabilità fino a diventare un essenziale, forse l'unico, interlocutore politico dotato di autorevolezza e prestigio che possa intercedere in difesa degli interessi Colonna nei confronti del papato e di Carlo V. L'ordito dell'*Apologia* è tessuto in un continuo gioco di rimandi e scambi verso Vittoria da parte del cardinale. Se pensiamo al coinvolgimento mostrato da Vittoria negli ultimi anni, forse qualcosa della riflessione di Pompeo era filtrata in lei fino a divenire un solido punto d'appoggio nei comportamenti adottati in favore degli interessi dei Colonna. Al momento di congedarsi dalla scrittura, queste le parole

29. L'osservazione si deve a Serio nella sua ricostruzione della fortuna del cardinale Pompeo Colonna tra i contemporanei e nella storiografia successiva: A. Serio, *Pompeo Colonna tra papato e "grandi monarchie"*, p. 79.

30. L. Arcangeli, S. Peyronel, *Premessa*, in *Donne di potere del Rinascimento*, p. 9.

scelte dal cardinale per il suo commiato: «Contrasta infatti con il senso del dovere permettere che gli studi distolgano dall'azione, dal momento che è nella prassi che consiste ogni lode della virtù».[31] Un lascito che la poetessa sembrebbe aver fatto suo.

2. *«Donne in terra di Roma non hanno ereditato se per violenza o favore non si è fatto»*

Non c'è testimonianza più esaustiva dell'irrigidimento patrilineare abbracciato da Vittoria Colonna di quella offerta nella lettera scritta nel 1544 al nipote Fabrizio Colonna.[32] Prendiamo quindi le mosse dalla ultima e, a mio avviso, più significativa perorazione in difesa della trasmissione tra i maschi Colonna. Fabrizio è il figlio primogenito del fratello Ascanio, ricordato anni prima nei versi di Vittoria come «la nobil pianta ancora in erba / mille fior mostra chiusi in picciol velo / [...] / che non sol tiene del gran Fabrizio nostro / nome simil, ma le parole e l'opre mostran seguir di lui l'esempio raro».[33]

In un anno quanto mai critico per le sorti e la reputazione della famiglia Colonna, tre anni prima di morire, Vittoria prende la penna per scrivere al nipote (non lo aveva mai fatto prima, a quanto ne sappiamo) e compie un suo viaggio a ritroso nella storia familiare. Al centro della lettera dominante è la preoccupazione della reintegrazione del patrimonio feudale dei Colonna sottoposto a confisca da Paolo III dopo il rifiuto di Ascanio Colonna di sottostare alla tassa sul sale, lo scontro armato che ne era seguito e la sconfitta subita dai Colonna. Nella lettera, per la verità, Vittoria intreccia due questioni: quella della reintegrazione dei feudi dopo la confisca e la questione da tempo aperta sul piano patrimoniale rappresentata dalle rivendicazioni di Isabella figlia e erede di Vespasiano Colonna, sposata a Filippo di Lannoy; la donna non paga di aver ottenuto nel 1532 il riconoscimento dei feudi di proprietà del padre Vespasiano dislocati nel Regno di Napoli (dove la trasmissione ereditaria ammetteva la successione

31. Pompeo Colonna, *Apologia mulierum*, l.II, 46, p. 111.

32. *Carteggio di Vittoria Colonna*, Lettera CLXVI, a Fabrizio Colonna, 25 novembre 1544, pp. 283-289.

33. *Le rime di Vittoria Colonna corrette su i testi a penna e pubblicate con la vita della medesima dal cavaliere Pietro Ercole Visconti.* Si aggiungono le poesie ommesse [sic] nelle precedenti edizioni e le inedite, Roma 1840, p. 396. I versi dedicati a Fabrizio in Vittoria Colonna, *Rime*, a cura di A. Bullock, Roma-Bari 1982, sono a p. 207.

femminile)[34] ha in mente di sfruttare a suo favore la difficile congiuntura attraversata dai Colonna.[35] Puntigliosamente Vittoria ricorda come le pretese di Isabella («la principessa di Sulmona») per quanto riguarda i feudi romani siano prive di ogni legittimità, sempre che il favore di Paolo III e gli appoggi di cui i de Lannoy godono a Madrid, non ribaltino il dato di fatto che le donne in «terra di Roma non hanno ereditato, se per violenza o favore non si è fatto». Per sostenere i diritti minacciati di Fabrizio da una simile eventualità, la lettera di Vittoria si trasforma così in un vero e proprio manifesto di adesione all'istanza patrilineare che ha sempre guidato la trasmissione ereditaria nei lignaggi Colonna e in minuzioso elenco dei patti che la attestano, coerentemente con «l'antica consuetudine» seguita dai baroni romani. I punti forti del fedecommesso istituito da Martino V nel 1427, l'avo Colonna «la prima testa» «che lega tutta la casa» regolando la situazione patrimoniale della famiglia[36] e dei patti successivi ci sono tutti e correttamente sottolineati; la poetessa, quando si muove sul terreno dei diritti e dei patrimoni, parla chiaro e da prova di condividere la medesima perspicacia nel difendere privilegi e consuetudini mostrata dalle sue pari.

Vittoria insiste sulle intenzioni di Martino V che i feudi romani «non sieno in altri mani alienate e che le cose et ricchezze si mantengano in mano di maschi».[37] Notazione importante. Risale, infatti, sempre a Martino V la doppia natura feudale dei Colonna, baroni romani e allo stesso tempo feudatari del Regno di Napoli, dove, come si è visto la trasmissione dei beni non escludeva in via di principio le figlie femmine. Molto abilmente Vittoria menziona il suo caso personale: quando il padre Fabrizio le lasciò «qualcosa più» oltre alla dote, «tutto me lo diede nel Regno», non certo nei feudi romani. Fedeltà ai desideri paterni e orgoglio per non essere stata da meno anche lei nell'onorare le tradizioni di famiglia si intrecciano. Pala-

34. Nel 1532 Isabella si era così vista riconosciuto il diritto al possesso dei feudi appartenuti al padre e dislocati nel regno.Si trattava della contea di Fondi e del ducato di Traetto. Della controversia giudiziaria di Isabella de Lannoy, soprattutto per quanto riguarda gli aspetti di lite con la matrigna Giulia Gonzaga, si veda sia Peyronel, *Giulia Gonzaga*, pp. 98-103, sia R. Pilati, *I feudi gonzaghesci nel regno di Napoli*, in Ead. *Officia Principis. Politica e amministrazione a Napoli nel Cinquecento*, Napoli 1994, pp. 336-345.

35. Proprio in quell'anno, infatti, Isabella de Lannoy nomina procuratore *ad litem* Quintiliano Mandosio, Archivio Colonna 476 III BB5371.

36. Rehberg, *Etsi prudens paterfamilias*, pp. 225-282; *Carteggio di Vittoria Colonna*, p. 285.

37. *Carteggio di Vittoria Colonna*, p. 286.

dina nostalgica, Vittoria ricorda anche il tetto posto alle doti per le figlie Colonna, contenuta nella bolla di Martino V, che la storia si era incaricata di smentire.

Non si può sfuggire all'impressione, leggendo la lettera, che di fronte a un presente deludente, il glorioso passato ritorni come senile ed estrema ragione di vita in Vittoria che si rappresenta come l'incarnazione stessa della tradizione patrilineare Colonna. Come puro deposito dei diritti di Fabrizio al patrimonio, il viaggio a ritroso nella storia familiare è forse superfluo. Vittoria è la prima a riconoscerlo: «Questa mia lettera non bisogneria scriverla», questo l'*incipit*; Fabrizio è di certo informato «dei fatti suoi», padre e madre lo hanno messo al corrente «delle cose passate», per di più è accompagnato da un segretario munito «delle scritture».[38] Vittoria è certa che Carlo V e i suoi consiglieri «abbiano molte volte inteso il tutto».[39] Ciò nonostante, Vittoria insiste e incalza nel ribadire al nipote («farvene di nuovo capace») che «le vostre giustizie, per quanto le cose possono da humani giudicii intendersi sono fondatissime et sicure» e che le pretese di Isabella de Lannoy non hanno alcun fondamento;[40] ancora nei passaggi finali della lettera, continuerà, a offrire nuove argomentazioni che ritiene utili: dalla convalida offerta dagli statuti di Roma in difesa della trasmissione maschile (e mostra ancora una volta acume giuridico),[41] alla «vana cavillatione» con cui rigetta le strane voci che circolano in città sulla falsità della bolla di Martino V, dal momento che nell'archivio Colonna esistono gli originali muniti del sigillo papale.

La ragione di tanta insistenza è, verrebbe da pensare, dovuta al fatto che il messaggio a Fabrizio sottenda e voglia comunicare altro, ben al di là della semplice rievocazione. A prendere posizione non è una ava qualsiasi bensì la figura più influente e prestigiosa che la famiglia Colonna può vantare agli occhi del mondo, all'indomani dell'avvilimento del capofamiglia Ascanio. A sostegno dei diritti di Fabrizio, non vi sono solo le "scritture",

38. *Carteggio di Vittoria Colonna*, p. 283.

39. Vittoria ricorda esplicitamente Niccolò Perrenot di Granvelle e Don Juan de Figueroa, più volte chiamati in causa nel corso della controversia giudiziaria con Isabella de Lannoy nel Regno di Napoli.

40. *Carteggio di Vittoria Colonna*, p. 284.

41. *Carteggio di Vittoria Colonna*, p. 288. Sugli Statuti, al centro in quegli anni di una accessa discussione e la cui applicazione nella prassi giudiziaria è attivamente sostenuta da Paolo III, si veda S. Feci, *Pesci fuor d'acqua. Donne a Roma in età moderna: diritti e patrimoni*, Roma 2004.

ma la parola e l'autorevolezza simbolica che circonda Vittoria. L'utilità profonda della lettera risiede dunque in questo messaggio. In questo senso, l'atto del ricordo si fa gesto performativo

L'autorevolezza che può mettere Vittoria al servizio degli interessi dei Colonna è diversa dalla forza militare, economica e territoriale che ne aveva fatto i migliori alleati sul territorio italiano per Carlo V. Ma non è meno influente, o almeno lei spera lo sia, per l'imperatore che ha fatto appello in passato alla sua intelligenza politica e alle sue doti diplomatiche, riconoscendo il ruolo positivo da lei svolto nella politica familiare. Con le lettere a lei indirizzate (ne parlerò più avanti) e attraverso gli uffici degli ambasciatori accreditati presso la corte papale. Anche in questa circostanza, esplicito è il riferimento alle consultazioni e ai rapporti intercorsi tra Vittoria e l'ambasciatore spagnolo – all'epoca Juan de Vega – e con il segretario. La lettera a Fabrizio utilizzerà il corriere diplomatico verso la corte imperiale.

Colpisce nella lettera di Vittoria l'insistito richiamo ad affidarsi a Carlo V per quanto riguarda «le fondatissime ragioni dei suoi diritti» e «di rimettere il tutto nel retto, pio e prudentissimo volere di Sua Maestà» che riuscirà a immaginare «il modo di ridurre in pace la S(igno)ra Principessa con voi, e senza torvi il vostro», lasciando quindi cadere l'ipotesi di un possibile scambio di feudi.[42] Non si tratta tanto di una vera idealizzazione, se così si può dire, della attenzione e della benevolenza mostrata da Carlo V verso la famiglia Colonna in passato, «che pareva delli maggiori interessi suoi si scordasse»,[43] quanto piuttosto di un circostanziato monito inviato all'erede Colonna a dissociarsi dal modo incauto con cui Ascanio, nell'amarezza della sconfitta, si mostra pubblicamente irato contro Carlo V per il mancato appoggio della Spagna nello scontro avuto contro Paolo III.[44] Vittoria è consapevole che, nel bene e nel male, il giovane erede è costretto a confrontarsi con il retaggio politico della posizione dei Colonna all'indomani della sconfitta e della confisca dei beni: una perdita di posizione, una costante tensione con l'autorità di Carlo V, una generale labilità della autorevolezza del capofamiglia nel mondo della nobiltà imperiale.

42. *Carteggio di Vittoria Colonna*, p. 287.

43. *Carteggio di Vittoria Colonna*, p.286.

44. Indizi di questo comportamento da parte di Ascanio Colonna si possono trovare in *Relazione sopra la guerra tra il Signor Ascanio Colonna con il Papa e sopra altre cose curiose*, documento pubblicato da Gui, *La riforma nei circoli aristocratici italiani*, in *Cinquant'anni di storiografia italiana sulla Riforma e i movimenti ereticali in Italia 1950-2000*,a cura di S. Peyronel, Torino 2002, Appendice, pp. 120-124.

Nella lunga lettera Vittoria gioca, dunque, tutta l'autorevolezza che si è conquistata per infondere nel nipote quell'orgoglio e quella sicurezza, non disgiunte dalla deferenza, che gli sono ora tanto più necessari per ricollocare la posizione dei Colonna nel mondo imperiale. Fabrizio può mostrare solo all'imperatore la sua lettera, se lo riterrà opportuno. Poco più avanti, con enigmatica oscillazione, sembra però cambiar parere: «però io per me credo che tutto questo scrivere sia superfluo, facto solo a voi per satisfare gli amici».[45]

Come mai Vittoria non si rivolge direttamente all'imperatore? Lo ha già fatto in passato e lettere dirette delle nobildonne che fanno parte delle famiglie dello schieramento imperiale per perorare favori o per introdurre presso l'imperatore i propri figli e parenti non erano inusuali.[46] Se una simile lettera non venne mai scritta, una possibile motivazione potrebbe essere individuata nella prostazione fisica che pervade gli ultimi anni della vita della poetessa.

La lettera a Fabrizio rappresenta un vero e proprio *unicum* nella corrispondenza di Vittoria Colonna, una lettera psicologica antelitteram, che mostra come siano i sentimenti nutriti dal giovane, la sua sicurezza e il suo orgoglio al cospetto dell'imperatore, i veri destinatari della comunicazione. I rapporti tra padre e figli sono segnati nei vari rami Colonna (soprattutto in quello in cui è nata Vittoria) da molte difficoltà.[47]

Tensioni e conflitti hanno caratterizzato anche i rapporti di Fabrizio con il padre Ascanio? Impossibile dirlo allo stato attuale della documenta-

45. *Carteggio di Vittoria Colonna*, p. 288.

46. Un anno dopo, nel 1545, Giulia Gonzaga invierà una lettera a Filippo II per presentare il nipote quattordicenne Vespasiano Colonna che si reca a Madrid per ricevere un'educazione militare e cortigiana e ricordare la continuità di servizio dei Gonzaga alla "Cesarea Maestà". Numerosi poi sono gli appelli inviati a Madrid da Giovanna d'Aragona, la moglie di Ascanio, per perorare che le sia affidata la tutela dei beni Colonna al posto del marito, e in seguito per ingraziarsi l'imperatore quando si tratterà per il figlio Marcantonio di recarsi a Madrid. Su questi esempi si veda Peyronel Rambaldi, *Una gentildonna irrequieta*, p. 196; N. Bazzano, *Marco Antonio Colonna*, Roma 2003, pp. 54 -66.

47. Difficile era stato il rapporto tra Ascanio e il padre Fabrizio che per obbligarlo al matrimonio con Giovanna d'Aragona arrivò a minacciare il figlio di diseredarlo, non meno difficile sarà dopo gli anni Cinquanta quello tra Ascanio e il figlio minore Marco Antonio (futuro protagonista nella seconda metà del Cinquecento della rinascita delle glorie Colonna dopo Lepanto). Su questo rimando a Bazzano, *Marco Antonio Colonna* e A. Bertolotti, *La prigionia di Ascanio Colonna. Notizie e documenti*, in «Atti e memorie della Regia Deputazione di storia patria per le provincie modenesi e parmensi», III (1883), pp. 109-181.

zione. Sappiamo poco dell'esistenza del primogenito e la lettera di Vittoria, priva come è di ogni dettaglio, non ci aiuta molto ad arricchire il profilo di Fabrizio, "un uomo d'armi" che ha seguito le tradizioni di famiglia.[48]

Nel 1543-1544, quando lo raggiunge la lettera di Vittoria, si trova forse al seguito di Carlo V nel suo viaggio in Germania, dove non mancano le opportunità di perorare la situazione dei Colonna direttamente con l'imperatore. Vittoria ha riposto le sue speranze su questo nipote per risollevare le sorti della famiglia. Come del resto si augurano tutti coloro che nel fronte imperiale auspicano sia il primogenito a prendere le redini della famiglia Colonna, subentrando al padre. Lo stesso Carlo V nell'incontro del 1541 a Lucca con Paolo III sembrerebbe aver suggerito al papa la possibilità di sospendere la confisca dei feudi Colonna in favore del primogenito Fabrizio.

Ad onta delle speranze sollevate, Fabrizio Colonna non lasciò una forte impronta di sé nella storia di quegli anni perchè non era destinato a vivere abbastanza a lungo. Il giovane muore infatti nel 1551, solo tre anni dopo il suo matrimonio con Ippolita Gonzaga, combattendo al seguito del suocero Ferrante Gonzaga – allora governatore dello stato di Milano – nella guerra contro Parma.[49]

Vittoria non visse abbastanza a lungo per scoprire quanto l'attesa fiduciosa nei confronti della benevolenza di Carlo V (e in un possibile accordo con Paolo III) caldeggiata al nipote Fabrizio fosse in fondo mal risposta. La reintegrazione dei feudi ai Colonna avverrà solo nel 1550, dopo la morte di Paolo III, quando eletto al soglio pontificio il cardinale Ciocchi del Monte (che prese il nome di Giulio III) Ascanio venne perdonato dal papa.

La morte risparmiò però a Vittoria di assistere alla drammatica lacerazione che colpì la famiglia Colonna negli anni successivi.[50] Tra citazioni giudiziarie, violenze, calunnie efferate che dilaniano i rapporti tra moglie e marito, padre e

48. I dissidi tra il padre Ascanio e la madre Giovanna d'Aragona e la lunga separazione tra i due hanno di certo condizionato l'infanzia del primogenito; questi ha trascorso lunghi periodi a Napoli e a Ischia accanto alla madre e ai fratelli, dove la sua educazione è stata più influenzata dalla madre che del padre. Nel 1541, scoppiata la guerra tra Ascanio e i Farnese, lo troviamo però a fianco del padre nella difesa della rocca di Paliano, inviato quindi inutilmente a Napoli in cerca di rinforzi e per un breve momento assunto anche a possibile ostaggio della resa di Ascanio per evitare la distruzione di Paliano.

49. Su Ippolita Gonzaga e il matrimonio con Fabrizio Colonna rimando, oltre al breve schizzo biografico di R. M. Ridolfi, in *Dizionario biografico degli italiani*, LVII, Roma 2001, pp. 794-796 a Peyronel, *Giulia Gonzaga*, pp. 224-230.

50. Lacerazioni e dissidi raccontati in Bazzano, *Marco Antonio Colonna*, pp. 58-66.

figlio e che porteranno all'arresto di Ascanio (e alla sua morte nel 1557) veniva anche spazzata via (sia pure per breve tempo) quella tradizione patrilineare che Vittoria non aveva cessato di chiamare in causa fino alla fine, come caposaldo dell'universo simbolico dei Colonna. Marco Antonio venne, infatti, diseredato dal padre e al suo posto venne nominata erede la figlia Vittoria, sposata a Garcia de Toledo, figlio del potente viceré Pedro de Toledo.[51]

3. *«So la verità della iustitia de casa mia»*

L'orgoglioso viaggio a ritroso del 1544 a uso del nipote in un panorama farnesiano che ha messo con le spalle al muro i Colonna è solo l'ultimo atto di difesa della tradizione patrilineare della famiglia Colonna da parte di Vittoria. Contro l'infondatezza delle rivendicazioni di Isabella de Lannoy, Vittoria si era infatti, già espressa, e con foga inusitata, in una lettera al fratello Ascanio alla fine del 1538.[52] Anche in questa occasione a sostegno del fatto «che donne non ereditano in casa Colonna» puntualmente aveva richiamato in bell'ordine tutto il repertorio dei patti stipulati dagli avi Colonna, aggiungendo in un inusitato scivolamento linguistico «i quali credo che ove stanno magneriano Isabella che prosumesse parlar che forestero intrasse in casa nostra».[53] L'allusione al forestiero che si vuol insinuare tra i Colonna è chiara: Vittoria sta parlando dell'allora consorte di Isabella, Filippo de Lannoy, il cui nome evoca per Vittoria una ferita che dopo tanti anni non si è di certo rimarginata. Contro il pericolo di un possibile impossessamento dei feudi e intrecciando Filippo de Lannoy alla memoria del padre Carlo di Lannoy, vicerè di Napoli, il cui comportamento prima e dopo la battaglia di Pavia era stato all'origine di numerose amarezze per il marchese di Pescara,[54] Vittoria si abbandona a una vera e propria chiamata

51. L'accusa di aver «fatto atossicare il Signor Fabrizio» fu tra i misfatti che Giovanna d'Aragona cercò di imputare al marito per minarne la credibilità e ottenerne la destituzione come capofamiglia in favore del figlio Marco Antonio. Su questo episodio e sul tentativo di Ascanio di diseredare Marco Antonio a favore della figlia Vittoria cfr. Bazzano, *Marco Antonio*, pp. 61-66.

52. La lettera di Vittoria ad Ascanio è stata pubblicata, insieme ai messaggi inviati da Ascanio Colonna a Francisco de los Cobos, da Gui, *L'attesa del Concilio*, *Documenti*, pp. 554-555, che ne offre un commento alle pp. 184-187.

53. Gui, *L'attesa del Concilio*, p. 555.

54. Rinvio al datato L.E. Halkin, G. Dansaert, *Charles de Lannoy, vice-roi de Naples*, Paris 1934, Su quanto avvenne a Pavia e sul disaccordo e le tensioni tra il De Lannoy e l'Ava-

alle armi contro Isabella e il Lannoy: «considerando che Dio», scrive al fratello Ascanio, «dice a David che se defenda et che è de iure divino son resoluta bisognando andar a Paliano con quanti amici et parrenti ho che tutti se offeriscono et veder se questo Lanoi da dar sempre noia al cor al cor mio che non bastò quel che suo patre fece a mio marito». Se l'evocazione dell'istanza patrilineare è ripetiva, nel 1538 la differenza è data dai flash che l'accompagnano sugli stati d'animo di Vittoria che dà sfogo al risentimento a lungo interiorizzato.

Si tratta di una lettera quanto mai ricca e complessa per gli ambiti politici e personali che vengono evocati. Oltre al leitmotiv della difesa dei diritti patrilineari vilipesi e della inimicizia con i Lannoy, troviamo infatti una lucida diagnosi degli appetiti nepotistici di Paolo III e soprattutto il racconto di un colloquio con il papa in cui Vittoria si esprime con una insolita libertà di giudizio nei confronti della politica del Farnese.

Non solo Paolo III è duramente ricordato come un uomo «che è stato quarant'anni francese et ursino» ma Vittoria si mostra convinta che «ha fatto venir lui il principe di Sulmona (cioè Filippo de Lannoy) et la Signora Isabella».[55] Insomma dietro le rivendicazioni di Isabella e del marito De Lannoy su Paliano, c'è il favore (se non addirittura la compiacente regia) di Paolo III per «crucifiggere il pover Signor Ascanio che non fa male a nisciuno et perchè servì sua Maestà contro la Chiesa».[56] I toni sono adeguati alla drammaticità di quello che lei ritiene un premeditato attacco ad Ascanio per togliergli la rocca di Paliano, simbolo del dominio baronale della famiglia: «Signore», scrive Vittoria, «io trovo che queste tele sono state ordite contra V(ostra) S(ignoria) longamente per d'invidia de quel stato con tanto sangue e fatiche sostenuto da i nostri antichi et per la ricchezza che Dio volrà che possedano i nostri figlioli quali renovano et nomi et facti de Fabrizio Prospero e Marcantanio».[57]

Nel colloquio avuto con il papa e raccontato nella lettera («solo a solo li ho ditto») Vittoria esprime la sua aperta indignazione al papa: non solo gli rimprovera l'animosità (la «passione chiara») contro il fratello ma enumera fatti ed eventi precisi e su cui il papa ha taciuto e non è interve-

los, ben noti alla storiografia, rinvio a Brandi, *Carlo V*, a Colapietra, *Il baronaggio napoletano*, e a J.P. Mayer, *Pavie 1525, L'Italie joue son destin pour deux siècles*, Cénomane 1998.

55. Gui, *L'attesa del Concilio*, p. 555.

56. Gui, *L'attesa del Concilio*, p. 555.

57. Gui, *L'attesa del Concilio*, p. 555.

nuto, commessi da altri baroni romani. Non ricorda il papa che si sono «ammazzato governatori date bastonate a commissario nè cacciati armata forosciti de Roma nè cosa alcuna de quelle che ogni baron de Roma ha fatto sempre».[58] Chiede ragione inoltre del non intervento del papa quando Gerolamo Orsini uccise il fratello e dell'indulgenza mostrata nei confronti della famiglia Cesarini.

A confronto di un campionario di violenze simili, cosa si può rimproverare al fratello Ascanio? Che i suoi vassalli non abbiano pagato "lo scudo a fuoco", oppure che abbiano contrastato l'entrata della famiglia Cesarini ad Ardea («che Dio sa quanto ingiustamente la possiede»), o ancora che abbiano rallentato il trasporto del grano a Roma? Insomma «frascarie, cose sì frivoli si deboli che quando jo nelli parlo (Paolo III) se ne vergogna».[59] Mai Vittoria si era spinta fino a tal punto per giustificare gli atti provocatori cui si è abbandonato il fratello; la donna che esprime una tale visione indulgente delle "licenze" che i baroni romani possono concedersi è la stessa che da non molto ha orientato il suo impegno poetico in direzione di temi spirituali e teologici.[60]

Vittoria tocca però altre corde sensibili della politica di Paolo III, rimarcando senza equivoci le aspettative deluse di tutti coloro che avevano visto nell'avvento di Paolo III un solido appiglio per l'auspicata riforma della Chiesa. «Oimé padre santo», questa la lamentela di Vittoria al papa e siamo un'anno dopo del *Consilium de emendanda Ecclesia*, «non vede la Santità vostra che commenzava a redur questa apostolica sede fundata sul sangue de Christo in qualche dignità sperando le persone che i soi principi havessero bon mezzo e ottimo fine, e adesso ogni homo dice che serrà un altro Clemente».[61] Dissenso politico e dissenso religioso si intrecciano, verrebbe quasi da dire si sovrappongono, in un colloquio straordinario che se testimo-

58. Gui, *L'attesa del Concilio*, p. 554.

59. Gui, *L'attesa del Concilio*, p. 554.

60. Per la scelta compiutà nel 1536 da Vittoria Colonna delle rime spirituali rinvio a G. Fragnito, *Evangelismo e intransigenti nel difficile equilibrio del pontificato farnesiano*, in «Rivista di storia e letteratura religiosa», 25 (1989), pp. 20-47, ora in Ead., *Cinquecento Italiano*, Bologna 2011, in part. p. 209.

61. Cioè un altro Clemente VII; Gui, *L'attesa del Concilio*, p. 554. Opinioni e giudizi non troppo dissimili sulla politica di Paolo III erano diffusi nell'ambiente dei Colonna e di personaggi che in quei mesi Vittoria frequentava, come il romano Ottaviano Lotti, amico e servitore di Ascanio. In una delle tante lettere inviate al cardinal Ercole Gonzaga, Lotti si era espresso su Paolo III come un papa «che rovinava Roma e che comprava stati» per casa sua, un papa che «toglieva e metteva gabelle a suo capriccio». Su Ottaviano Lotti,

nia della libertà di parola che Vittoria può avere nei confronti di Paolo III, ci restituisce, con non minore evidenza, l'intensità della sua partecipazione alla difesa degli interessi patrimoniali dei Colonna. A stare al resoconto inviato al fratello, Paolo III di fronte a tanta irruenza argomentata parrebbe non aver replicato nulla («Sua Santità se ne vergogna, ma pur fa quanto mal pò»).

L'urgenza che spinge Vittoria nel 1538 a prendere la penna è fermare il fratello (in quel momento Ascanio si trova a Genova) dal mettersi in viaggio per incontrare l'imperatore che si reca in Italia dopo l'incontro di Nizza con Paolo III. Ascanio infatti intende sottoporre a Carlo V non solo il suo personale *cahier des doléances* in merito alla politica di accentramento farnesiana e al sostegno dato alle rivendicazioni di Isabella de Lannoy sotto pretesto che sia questo il volere di Carlo V, ma ottenerne l'approvazione per i suoi progetti di conquista del ducato di Camerino, su cui i Colonna vantano diritti ereditari.

Lucidamente Vittoria, all'indomani della celebrazione delle nozze tra Ottavio Farnese, il nipote del papa e Margherita d'Austria, figlia naturale di Carlo V, intuisce che il momento politico non è il più opportuno perchè Carlo V appoggi il progetto esplicitamente antifarnese immaginato da Ascanio.[62] Ascanio soprassieda dunque a questo viaggio – questa l'esplicita richiesta di Vittoria – si limiti a mandare un suo messo a Carlo V per renderlo edotto degli attacchi di cui i Colonna sono oggetto da parte dei Lannoy e ritorni subito a Roma dove la situazione rischia di diventare esplosiva. Non solo vi è il rischio di giudici compiacenti e pilotati che accolgano le rivendicazioni dei Lannoy, ma i vassalli (preoccupati di un passaggio dei feudi) minacciano di reagire «e volevano incontrar Isabella per camino e fargli ogni male».[63]

Il 1538 per Vittoria Colonna era cominciato, per la verità, in tutt'altro modo, all'insegna del progetto di recarsi in viaggio in Terrasanta. Numerose ombre avvolgono le motivazioni del progetto, come del resto la decisione di rinunciarvi maturata nel prolungato soggiorno della poetessa a Ferrara, dove convergono oltre all'Ochino molti esponenti delle gerarchie ecclesiastiche.[64] Un'osservazione può essere fatta: il desiderio

sul quadro offerto nel 1538 e sui contatti con Vittoria Colonna rimando a Peyronel, *Giulia Gonzaga*, pp. 143-145.

62. Gui, *L'attesa del Concilio*, p. 236.

63. Gui, *L'attesa del Concilio*, p. 588.

64. Il soggiorno a Ferrara inpresse una accelerazione all'evoluzione religiosa di Vittoria Colonna? su questo si veda G. Fragnito, *Intorno alla religione dell'Ariosto: i dubbi*

della poetessa di recarsi in Terra santa non poteva non apparire, alla fine degli anni Trenta, bizzarro e comprensibilmente molti dei suoi amici speculavano incuriositi su una simile impresa, lunga e faticosa dal punto di vista fisico per una donna alle soglie dei cinquant'anni. La stagione degli *itinera hierosolimitana* era da tempo esaurita e la custodia francescana di Palestina era stata drasticamente ridimensionata, senza contare il conflitto con gli ottomani (che aveva indirizzato i flussi del pellegrinaggio verso altri luoghi di devozione) e la polemica riformata contro il culto delle reliquie.[65] Nel 1538 esce anche la prima edizione delle sue *Rime*, quella di Parma, data alle stampe senza consenso dell'autrice. Una cosa è certa, Vittoria si rammarica di essere rientrata a Roma a giudicare dal modo con cui si congeda dal fratello alla fine della lettera: «hor Dio ispiri V(ostra) S(ignoria) et me lassi nella mia quiete che se io sapeva questo mai veniva a Roma, vera Babilonia».[66]

La lettera mandata a Genova per fermare Ascanio e intimargli di ritornare a Roma riserva aspetti sorprendenti per chi ama pensare che Vittoria abbia svolto in seno alla famiglia Colonna unicamente un ruolo di opposizione e di moderazione dei colpi di testa del fratello nei confronti della politica di Paolo III. La gamma di toni usati da Vittoria nei suoi scambi con il capofamiglia, «un animo altero» (come liricamente aveva ricordato),[67] è più ampia e può andare dalla aperta condivisione di umori e sentimenti non esclusa la collera, all'appello al realismo e alla prudenza. Le prove di forza e le radicalizzazioni, insomma, vanno sapute dosare al momento opportuno.

4. *«Casa Colonna è sempre la prima»*

Con la medesima lucidità con cui aveva individuato nel 1538 che Carlo V non avrebbe appoggiato alcun atto di forza lesivo dei piani di espansione dei Farnese, nel 1541 Vittoria mette sull'avviso il fratello della necessità di trovare una soluzione negoziale nel conflitto insorto tra i Co-

del Bembo e le credenze ereticali del fratello Galasso, in «Lettere italiane», 44 (1992), pp. 208-239, ora in Ead. *Cinquecento italiano*, p. 307.

65. Sulla perdita d'importanza del pellegrinaggio in Terrasanta, rimando al classico R. Oursel, *Pellegrini del Medioevo. Gli uomini, le strade, i santuari*, Milano 1996.

66. Gui, *L'attesa del Concilio*, p. 555.

67. Sonetto X.

lonna e Paolo III in merito alla tassa del sale.[68] Dopo la dura repressione della rivolta di Perugia, appellatasi anch'essa agli antichi privilegi concessi alla città – in quei mesi irrorata per di più dalla predicazione di Ochino – la prospettiva concreta era che anche nei confronti dei Colonna il papa decidesse di procedere *manu militari*. A Roma, Vittoria è a stretto contatto con l'ambasciatore di Carlo V, il marchese di Aguilar, e prontamente riporta al fratello di come l'ambasciatore, secondo le istruzioni ricevute dall'imperatore «faccia ogni opera per tenere il Papa contento; et che lui vede che li ha dato sua figlia e che non pò mostrarsi in conto alcuno contra loro, finchè l'Imperatore non commanda altro».[69]

Nelle sei lettere scritte da Vittoria al fratello per aggiornarlo sulle trattative che si vanno intessendo, risulta evidente che la poetessa è del pari desiderosa di appianare le divergenze e disinnescare la reazione di Ascanio. Non bisogna però appiattire la sua posizione su l'ultima lettera inviata ad Ascanio il 10 marzo del 1541 dove prega il fratello di accettare che l'accordo comporti la rinuncia a «qualche terra». La soluzione proposta dal marchese di Aguilar è infatti uno scambio di feudi: i Colonna avrebbero dato in pegno Marino e Nemi e i Farnese Castro o Nepi. Proposta non gradita a Paolo III che esigeva la rocca di Paliano, chiave della linea di difesa dei Colonna. All'inizio Vittoria non nasconde che il suo primo impulso sia stato quello di ritenere intollerabile un accordo che privi i Colonna di Paliano; si era quindi rivolta direttamente a Carlo V per scongiurare la cessione di Paliano, memore dell'apprezzamento espresso dall'imperatore anni prima della rocca: «All'imperadore ho scritto che li accordi herano impossibili et non suo servitio dar quella Rocca, che sua M(aes)tà passando per Marini mirò et disse: Esta es la roca de Izo».[70]

L'ipotizzata rinuncia della rocca di Paliano non piace dunque a Vittoria che cerca di perorare un'altra soluzione, convinta che la questione non riguardi solo i rapporti tra Paolo III e i Colonna ma l'assetto più generale degli equilibri geopolitici in Italia di Francia e Spagna. La cessione di alcuni feudi Colonna ai Farnese avrebbe avuto come conseguenza un'indebolimento della linea di difesa imperiale e di questo mette sull'avviso Carlo

68. Il breve di Paolo III del 25 febbraio 1641 è pubblicato in *Carteggio di Vittoria Colonna*, pp. 215-216.

69. *Carteggio di Vittoria Colonna*, Lettera CXXXIII, p. 222.

70. *Carteggio di Vittoria Colonna*, Lettera CXXXII, p. 222.

V.[71] Infine, quando diventa però inevitabile accettare la soluzione offerta dall'ambasciatore Aguilar, il commento che accompagna il consiglio al fratello di rimettersi alle garanzie offerte dall'ambasciatore appare rivelatore: «El marchese crede più alla fede del Duca (Pier Luigi Farnese) che se fosse quella di Dio. Li tempi sono così. Da me li fu resposto come conviene; me disse ve commando da parte de Sua Maestà che scriviate così, per che ho stentato come un cane et non se pò più».[72] La convinzione che al di là delle trattative in piedi da parte dei Farnese, vi sia la volontà esplicita di abbattere il potere dei Colonna, espressa con foga già nella ricordata lettera del 1538, non sembra del resto averla abbandonata: «V(ostra) S(ignoria) ha indovinato che per altro non se son fatti questi maneggi che per mostrare bona voluntà: penso li motivi de tanta armata siano per altro che per voi solo ma Casa Colonna sempre è la prima».[73] Non minore è la preoccupazione per la disparità di forze e la difficoltà da parte di Ascanio di sostenere i costi di un eventuale scontro armato.

Non a torto gli storici che hanno ripercorso gli avvenimenti che portarono alla cosidetta "guerra del sale", hanno visto in Vittoria l'unica persona in fondo che «trattasse in buona fede», che ritenesse in altre parole auspicabile e possibile raggiungere una soluzione diplomatica.[74] Le trattative per Paolo III e Ascanio Colonna, progressivamente irrigidite dai rifiuti delle due parti di accettare le proposte via via formulate dall'ambasciatore Aguilar sempre più esasperato, servivano in realtà a guadagnare tempo per coprire i preparativi di guerra in corso. Nella sua ultima lettera Ascanio, ostinato nel richiedere una testimonianza scritta della volontà dell'imperatore, brutalmente intima alla sorella di porre fine alla sua intermediazione («non se voglia intromettere più a questi partiti»).[75] Dopo un ultimo ed estremo tentativo di ammorbidire la rigida posizione assunta dal fratello, Vittoria si allontana da Roma e il 17 marzo giunge a Orvieto dove alloggia presso il monastero delle suore dominicane di San Paolo.[76]

71. *Carteggio di Vittoria Colonna*, Lettera CXXXII, p. 218 e anche D. Tordi, *Vittoria Colonna in Orvieto durante la guerra del sale*, in «Bolletino della Società Umbra di Storia Patria», I (1895), p. 486.

72. *Carteggio di Vittoria Colonna*, Lettera CXXXIII, p. 223.

73. *Carteggio di Vittoria Colonna*, Lettera CXXIX, p. 217.

74. Tordi, *Vittoria Colonna in Orvieto*, p. 486.

75. *Carteggio di Vittoria Colonna*, Lettera XXXIV, p. 225.

76. Un quadro dettagliato del soggiorno a Orvieto di Vittoria Colonna è fornito dalle lettere inviate dal governatore di Orvieto al cardinal Alessandro Farnese, diffidente a ragione della estraneità di Vittoria Colonna alla svolta cruciale attraversata dalla famiglia. Le

Le operazioni militari continuano però a essere al centro delle preoccupazioni di Vittoria che nel frattempo dà licenza ai vassalli dei suoi feudi (Monte San Giovanni, Acquino, Palazzolo, Pesco Costanzo) di raggiungere le truppe radunate dai Colonna in difesa della rocca di Paliano;[77] a tentare di scongiurare il peggio si muovono anche Giovanna d'Aragona che, mettendo tra parentesi le discordie con l'odiato Ascanio, si rivolge ripetutamente al papa per scongiurare il disastro familiare e da Costanza d'Avalos. È attraverso gli intermediari mandati a Orvieto da quest'ultime che Vittoria riceve le lettere di risposta inviatele da Carlo V.[78] La frase con cui Vittoria commenta al governatore di Orvieto, prontamennte recatosi al monastero a informarla della caduta di Paliano e della definitiva sconfitta di Ascanio, mostra la studiata preparazione di un atteggiamento che sa destinato a divenire di dominio pubblico nel breve giro del corriere: «la roba va e viene, purchè siano salve le persone».[79] Commento superbamente esemplificativo di chi ha interiorizzato nella propria esperienza analoghe confische e messe al bando dei membri della famiglia Colonna senza piegarsi. Nei versi composti da Vittoria Colonna in cui il contesto delle vicende della "guerra del sale" e le tensioni tra Paolo III e i Colonna sono evocati, l'ispirazione poetica sembrerebbe ricalcare l'oscillazione che presiede ai sentimenti e ai giudizi espressi tra il 1538 e il 1541: dallo sguardo fortemente critico sulla politica di Paolo III quando ne condanna le intenzioni di conquista in favore della famiglia (le «vil voglie di un ingordo regnare» rievocate nel *Trionfo della Croce*) alle speranze in un gesto di clemenza e di favore verso la famiglia Colonna nei versi che più direttamente si rivolgono a Paolo III.[80]

lettere riportano tutti i contatti intrattenuti da Vittoria, ivi compresi i tentativi fatti da Giovanna d'Aragona presso il papa tramite il vescovo di Ischia dove si è rifugiata pubblicate in Tordi, *Vittoria Colonna ad Orvieto*, pp. 473-528; informazioni preziose sui comportamenti di Vittoria Colonna anche nelle missive ufficiali inviate a Roma da Giovanni Guidiccioni, nominato da Paolo III commissario alla Guerra: G. Guidiccioni, *Le lettere*, edizione critica con introduzione e commento di M.T. Graziosi, Roma 1979. Le missive del commissario offrono una fedele cronaca delle tante violenze ed eccessi commessi sulle popolazioni nelle terre dei colonnesi dall'esercito pontificio: *ibidem*, pp. 383-384.

77. I messaggi inviati da Vittoria Colonna ai rappresentanti dei feudi sono pubblicati in Tordi, *Vittoria Colonna in Orvieto*, Appendice V, p. 520, e Guidiccioni, *Le lettere*, pp. 373-374.

78. *Carteggio di Vittoria Colonna*, Lettere CXXXVI e CXXXVII, pp. 227-228.

79. Tordi, *Vittoria Colonna in Orvieto*, p. 498 e Appendice.

80. Difficile dire se questi versi siano contemporanei, come vorrebbe Tordi, agli avvenimenti. Per il *Trionfo della Croce*, parallelamente ai due sonetti, si veda Tordi, *Vittoria Colonna a Orvieto*, pp. 503-505.

Ad una rilettura non pregiudizialmente convinta della contrapposizione tra le posizioni di Vittoria e quella di Ascanio, la distanza nei giudizi dati dai due fratelli sulla situazione e sulla rivincita perseguita dai Farnese sui Colonna risulta forse meno stridente. Sul piano dei principi, la battaglia di Ascanio per la salvaguardia dei privilegi di esenzione fiscale di casa Colonna, mi sembra sia condivisa da Vittoria. Di più: quel poco di tracce sullo stile di governo che della poetessa ci è rimasto mostrano che, chiamata direttamente in causa, Vittoria non fu meno decisa nella difesa dei privilegi feudali e non meno intollerante dell'intromissione di altri poteri, siano emanazione di Paolo III come delle autorità spagnole. Dell'atteggiamento assunto dalla poetessa forniscono testimonianza preziosa due episodi, se si vuole marginali, contenuti in due brevi lettere da lei scritte. La prima del 1536 è inviata ai capitani e ai commissari di Carlo V di passaggio per Monte San Giovanni (terra tra Frosinone e Caserta nel feudo dei D'Avalos) e contiene la richiesta di risparmiare i suoi sudditi dall'obbligo oneroso e pesante per le popolazioni di alloggiare le truppe.[81] La seconda lettera, del 1542 ha come destinatari i rappresentanti della comunità e si rivela più eloquente ed esplicita sulla posizione di Vittoria rispetto alla famosa tassazione sul sale all'origine dello scontro tra Ascanio e il papa. Anche a Monte San Giovanni è giunto un commissario pontificio incaricato di rilevare il numero delle famiglie (i "fuochi") ed esigere quindi la tassa. Nel suo messaggio Vittoria ribadisce che i vassalli del feudo sono «franchi d'ogni cosa» e non vi è dubbio che prima o poi «Sua Santità et li suoi ministri ve observeranno tutte le vostre antiche consuetudini». Non banale corollario della comunicazione di Vittoria Colonna è la considerazione sul destino degli ebrei che vivono a Monte San Giovanni e che in obbedienza questa volta alle direttive spagnole dovrebbero essere cacciati via. «Circa il cavar tutti gli ebrei», scrive così, «perchè il papa li consente nella sue terre a noi non pare che lo fate senza ordine del Signor Marchese». La questione degli ebrei continuerà negli anni seguenti a essere al centro dello scambio ma sarà Maria d'Aragona, subentrata dopo la morte di Vittoria come moglie del marchese del Vasto, a interloquire con i rappresentanti della comunità e a difendere i privilegi baronali, fino a dover arrendersi nel 1554 di fronte all'arrivo degli officiali della Santa Inquisizione. «Con il tribunal del

81. C. Ranieri, *Lettere inedite di Vittoria Colonna*, in «Giornale italiano di Filologia», 10 (1979), pp. 138 ss.; queste lettere di Vittoria Colonna sono ricordate e discusse anche da F. Gui, *La riforma nei circoli aristocratici italiani*, pp. 101-102.

Inquisitione» – scrive ai rappresentanti della comunità – «non ha luoco privilegio alcuno di essemptione».[82]

Le prese di posizione e gli affannosi consigli dati al capofamiglia Ascanio tra il 1538 e il 1541, uniti ai brevi messaggi inviati ai condottieri spagnoli e ai rappresentanti della comunità feudale, ci fanno intravedere il modo e lo stile con cui la poetessa difese a sua volta i privilegi feudali. Decisa sul piano dei principi, accomodante nella pratica, comunque sempre pronta a sfruttare i margini di flessibilità resi possibili dalle diverse prassi normative in vigore nello Stato pontificio e nel Regno di Napoli. Una cosa è certa: l'immagine di governo che attuò Vittoria su i suoi feudi è lontana dai modelli di riferimento più attivi rappresentati da Costanza d'Avalos e da Maria d'Aragona che intervenne attivamente sul piano urbanistico nel ducato di Benevento.[83] Oppure di Giulia Gonzaga quando, abbandonando la posizione di fastidio espresso in gioventù «nel governar vassalli», nel 1545 entrerà in modo deciso nel governo dei territori dei Gonzaga che amministrava in nome del nipote Vespasiano allo scopo di aumentarne le entrate.[84] Anche i Colonna sono afflitti da numerosi problemi finanziari dopo la confisca dei beni, l'unica soluzione possibile per Vittoria, stanca e provata, è di alienare il suo feudo di Pescocostanzo per sostenere il fratello.[85] Più decisa si mostra quando si tratta di difendere i diritti minacciati dei maschi Colonna, ma in questo caso, come abbiamo visto nella lettera al nipote Fabrizio, si tratterà di fare appello ancora una volta al credito che si è conquistata presso Carlo V e nell'entourage imperiale.

Certo il far causa comune sulla difesa delle tradizioni e dei privilegi Colonna non implica spingersi nella lotta contro l'autorità temporale del papa nel modo radicale che hanno in mente Ascanio e i critici più duri del nepotismo farnesiano, come i cardinali Benedetto Accolti e Ercole Gonza-

82. Gui, *La riforma nei circoli aristocratici italiani*, pp.103-104.

83. Sulle D'Avalos l'indagine più recente è di E. Papagna, *Tra vita reale e modello teorico: le due Costanze d'Avalos nella Napoli aragonese e spagnola*, in *Donne di potere*, pp. 515-574. Sul governo del ducato di Benevento da parte di Maria d'Aragona, le informazioni essenziali si trovano in A. Zazo, *Maria d'Aragona governatrice di Benevento*, in «Archivio Storico per le Provincie Napoletane», n.s., XXVII (1945), pp. 135-156, e in G. Intorcia, *La comunità beneventana nei secoli XII-XVIII. Aspetti istituzionali, controversie giurisdizionali*, Napoli 1996.

84. Sulle preoccupazioni finanziarie di Giulia Gonzaga e sul suo rapporto con il nipote Vespasiano, rimando al ricco quadro offerto da Peyronel, *Giulia Gonzaga*, pp. 201-218.

85. Se ne ha traccia nella lettera inviata a Carlo V, in *Carteggio di Vittoria Colonna*, Lettera CLXXXV, pp. 326-328.

ga, i grandi oppositori di Paolo III, che continuano in quegli anni a tessere le fila di un'Italia imperiale contrapposta a quella papale (e che nel suo soggiorno a Ferrara Vittoria non aveva mancato di incontrare).[86] Sullo scontro tra i Colonna e Paolo III è ritornata di recente più volte la storiografia: ora mettendo in luce come negli anni del pontificato farnesiano, il sostegno delle ragioni delle sede apostolica si appoggi sempre più all'uso della forza militare, grazie a un clima culturale che riafferma ideologicamente la teoria della *plenitudo potestatis* del pontefice;[87] ora per interrogarsi se la ribellione di Ascanio alla tassazione imposta da Paolo III sia un semplice episodio di anarchia feudale – era questa la tesi, come è noto, di Dionisotti – o non piuttosto, al pari della ribellione da parte della città di Perugia, un episodio, tra gli altri, della lunga "guerra di opposizione" ai Farnese dei riformatori della Chiesa con evidenti ripercussioni sull'incontro di Ratisbona.[88]

All'indomani della fuga di Bernardino Ochino avvenuta nell'estate del 1542 e nel clima di sospetti da questa creata – che colpì anche Vittoria Colonna destinataria di una lettera del generale dei Cappuccini[89] – è difficile pensare che Vittoria si esponesse fino a condividere l'esito estremo dello schieramento politico antifarnesiano: una nuova occupazione di Roma con l'aiuto dei feudatari amici e servitori dell'imperatore, la conquista quindi dello Stato della Chiesa «ritenendo infondata la pretesa di Paolo III di disporre del dominio temporale come qualsiasi altro principe».[90] Seppure critica di molti comportamenti di Paolo III, un papa «francese e ursino», l'affidamento totale alla volontà di Carlo V proteso in quegli anni a un'intesa con i Farnese – affidamento variamente argomentato, come si è visto, nelle lettere al fratello Ascanio e al nipote Fabrizio – allontanava Vittoria

86. È questo il contesto analizzato in E. Bonora, *Aspettando l'imperatore. Principi italiani tra il papa e Carlo V*, Torino 2014. Quanto agli incontri di Vittoria Colonna con il cardinal Accolti, si veda B. Fontana, *Renata di Francia duchessa di Ferrara*, Roma 1883, II, pp. 81-81.

87. G. Brunelli, *L'opzione militare nella cultura politica romana*, in *L'Italia di Carlo V*, pp. 523-544.

88. Bonora, *Aspettando l'imperatore*, pp. 104-112.

89. G. Fragnito, *Gli spirituali e la fuga di Bernardino Ochino*, in «Rivista storica italiana», 84 (1972), pp. 777-813, ora in Ead., *Cinquecento Italiano*, pp. 149-188. I riferimenti a Vittoria Colonna sono alle pp. 151-155.

90. Politica adombrata nel 1543 nei memoriali scritti da due influenti rappresentanti di quello schieramento, vale a dire Diego Hurtado de Mendoza (all'epoca ambasciatore a Venezia) e Benedetto Accolti, cardinale di Ravenna. I due memoriali sono analizzati in Bonora, *Aspettando l'imperatore*, pp. 112-117.

Colonna da una simile deriva, al pari della dipendenza spirituale dal cardinale Reginald Pole, sostenitore nel *De Concilio* dell'accordo tra imperatore e papa per la salvezza della Cristianità, dopo che vicario di Cristo e imperatore avessero abbracciato la via del pentimento e della rinuncia alle tentazioni assolutistiche.[91] Non meno aliena da un simil progetto del resto sembra essere stata la stessa posizione di Ascanio Colonna, più vicino e in sintonia con le inquiteudini spirituali e religiose della sorella, come da tempo la storiografia va delineando.[92] Non sono molte le lettere tra Ascanio e Vittoria arrivate fino a noi. E per lo più parlano, come si è visto, di come affrontare e reagire alla minaccia che incombe sul depauperamento del patrimonio feudale e sulla difesa dei privilegi fiscali dal centralismo fiscale papale. Nessuno spazio nello scambio viene concesso alle aspettative e alle speranze nei confronti della riforma della Chiesa o alla comune protezione offerta ai Cappuccini e a Bernardino Ochino. Eppure anche questo appare un terreno di indubbia condivisione tra i due fratelli, come mostrano le ripetute testimonianze sulle letture eterodosse del capofamiglia e sull'appoggio fornito a Ochino, ancora dopo la fuga da Ascanio rilasciate da molti contemporanei, da Pietro Carnesecchi a Endimio Calandra, e analizzati dalla storiografia.[93] Non solo. Nei suoi feudi abruzzesi Ascanio avrebbe accolto molti sospetti di eresia e favorito i cappuccini e la loro predicazione sul messaggio cristiano.[94] Insomma Ascanio, fedele anche sul terreno religioso al modo incauto e irrequieto con cui era solito agire, sembrerebbe essersi spinto nelle sue simpatie verso la riforma religiosa più in là dell'accorta e prudente politica praticata dalla sorella.

A questo punto che nelle sue ultime volontà Vittoria nomini erede universale il fratello Ascanio non può certo generare stupore, tanto meno che nella scelta dei suoi esecutori testamentari si indirizzi verso quei cardinali (Pole, Sadoleto, Morone) che hanno rappresentato nel corso della sua vita i punti di riferimento dell'auspicata riforma della Chiesa. Più sorpresa suscitano semmai altri aspetti del suo testamento ma su questo lascio la parola ad altre.

91. F. Gui, *Carlo V e la convocazione del Concilio agli inizi del pontificato farne siano*, in *L'Italia di Carlo V*, p. 87.

92. S. Pagano, *Il processo di Endimio Calandra e l'Inquisizione a Mantova nel 1567-1568*, Città del Vaticano 1991, pp. 250-252.

93. *Processo Carnesecchi*, II/3, p.1103; Pagano, *Il processo di Endimio Calandra.*

94. Queste informazioni sono tratte da un documento dell'archivio Colonna, presentato e discusso da Gui, *La riforma nei circoli aristocratici*, p. 122.

5. *Conclusioni*

È arrivato il momento di tirare le fila del mio intervento. Nè il fatto di essere stata l'autrice della poesia più intensamente amorosa e etica del Cinquecento, lodata dai suoi contemporanei e che ancora oggi meraviglia, tantomeno il profondo coinvolgimento nelle tensioni religiose – che condivise con molte aristocratiche della sua generazione – distolse dunque l'attenzione di Vittoria Colonna dai destini della famiglia Colonna. Nei momenti di crisi attraversati – si tratti delle tensioni nella successione patrimoniale scaturite all'interno dei vari rami della famiglia, come delle frizioni con i poteri esterni – la poetessa non si sottrasse dal mettere al servizio del fratello e del nipote tutta la sua partecipazione e la stima di cui la sua persona godeva presso l'imperatore e i suoi rappresentanti. Stima che l'aura di esemplarità costruita a sua misura dall'*Apologia mulierum* del cardinale Pompeo Colonna aveva rafforzato.

A ben vedere i Colonna sono una presenza costante nella sua vita e il dialogo solitario, personalissimo con gli avi rappresenta una dimensione profonda cui Vittoria non può nè vuol rinunciare. Il fulcro del dialogo è, come si è visto, al servizio della staticità e della riaffermazione dell'impronta patrilineare nella strategia successoria dei Colonna, che da mera bussola giuridica per prendere posizione nelle complesse controversie ereditarie che contrappongono i Colonna a Isabella de Lannoy, diventa misura del giusto e dell'auspicabile. Ben viva e presente è inoltre in Vittoria l'ostilità contro ogni forma di sradicamento dei poteri e dei privilegi feudali, anche se il suo conservatorismo istituzionale è mitigato dalla prudenza e dall'accorta manipolazione delle diverse normative. Nella sua critica della politica di Paolo III dimentica dei doveri di un Vicario di Cristo, padre comune dei principi cristiani, le lagnanze per il comportamento sperequato nei confronti degli interessi e del prestigio dei Colonna rispetto ai baroni più filo francesi non vengono mai perdute di vista.

Alla profonda interiorizzazione delle tradizioni familiari, Vittoria affianca dunque un ruolo attivo di sostegno e di supporto secondo una prassi comportamentale generalizzata e di lungo periodo nella dinamica familiare dell'élite. Il rispetto della successione agnatizia non vuol sempre dire cieca sottomissione da parte di figlie, sorelle e mogli e le forme di interlocuzione di Vittoria con il fratello nel governo familiare, aperte a molteplici sintonie ma che non escludono consigli di cambiamenti di rotta, rappresentano tutt'altro che un caso isolato.

Il tratto più innovativo di Vittoria Colonna nel modo di svolgere i suoi interventi rispetto ad altre aristocratiche territorialmente più decentrate è semmai quello di aver saputo cogliere precocemente il ruolo strategico che i diplomatici al servizio di Carlo V svolgono oramai nella grande politica e di essersene servita, favorita da una prossimità alla corte papale che i condottieri maschi della famiglia non hanno. Ne abbiamo, come si è visto, una esplicita testimonianza nelle trattative con il marchese di Aguilar nel 1541. Mentre le altre aristocratiche appaiono ancora legate a forme di intermediazione diretta oppure preferiscono affidarsi a esponenti degli ordini religiosi, Vittoria si apriva alle possibilità della nuova "arte diplomatica" che attraverso lo sviluppo delle ambasciate permanenti – a Roma in primo luogo – comincia a condizionare oramai le relazioni tra Asburgo e la grande aristocrazia italiana.

Vittoria muore alla vigilia del tramonto dell'intero mondo politico e dell'equilibrio internazionale in cui era vissuta. Insieme alla fine dell'Italia di Carlo V e alle tante "metamorfosi dell'impero" che con la successione di Filippo II avrebbero modificato profondamente i rapporti tra la monarchia spagnola e l'aristocrazia italiana, si chiudeva anche un'epoca in cui il potere del principe aveva assunto reiteramente "sembianze femminili" associando all'esercizio del potere sorelle, madri e zie dei sovrani.[95] Sembianze femminili del potere che non avevano mancato di entusiasmare, per la capacità diplomatica e la praticabilità di accordi che avrebbero potuto evitare la guerra, tutte coloro che con passione e intelligenza politica seguivano gli avvenimenti del tempo, se dobbiamo basarci sul commento di Giulia Gonzaga nel 1537 a proposito di Maria d'Ungheria, governatrice dei Paesi Bassi ed Eleonora d'Asburgo moglie di Francesco I (e ambedue sorelle di Carlo V): «mercè le donne che fanno meraviglie [...] voglio vedere di che bravarono gli omini».[96] Commento decisamente troppo ottimista. Parallelamente alla distruzione sotto l'incalzare della rete inquisitoriale dei *network* femminili, di cui Giulia Gonzaga aveva tenuto le fila ben più di Vittoria Colonna,[97] si stemperava l'immagine di governo familiare come ideale politico delle monarchie del tempo con al centro la complementarietà delle funzioni tra uomini e donne. Di questa complementarietà e della possibile

95. Di «sembianze femminili» del potere del principe parla A. Tallon, *L'Europa del Cinquecento. Stati e relazioni internazionali,* Roma 2013 (ed. or. Paris 2010).

96. Peyronel, *Una gentildonna inquieta*, p. 214.

97. Peyronel, *Una gentildonna inquieta*, cap.V.

trasmigrazione dai palazzi reali alle dimore aristocratiche, Vittoria era stata interprete convinta, sia pure nelle forme a lei più congeniali che ho ripercorso: non assumendosi compiti di amministrazione economica diretta ma sottolineando la sua centralità nelle scelte politiche e religiose. Se anche sopravvive con l'avanzare del secolo qualcosa delle sembianze femminili del potere, il luogo prescelto sarà quello della politica dell'immagine (antico strumento del potere comunicativo dei re e dei governanti di ogni tempo) che si apre, raccogliendo la proposta contenuta nell'*Apologia mulierum* di Pompeo Colonna, a ben costruiti medaglioni che magnifichino le azioni delle donne. Nella famiglia Colonna sarà Giovanna d'Aragona, dopo le travagliate vicende del suo matrimonio e la morte di Vittoria e di Ascanio, a divenire il fulcro dell'interesse incrociato di intellettuali e poligrafi.[98] Un pallido riflesso, verrebbe da dire, di una stagione politica che era stata ben altrimenti intensa nell'esperienza di molte.

98. N. Bazzano, *Giovanna d'Aragona. Ritratti di gentildonna tra idealizzazioni letterarie e tensioni religiose*, in *La corte en Europa: Política y Religión (Siglos XVI-XVIII)*, a cura di J. Martínez Millán, M. Rivero Rodríguez, G. Versteegen, Madrid 2012, III, pp. 1495-1509.

III

Donna, vedova, scrittrice

Maria Serena Sapegno

«Poco giova aver candide e grosse perle senza saperle infilar di modo che l'una favorisca l'altra»

Nella lettera al Giovio del 24 giugno 1530 Vittoria Colonna scrive: «poco giova aver candide e grosse perle senza saperle infilar di modo che l'una favorisca l'altra». Sta commentando un sonetto di Bembo, ma rivela allo stesso tempo una singolare consapevolezza del funzionamento della scrittura poetica. Consapevolezza che ritengo non si limiti a considerare l'accostamento tra una parola e l'altra ma si estenda all'ordinamento generale di un insieme di rime, come cercherò di dimostrare. Per contestualizzare l'osservazione critica in questione va intanto rilevato che il punto di vista di Vittoria Colonna sulla scrittura poetica di Bembo non è quello della lettrice reverente e appassionata della poesia del *magister,* ma al contrario è quello di chi scrive, si considera dunque quantomeno implicitamente *auctor*, e dall'interno del proprio studiolo riflette più in generale sulla costruzione del testo poetico. Sappiamo d'altra parte che in quella data ancora non erano in molti, a cominciare dal Bembo stesso, che sembrassero essere a conoscenza della sua identità poetica, di un'attività che non si lasciava circoscrivere nei confini di un passatempo per una società raffinata e brillante, ma stava ormai diventando la forma privilegiata della sua ricerca intellettuale e spirituale.

Eppure nel giro di pochi anni Vittoria Colonna avrebbe collezionato, precisamente grazie alla sua attività poetica, una serie di primati davvero straordinari assicurati proprio dalla raccolta della sua attività poetica in insiemi a stampa complessivi, in *libri*. Si trattava, al di là della sua volontà, proprio di libri, in qualche modo dunque complessivi se non coerenti e chiaramente strutturati: è la prima donna ad avere in stampa un volume interamente dedicato alla sua poesia; è la prima tra uomini e donne ad avere, mentre è ancora in vita, un commento alla propria opera; infine prima, ancora tra uomini e donne, ad aver stampato un volume di poesia interamente "spirituale". Paradossalmente però tale primato poggia per noi su basi molto incerte: non siamo in grado di indicare con certezza quale sia il testo o l'insieme di testi che la poetessa ha voluto licenziare come propri e compiuti, malgrado la coscienza "sistematica" espressa nella lettera al Giovio e quanto, come vedremo, desumibile dall'analisi interna ai suoi componimenti.

La lettera è scritta nel 1530, un anno importante per molte ragioni per l'Italia, e anche per la poesia italiana, poiché può essere considerato «la data di nascita del petrarchismo lirico cinquecentesco»[1] grazie alla stampa contemporanea delle *Rime* di Bembo e di quelle di Sannazaro. Alla teoria formulata qualche anno prima dallo stesso Bembo, si affianca ora una pratica ricca e autorevole con cui è imprescindibile il confronto.

Abbiamo poche notizie e solo frammentarie riguardo all'attività poetica di Vittoria Colonna in quegli anni e non sappiamo con certezza se stesse lavorando a un canzoniere, se concepisse cioè una struttura organica nella quale organizzare i propri testi, una narrazione generale che desse senso compiuto al tutto.

Nell'edizione critica di Bullock del 1982 sono state avanzate delle ipotesi di ricostruzione del ricco patrimonio poetico di Vittoria Colonna, ma si sono rivelate fragili e insoddisfacenti. Successivamente la ricerca si è ampliata e approfondita: ormai la critica è concorde nell'individuare nel Vat. lat. 11539 (per Michelangelo) l'unico dato certo, l'unico testo licenziato con certezza dalla poetessa e che permetta quindi di fare un ragionamento documentato sulle sue strategie compositive. Si tratta peraltro di un dato sicuro ma parziale, che comprende poco più di un quarto dell'insieme della sua produzione poetica: non ne costituisce il punto d'arrivo complessivo ma solo una tappa molto significativa. Non risolve quindi il problema, ma può aiutare noi a capire in parte anche la ricchezza e la complessità dell'intero percorso.

Se la composizione di quella raccolta sembra confermare la cura assoluta che la poetessa dedicava alla delicata operazione necessaria a "infilare le sue candide perle", dobbiamo però cercare anche altrove per capire se esistesse un disegno complessivo, utilizzando alcune recenti acquisizioni della ricerca.

1. C. Dionisotti, *Introduzione a "Prose e Rime"*, in *Scritti su Bembo*, Torino 2002 (ed. or. Torino 1960), p. 59.

Che la coscienza autoriale fosse in Vittoria molto sviluppata è già chiaro dal numero elevato di poesie nelle quali si dispiega una riflessione metapoetica: una riflessione continua sulla scrittura e sulla stessa scrivente. Nel sonetto famoso che porta il numero 1 in tutte le prime stampe e in tutti i primi manoscritti,

A1, 1[2]

Scrivo sol per sfogar *l'interna doglia*
ch'al cor mandar le luci al mondo sole,
e non per giunger lume al mio bel Sole,
al chiaro spirto e a l'onorata spoglia.
Giusta cagion a lamentar m'invoglia;
ch'io scemi la sua gloria assai mi dole;
per altra tromba e più sagge parole
convien ch'a morte il gran nome si toglia.
La pura fe', l'ardor, l'intensa pena
mi scusi appo ciascun; ché 'l grave *pianto*
è tal che tempo né *ragion l'affrena.*
Amaro lacrimar, non dolce canto,
foschi sospiri e non voce serena,
di stil no ma di duol mi danno vanto

l'autrice delinea un Io lirico dalle caratteristiche specifiche e originali, innanzitutto nel suo fondarsi in un tempo *ex post*: il termine "morte" al centro del testo scolpisce la condizione di realtà ma anche lo spazio simbolico, apparentemente senza una storia possibile e perciò schiacciato sull'unica dimensione plausibile, quella del pianto. È la voce intensa di un soggetto che si afferma autorevolmente in apertura (*Scrivo*) e se sul piano etico si giustifica esclusivamente attraverso la motivazione alta del compianto per la perdita di un amore legittimo: «giusta cagion» (mentre le eccessive dichiarazioni di modestia svelano per converso il senso alto di sé), sul piano stilistico si colloca consapevolmente e strategicamente nel cuore della tradizione lirica attraverso i rinvii canonici a Petrarca e quelli meno ovvi a Dante. Vedremo come il filo di questa riflessione venga ripreso più volte e precisamente in posizioni cruciali, come quelle del primo e dell'ul-

2. Se non diversamente indicato la numerazione si riferisce sempre all'edizione Bullock e i corsivi nei testi sono sempre di chi scrive.

timo sonetto della raccolta per Michelangelo, configurando un'architettura generale fondata con forza sul soggetto scrivente.

Nella costruzione del soggetto lirico e della voce autoriale Vittoria sembra infatti avere una strategia che emerge con sufficiente chiarezza, pur nella incertezza che caratterizza lo stato della tradizione manoscritta, fin dalle prime testimonianze: quello che infatti sembrerebbe a oggi il manoscritto più antico a nostra disposizione, il napoletano XIII. G. 43, datato da Tobia Toscano all'incirca al 1531, e da lui stesso confrontato con altri tre codici ritenuti tra i più antichi e conservati nelle biblioteche romane (Casanatense, Corsiniana, Vaticana), presenta una identica serie di sonetti nelle posizioni 1-20, confermata parzialmente anche da quanto leggibile nell'altro codice, parimenti molto antico, recentemente scoperto ancora a Roma, il Vat. Chigi L IV 79, (che è datato 1536 ed è però mutilo nelle prime pagine e nei testi 1-10). Appare dunque evidente che si tratta di un nucleo forte di una raccolta d'autore, concepita come tale, almeno nella riflessione metapoetica iniziale. Quasi tutti i testi in questione compariranno inoltre, con alcune alterazioni della sequenza, anche nella parte iniziale della *princeps* (1538), come del più tardo manoscritto fiorentino che verrà poi utilizzato per l'edizione critica (Bullock), producendo un notevole avvicinamento tra la ricezione antica e quella moderna della prima parte del macrotesto. Un nucleo in cui si organizzano le caratteristiche più importanti del discorso poetico della marchesa e che costituiscono anche i fili che tengono insieme la narrazione.

In tale nucleo, nel presentare un soggetto per la prima volta al femminile Vittoria Colonna punta su alcuni dispositivi retorici che fondano il proprio spazio di elocuzione in modo molto preciso. Se chi dice "Io scrivo" è identificabile con una voce monotonale («pianto, lacrimar, sospiri» A1, 1) il percorso che si delinea è quello di una crescente interiorizzazione («sculto il porto nel cor, vivo in la mente» A1, 2, v. 3): uno sguardo volto verso l'interno di una memoria coltivata con cura («sol la memoria nel dolor s'avviva» A1, 3, v. 8; «d'interno ardor» A1, 3, v. 9; «dentro il mio pensiero» A1, 3, v. 13).

Proprio la dimensione dell'interiorità, che qui viene esposta e quindi affermata e fondata, ha un ruolo assolutamente centrale in tutta l'opera poetica di Vittoria Colonna. L'interiorità si configura infatti come forma dell'Io, lo spazio privilegiato in cui l'Io si costituisce e si rappresenta alla ricerca di una propria verità *in opposizione* alla dimensione pubblica della mondanità, ma anche della politica, in cui Vittoria era nata e vissuta e a cui non volle né poté mai sottrarsi completamente.

A questo accento sull'interiorità va anche ricondotta la scelta, soltanto apparentemente contradditoria con la propria coscienza di auctor, di non accedere mai davvero al livello nuovo e rivoluzionario della trasmissione a mezzo stampa: non una tendenza all'isolamento o all'arroccamento aristocratico, quanto una posizione nettamente anti-cortigiana in quanto fondata in uno spazio di socialità *altra*, derivante da scelte ideali e culturali piuttosto che dalla nascita, dalla propria collocazione sociale. L'esercizio di questa libertà nella scelta dei propri referenti e interlocutori è perciò caratteristica precisa di *tutta* l'attività poetica di Vittoria e ne intesse il macrotesto di richiami e rinvii ad altri attori. Più avanti poi si estenderà anche a una comunità di soggetti impegnati nella battaglia comune per il rinnovamento della Chiesa: una vera e propria rete di relazioni che conferisce al testo un carattere dialogico, pur nella fedeltà alle proprie scelte di autoauscultazione profonda. Per questi motivi la scelta dell'edizione moderna di estrapolare dal macrotesto tali componimenti, definiti come "epistolari", per stamparli in una sezione a parte, sembra non cogliere proprio tale aspetto significativo di quella poesia.

La strategia discorsiva del testo tiene dunque insieme dimensione dialogica ideale e ricerca dell'interiorità come fondazione del soggetto lirico, che si nutre di quella progressiva sublimazione del corpo atta a permettere lo slittamento del legame amoroso su un piano qualitativamente diverso, per divenire quel «legame *eterno*» (non a caso frequentemente in rima con «interno») su cui torna insistentemente il discorso poetico, con innumerevoli variazioni della figura già petrarchesca del «nodo d'amore»:

A1, 10

Chi può troncar quel *laccio* che m'*avinse*?
Se Ragion porse il stame Amor l'*avolse*;
né Sdegno il rallentò, né Morte il *sciolse*;
la Fede l'*annodò*, Tempo lo *strinse*.
Il cor *legò*, poi l'alma, e intorno *cinse*;
chi più conobbe il ben più se ne tolse;
l'*indissolubil nodo* in premio volse
per esser vinta da chi gli altri vinse.
Convenne al ricco bel *legame eterno*
Spreggiar questa mortal caduca spoglia

Per *annodarmi* in più mirabil modo;
onde tanto obligò lo spirto *interno*
ch'al cangiar vita fermerò la voglia;
soave in terra, in Ciel felice *nodo.*

È proprio la rimozione del corpo dunque a permettere che il legame diventi *eterno*, indipendente cioè da ogni accidente terreno, collocato saldamente in una interiorità governata esclusivamente dalla Ragione. È la ragione infatti che può tenere a freno il dolore ricorrendo proprio all'esercizio poetico («ché 'l grave pianto / è tal che tempo né ragion l'affrena» A1, 1, vv. 10-11) ed è così intrinsecamente parte del suo amore che riesce a dominare i sensi («che sovra i sensi mia ragion sospinse» A1, 2, v. 14; «Ragion l'afferma e Amor me 'l mostra aperto» A1, 4, v. 11; «ch'Amor, Fede e Ragion legar sì forte» A1, 14, v. 10). Tale "poesia del dolore" sottolinea il contrasto insanabile tra il *dentro* e il *fuori*, tra il corpo che ancora ricorda il desiderio e la mente che in quel corpo è costretta e dal quale tenta di liberarsi

A1, 13

Dal vivo fonte del mio *pianto eterno*
con maggior vena largo rivo insorge
quando lieta stagion d'intorno scorge
l'alma, che dentro ha un lacrimoso verno;
quanto più luminoso il ciel discerno,
ricca la terra, e adorno il mondo porge
le sue vaghezze, il cor miser s'accorge
che 'l bel di fuor raddoppia il *duol interno.*
Ristretta in loco oscuro, orrido e solo,
ascosa, e cinta dal proprio martire,
legati i sensi tutti al bel pensero,
con veloce expedito altero *volo*
unir *la mente* al mio sommo desire
oggi è quanto di ben nel mondo spero.

di spiccare un volo, proprio nella elaborazione dell'interiorità. Se da un lato quindi gli occhi del corpo tradiscono ancora la libertà dello spirito nella loro incapacità di vedere nell'oggi dell'assenza ma anche nello ieri dell'esperienza sensibile, è proprio la realtà esterna e visibile che comincia a essere messa in dubbio rispetto alla verità degli occhi della mente:

A1, 2, vv. 1-4

Per cagion d'un profondo alto *pensero*
scorgo il mio vago obietto ognor presente;
sculto il porto nel cor, vivo in la mente
tal che l'occhio il vedea quasi men *vero*.

In questi primi componimenti dunque il soggetto sviluppa la propria ricerca nell'interiorità attraverso la connotazione del legame amoroso e, imprescindibilmente, nella stessa *caratterizzazione* dell'oggetto, con una definizione del tutto nuova e originale rispetto alla tradizione: per la prima volta infatti si introducono in sede lirica le specifiche qualità virili dell'oggetto amato, che permettono indirettamente anche di suggerire la natura muliebre ancora imprecisata di chi scrive:

A1, 5

Quella *superba insegna* e quello *ardire*
che per la *forte tua vittrice mano*
fece ogni sforzo, ogni dissegno vano,
mostra il *vigor*, sfoga gli *sdegni e l'ire*.
Spense l'ardor del già folle desire
l'invitto tuo valor, via più ch'umano,
che li chiuse a cittadi, a monti, a piano
i passi, con suo grave aspro martire.
Non fortuna d'altrui, né propria stella,
virtù, celerità, forza ed ingegno
diero a l'imprese tue felice fine;
la chiara fama qui, la gloria bella
nel Ciel eterno ti dà 'l merto degno,
ch'uman premio non paga opre divine.

Il Tu appare nel testo connotato immediatamente come felice, in opposizione al dolore dell'io, ma sono poi le caratteristiche guerriere, il valore eroico e le stesse vittorie, la spada, la fama, l'onore, a dare il senso di una mascolinità forte, temperata e completata dalla prudenza, dalla capacità di scelta e di governo.[3] Questa stessa fortissima proiezione del tu nello spazio pubblico, che fonda a un tempo lo spazio simbolico dell'io in quello privato, viene però subito ricondotta e riletta nella memoria e quindi nel

3. Sono qui in causa A1, 4, 5, 6, 12: tutti presenti tra i primi 20 di cui si parla.

processo di interiorizzazione, segnalato, si è accennato, dal ripetersi delle rime *interno/eterno* e dal confronto tra la fama e il successo del mondo e la gloria eterna, che divengono nei fatti caratterizzanti il "Tu maschile" e l'"Io femminile" dell'autrice.

In questo cammino della interiorità come ricerca della verità, che confina appunto fin dagli inizi con la riflessione spirituale e religiosa, la funzione dell'oggetto amato confina a tratti essa stessa con la figura di Cristo.[4] È il tema agostiniano della Verità, dell'opposizione tra gli errori, le passioni, il "folle desire" e una verità percepibile solo attraverso una ricerca interiore. Nel sonetto *Gli alti trofei* (A1, 12) viene esplicitata la idealizzazione dell'oggetto amato, la sua unicità: quello spostamento che la rivelazione divina («eterno Sol») ha prodotto nei più saggi, dall'avidità di onori e prede verso «le vere glorie», è superato dal suo «bel lume» che grazie alle «chiare opre» è riuscito a conquistare la gloria terrena mentre allo stesso tempo conduceva un'impresa ispirata al divino, ottenendo la vera gloria in cielo.

In un altro sonetto di questo gruppo iniziale, *Dal breve sogno*, è lo stesso marito defunto a indicarle, in un testo denso di citazioni dantesche, una strada di verità che può condurla da lui in Cielo proprio nell'elaborazione del dolore, cioè nella poesia, quel pianto che non si può frenare, fatto di lacrime e sospiri, già indicato nel proemio.

A1, 14

Dal breve sogno e dal fragil *pensero*
soccorso attende la mia debil *vita*;
quando interrotti son riman *smarrita*
sì, ch'io peno in ridurla al camin *vero*,
vero non già per me, ch'altro sentero
mi suol mostrar la mia luce infinita,
e dirmi: «Meco in Ciel sarai gradita
se raffrena il dolor lo spirto altero.
Martiri, aversità, disdegni e morte

4. A1, 6: «A le vittorie tue, mio lume *eterno,* / non gli die' 'l tempo e la stagion favore; / *la spada, la virtù, l'invitto core* / fur i ministri tuoi la state e 'l verno. / Prudente antiveder, divin *governo* / vinser le forze averse in sì brev'ore / che 'l modo a l'alte imprese accrebbe *onore* / non men che l'opre al bel animo *interno.* / Viva gente, real animi alteri, / larghi fiumi, erti monti, alme cittadi / *da l'ardir tuo fur debellate e vinte.* / Salisti al mondo i più pregiati gradi; / or godi in Ciel *d'altri trionfi veri,* / d'altre frondi le tempie ornate e cinte».

non diviser le voglie insieme accese
ch'Amor, Fede e Ragion legar sì forte».
  Rispondo: «L'alte tue parole intese
e serbate da me son fide scorte
per vincer qui del mondo empie contese».

Tale rapporto, che si configura come organico, tra codice lirico e meditazione religiosa, tra poesia "amorosa" e poesia "spirituale", è esso stesso un filo che non si spezza se quando Vittoria Colonna, "infilando con infinita cura le sue candide perle", fece copiare il manoscritto per Michelangelo, volle porre in apertura della raccolta il sonetto *Poi che il mio casto amor* (S1, 1) che è stato letto come un nuovo proemio e compare nella stessa posizione anche in Valgrisi 1546 (stampa di tutte le rime spirituali). Il sonetto, in realtà già stampato nella *princeps* (1538) viene infatti ripreso dall'autrice nell'ambito di una rilettura e ricollocato nel nuovo riordino del materiale, ed è molto importante per la comprensione del senso che la marchesa voleva dare alla propria opera, fornendo una spia molto chiara della sua concezione complessiva della struttura del macrotesto. Il sonetto si pone in effetti esplicitamente come una soglia che divide una fase da un'altra, ma allo stesso tempo le congiunge, attraverso un filo narrativo che spiega e interpreta le ragioni della distinzione, formula un giudizio sul passato e un programma per il futuro, implica una *storia*, ormai però diversa da tutte quelle su cui da Petrarca in poi si era costituito il genere "Canzoniere".

Il riferimento preciso all'attività poetica connessa al legame con il marito è di complessa interpretazione: si tratta di un periodo lungo, di una poesia "casta" non tanto e non solo perché "in morte" ma perché costruita sulla sistematica sublimazione del corpo, eppure segnata petrarchescamente dalla colpa per il desiderio di fama, di cui si è pentita. Il presente e il futuro sono invece di una poesia diversa, tutta religiosa e in quanto tale investita, attraverso il sacro, di una nuova corporeità (corpo e sangue di Cristo) al servizio del verbo divino, in un cammino esplicitamente e dantescamente purgatoriale.[5]

5. Nell'interessante analisi del sonetto fornita da Giovanni Bardazzi si rintracciano "autorizzazioni" neo-testamentarie, petrarchesche e paoline per le metafore scrittorie e si attribuisce alle suggestioni ochiniane lo stimolo più vicino. «Non si tratta di "fonti" in senso tradizionale, ma spesso non si tratta neanche di coincidenze poligenetiche imputabili alle comuni matrici scritturali o a una comune spiritualità valdesiana. L'ipotesi più probabile mi pare quella di un lento assorbimento, da parte della Colonna, di moduli

S1, 1

Poi che 'l mio casto amor gran tempo tenne
l'alma di fama accesa, ed ella un angue
in sen nudrio, per cui dolente or langue
volta al Signor, onde il rimedio venne,
i santi chiodi omai sieno mie penne,
e puro inchiostro il prezioso sangue,
vergata carta il sacro corpo exangue,
sì ch'io scriva per me quel ch'Ei sostenne.
Chiamar qui non convien Parnaso o Delo,
ch'ad altra acqua s'aspira, ad altro monte
si poggia, u' piede uman per sé non sale;
quel Sol ch'alluma gli elementi e 'l Cielo
prego, ch'aprendo il Suo lucido fonte
mi porga umor a la gran sete equale.

Una continuità ideale dunque con la lunga esperienza delle rime vedovili e tuttavia dobbiamo ipotizzare anche una discontinuità, o addirittura una vera e propria cesura, se nelle *Rime spirituali* stampate da Valgrisi nel 1546 troviamo solo altri tre testi (oltre appunto al proemio) nei quali si accenna in qualche modo al rapporto con il marito defunto. In due di essi, l'85 e il 146, il rapporto è visto come momento di passaggio, una tappa *necessaria* in un percorso di ricerca. Nel primo, presente anche nel Vaticano 11539, l'amato è descritto come una luce minore che traspare nella «nebbia dei sensi», debole ma capace di condurre in alto, «ch'ad un fin la conduce / or ne le stelle ed or nel Sol istesso» (S1, 85, vv. 12-13).

Nel 146 invece la riflessione metapoetica si presenta come una vera e propria illuminazione che svela all'Io il piano divino secondo il quale il suo amore terreno per il marito avrebbe svolto proprio una funzione propedeutica e purificatrice e allo stesso tempo si sarebbe configurato profeticamente come segno, annuncio della prossima venuta di un amore più grande. Un nesso fortissimo dunque con la prima poesia, che ne viene però reinterpretata.

espressivi, tematico-lessicali, ochiniani». G. Bardazzi, *Le rime spirituali di Vittoria Colonna e Bernardino Ochino*, in «Italique», IV (2001), pubblicato online il 6 ottobre 2009, consultato il 6 gennaio 2016 (http://italique.revues.org/178 ; DOI : 10.4000/italique.178, par. 28).

S1, 146

Or veggio che 'l gran Sol, vivo e possente,
fuor del cui lume a buon nulla riluce,
col mortal casto amor l'alma conduce
a la divina Sua fiamma lucente,
e *ch'Ei volle sgombrar pria la mia mente*
con quel picciol mio sol, ch'ancor mi luce,
per entrarv'Egli poi, suprema Luce,
e farla del Suo foco eterno ardente.
Parea pur raggio qui dal Ciel mandato,
quasi favilla che si mostra *in segno*
che ne ven dopo lei fiamma maggiore;
però sempre l'amai senza dissegno
da colorirsi in terra, ond'ei beato
so ch'or prega per me l'alto Signore.

Nel terzo spirituale infine, il S1, 88 («Signor, che 'n quella inaccessibil luce») si prega il Signore, che è in grado di purificare qualsiasi sentimento («che puri e mondi / far può gli affetti altrui di sozzi immondi», vv. 6-7), di essere ammessa al regno dei cieli per ricongiungersi al marito: «ch'almen lontan mi scaldi il Tuo gran sole, / e poi vicin il picciol mio riveggia», vv. 13-14.

Sembra quindi molto netta nella poesia di Vittoria la spinta a periodizzare e a connettere i componimenti all'interno di uno sguardo autoriale che non perde mai di vista il percorso complessivo e, pur se non si tratta di un processo di conversione, si delinea certo una lettura evolutiva nella quale una linea di riflessione che intreccia più componenti porta, quasi per naturale sviluppo, e senza conflitto, a metterne a fuoco una, mentre l'elaborazione del lutto attraversa il vuoto della mancanza e sembra lasciare il posto a un pieno di riflessione spirituale.

Ma il percorso è lungi dall'essere lineare, ed è naturalmente dovuto a una ricostruzione *ex post* (come sempre nei canzonieri), ciò che sembra confermato già nel più antico manoscritto napoletano e poi nel Vaticano Chigiano del 1536, dalla presenza di sonetti "spirituali", poi inclusi nelle raccolte dedicate (Vaticano e Valgrisi). In particolare appare difficile, in corso d'opera e a questa altezza cronologica, distinguere tra una "categoria amorosa" o "vedovile" e una "spirituale". Alla luce delle sistemazioni successive, pertanto, si nota tanto più chiaramente il peso di un intervento autoriale quando ci si trova davanti a sequenze dal carattere per così dire “misto”, attestate in più di un luogo e modificate successivamente con l’estrapolazione di alcune rime.

È il caso di una sequenza particolarmente significativa perché testimonia di una evoluzione discorsiva centrata sulla messa in crisi, o almeno sul dubbio, proprio rispetto alle linee caratterizzanti della riflessione di Vittoria. Nei componimenti in questione infatti, si addensano e si denunciano delle potenti minacce che incombono su alcuni caposaldi della struttura del discorso poetico: innanzitutto la ricerca della verità, che ne è linea portante, si misura qui con la potenza del sogno. Inoltre la ragione, come abbiamo visto uno dei nuclei più importanti della struttura del soggetto, rivela tutta la sua fragilità rispetto ai sensi. Infine, e conseguentemente, si viene a sollevare un dubbio sulla possibilità stessa della poesia.

La sequenza, tràdita identica da due codici tra i più antichi, appunto il Vaticano Chigiano e il Corsiniano 263 (45.D.9)[6] vede tre sonetti “spirituali” interposti in un nucleo compatto e ordinato di vedovili che sopravvive pressoché identico (dopo che ne sono stati estratti i tre “spirituali”) nell’edizione moderna.[7]

Il sonetto spirituale che apre la sequenza («Le nostre colpe han mosso il Tuo furore» S1, 99) allude a una situazione drammatica e pone a tema i limiti della ragione e di conseguenza la cecità umana cui soccorre l’amore divino, la grazia.[8] In particolare nel sonetto successivo, il 59,[9] la riflessione fa centro sul quarto anniversario della morte dell’amato, il rapporto tra ragione, sensi e verità e poi con quel S1, 88 («Signor, che ’n quella inaccessibil luce») che abbiamo visto testimonierà ancora nelle spirituali il ricordo del marito, si manifesta il desiderio della morte e la preghiera di essere chiamata in cielo per riunirsi a lui. Tale desiderio della morte è ribadito nel

6. Devo il rinvio puntuale e la conferma di una mia ipotesi interpretativa a G. Forni, *Vittoria Colonna, la «Canzone alla Vergine» e la poesia spirituale*, in *Rime sacre dal Petrarca al Tasso*, a cura di M.L. Doglio, C. Delcorno, Bologna 2005, pp. 63-94, p. 81.

7. S1, 99; A1, 59; S1, 88; A1, 60; A1, 61; A1, 63; S1, 100; A1, 62; A1, 64; A1, 66; A1, 65; A1, 67; A1, 68; A1, 70; A1, 69; E, 27.

8. M. Bianco, *Per la datazione di un sonetto di Vittoria Colonna*, in «Italique. Poesie italienne de la Renaissance» (2008). Bianco sostiene che il sonetto sia da collegarsi direttamente agli eventi tragici e luttuosi del sacco di Roma e della successiva epidemia di peste. Non lo legge quindi come un sonetto spirituale, testimonianza di tale genere a quell’altezza cronologica, quanto come una preghiera.

9. A1, 59, vv. 9-14: «“Non ti sovvien”, l’amico mio *pensero* / rispose, “che si compie oggi il quart’anno / che ti coverse un doloroso manto?” / Conobbi alor che la passion il *vero* / mostrava *ai sensi*, ond’era mio *l’inganno*, / e rinforzai *con più ragion il pianto*».

sonetto 60 («piango [...] che tardi a venir la mia salute, /sì ch'io veggia il bel loco ov'egli è gito, / e di vita e di duol morte mi spoglie», vv. 12-14), e ancora nel 63 torna il desiderio della morte pur se moderato dalla paura («del nostro uman vïaggio il fin pavento; / ma sì soave in la memoria sento l'intrata / che questo aspro ancor m'aggrada» A1, 63, vv. 2-4), controllato però dalla funzione salvifica dell'amato («Ei mi mostrò il principio, e 'l fin mi offerse / de la vera salute» A1, 63, vv. 12-13).

A chiusura e a coronamento di questa sorta di celebrazione dell'anniversario funebre si colloca il sonetto *Vergine pura*,

S1,100

Vergine pura, che dai raggi ardenti
del vero Sol ti godi eterno giorno,
il cui bel lume in questo vil soggiorno
tenne i begli occhi tuoi paghi e contenti,
uomo Il vedesti e Dio quando i lucenti
Suoi spirti fer l'albergo umile adorno
di chiari lumi e timidi d'intorno
i tuoi ministri al grand'ufficio intenti.
Immortal Dio nascosto in mortal velo
L'adorasti Signor, Figlio Il nudristi,
L'amasti Sposo, e L'onorasti Padre;
prega Lui dunque che i miei giorni tristi
ritorni in lieti, e tu, Donna del Cielo,
vogli in questo desio mostrarti Madre

che nella Valgrisi aprirà una lunga serie di meditazioni mariane[10] ma qui assume il valore di una preghiera in modo che, sulla base di uno straordinario e molteplice legame umano al Cristo, la vergine possa intercedere per porre fine al dolore del soggetto. Siamo ancora sul terreno scivoloso e difficile del desiderio di morte o comunque di una crisi profonda che richiede in ogni caso un cambiamento.

È stato ipotizzato, anche per l'evidente ripresa nel sonetto della canzone petrarchesca alla Vergine, che questa sequenza rechi traccia non solo di un momento di crisi e di riflessione ma più precisamente di un vero

10. Secondo Forni, *Vittoria Colonna*, p. 78, questi «più antichi sonetti spirituali, databili tra il 1531 e il 1536, paiono reinterpretare la sequenza conclusiva del Canzoniere petrarchesco».

tentativo di chiusura della prima fase dell'attività poetica, coincidente con la poesia vedovile.[11]

Certo è che nella successiva serie di sonetti della sequenza si giunge a un acme di drammaticità e a una notevole concentrazione, da un lato per l'ossessivo ritorno sul rapporto tra esterno e interno, corpo e anima, verità, sogno e inganno, mentre dall'altro si insiste su un tema topico della lirica d'amore e cioè sul rapporto tra desiderio, ragione, speranza e morte. Questi due aspetti si intrecciano e mettono in questione per Vittoria il senso stesso della scrittura e quindi, forse, di un Libro che la racchiuda, di un vero e proprio "Canzoniere".

Ad esempio nel 64 «A che sempre chiamar la sorda morte» si tenta un bilancio provvisorio del proprio percorso sollevando il dubbio che a essere inefficace sia proprio la strada scelta, quella sterile insistenza nel picchiare su un uscio chiuso invece di smettere e accettare di dimenticare. È naturalmente la stessa poesia del dolore a rivelarsi quindi vana, mentre si affaccia la tentazione di fare *altro*: «riman solo a provar se vive meco / tanta ragion ch'io volga quest'insano / desir fuor di speranza a miglior *opre*», vv. 12-14

E se nella prima parte della sequenza il ricordo era ancora fonte di senso e di piacere («e 'n questo e 'n quel pensier piangendo godo / tra poche dolci e assai lacrime amare» A1, 61, vv. 13-14), dopo il sonetto alla Vergine si accentua invece la necessità di una svolta: «Quella istessa ragion che pria rivolse / a l'amata mia luce i miei pensieri, / devria cangiarli da fallaci in veri, / [...] / ma, di speranza or priva, quei costumi / devrian mutarsi in più sicuri e rari / desiri» A1, 66, vv. 1-3; vv. 12-14.

Ma tutta la sequenza appare costruita per rappresentare tale profondo conflitto interiore, se nel successivo sonetto 65[12] torna «tra falsi desiri e pianti veri» (v. 5) non solo l'impossibilità di cambiare («Lasciar non posso i miei saldi pensieri», v. 1) con la ripresa ancora una volta della rima «eterno/interno», ma anche il riaffacciarsi della speranza e un vero e proprio mandato ineludibile alla scrittura: «la cagion immortal vuol ch'oblïando / ogn'altra

11. Vedi nota precedente.

12. A1, 65: «Lasciar non posso i miei saldi penseri / ch'un tempo mi nudrir felice amando; / or mi consuman, misera cercando / pur quel mio Sol per altri erti senteri. / Ma, *tra falsi desiri e pianti veri, / la cagion immortal vuoi ch'obliando / ogn'altra cura io viva*, alfin sperando / un giorno chiaro doppo tanti neri; / *onde l'alto dolor le basse rime / move*, e quella ragion la colpa toglie / che fa viva la fede e 'l danno *eterno*. / Infin a l'ultim'ora quelle voglie / saran sole nel cor che furon prime, sfogando il *foco onesto* e 'l duolo *interno*».

cura io viva, alfin sperando / un giorno chiaro doppo tanti neri; / onde l'alto dolor le basse rime / move, e quella ragion la colpa toglie» (vv. 6-10).

I sonetti successivi, che completano la serie, ribadiscono lo stato di violento conflitto interno («tra dubbiosa spene / e certo affanno» 67, vv. 2-3) ma in particolare sottolineano la percezione di una vanità ingannevole del reale con l'io preso in una rete di inganni per nebbie emotive, o per un sonno attraversato da sogni. O ancora testimonia della gravità della crisi la ripresa e soprattutto il rovesciamento dell'opposizione «luce / oscurità» che rappresenta un'area metaforica dominante di grande intensità polisemica nell'intero macrotesto: «Oh viver mio noioso, oh aversa sorte! / cerco l'oscurità, fuggo la luce, / odio la vita, ognor bramo la morte» (68, vv. 9-11).

Gli stessi occhi sono chiamati in causa nel loro rapporto con l'«imagin finta» e con la verità, con il «veder vostro cieco e 'nsano» e con la «falsa speme» (70).

Che si tratti o meno di un nucleo di componimenti organizzato allo scopo di avviare il discorso verso una conclusione, oppure di un tentativo di porre a tema proprio la centralità assoluta, con evidenti echi petrarcheschi, dell'impossibilità di razionalizzare il conflitto, la sequenza appare interessante da un lato come probabile nucleo d'autore dotato di una forte coerenza costruttiva e dall'altro come possibile accesso all'officina dell'autrice, perché dimostra un percorso per lungo tratto unico e successivamente l'estrapolazione e l'accorpamento in un unico corpus delle rime spirituali, che a tale conflitto possono dare l'unica risposta unitaria possibile seppure indubbiamente provvisoria e finalizzata. Rilevante da questo punto di vista il fatto che l'interlocutore di tale reinterpretazione e destinatario della raccolta fosse proprio Michelangelo: tra i pochissimi o forse l'unico a poterne comprendere, per esperienza diretta seppur diversa, la drammaticità e la potenza.

Va detto che figure e temi qui toccati sono presenti anche in altri testi e in particolare nella canzone *Mentre la nave mia* che in diversi testimoni, a cominciare dalla *princeps*, funge da testo di chiusura. La stessa canzone peraltro non contiene alcuna evidenza che possa spingere a interpretarla come "chiusura" nel senso di un momento di svolta, di abbandono della poesia o anche solo di un genere di poesia. Fatto questo non secondario: appare difficile ritenere che la canzone fosse intesa davvero come testo di chiusura, non solo e non tanto di una raccolta, ma addirittura di una fase creativa e intellettuale. Sono quesiti significativi rispetto a un'autrice con un senso così netto della propria autorialità.

Proprio il senso di un'autorialità forte è presente invece, non a caso se è vero quanto detto poco più sopra, nella coppia di sonetti che chiude con evidenza ineludibile il manoscritto per Michelangelo. Infatti nel 102 *S'in man prender non soglio unqua la lima*,[13] Vittoria compie un ragionamento nel quale non solo riconosce senso e potenza alla propria poesia, la cui fonte è «dal foco divin, che 'l mio intelletto, / sua mercé, infiamma» ma si spinge fino a chiamare a testimonio la stessa tradizione lirica: «et s'alcuna di loro un gentil core / avien che scaldi, mille volte e mille / ringraziar debbo il mio felice errore»(vv. 12-14). Chiude così in un cerchio perfetto tutta la propria produzione e arriva a rivendicare nella posizione forte dell'*esplicit*, con il petrarchesco «felice errore», perfino l'amore come origine prima della poesia.

Nel 103 (S1 179) (ultimo nel manoscritto per Michelangelo e posto in chiusura anche della Valgrisi)[14] «Temo che 'l laccio, ov'io molt'anni presi» sembra chiudere del resto e davvero, come ultima perla, la propria attività poetica ipotizzando perfino che possa essere un intervento diabolico a farle presumere ancora di scrivere utilmente la sua poesia.

Non rimane quindi che la scelta del silenzio: «Interrotto dal duol, dal pianger roco / esser dee il canto vèr colui ch'ascolta / dal cielo, e al cor non a lo stil riguarda». Ma allo stesso tempo è proprio quest'ultimo verso a riprendere esplicitamente l'ultimo del primo sonetto delle vedovili, («di stil no ma di duol mi danno vanto») ribadendo il carattere di ricerca della verità attribuito alla propria poesia, ma anche, naturalmente, il senso forte di una ricerca poetica consapevole e altissima.

13. S1 4 (Vat. 102): «S'in man prender non soglio unqua la lima / del buon giudicio, e, ricercando intorno / con occhio disdegnoso, io non adorno / né tergo *la mia rozza incolta rima*, / nasce perché non è mia cura prima / *procacciar di ciò lode*, o fuggir scorno, / né che, dopo il mio lieto al Ciel ritorno, / viva ella al mondo in più onorata stima; / ma *dal foco divin, che 'l mio intelletto, / sua mercé, infiamma*, convien ch'escan fore / *mal mio grado* talor queste faville; / e s'alcuna di lor *un gentil core /* avien che scaldi mille volte e mille / ringraziar debbo il *mio felice errore*».

14. S1 179 (Vat. 103): «Temo che 'l laccio, ond'io molt'anni presi / tenni gli spirti, ordisca or la mia rima / sol per usanza, e non per quella prima / cagion d'averli in Dio volti ed accesi. / Temo che sian lacciuoli intorno tesi / da colui ch'opra mal con sorda lima, / e mi faccia parer da falsa stima / utili i giorni forse indarno spesi. / Di giovar poca ma di nocer molta / ragion vi scorgo, ond'io prego 'l mio foco / ch'entro in silenzio il petto abbracci ed arda. / Interrotto dal duol, dal pianger fioco, / esser de' il canto vèr Colui ch'ascolta / dal Ciel, e al cor non a lo stil risguarda».

Una ricerca non consegnabile probabilmente (comunque non a noi consegnata) a una struttura chiusa e definitiva perché intrinsecamente aperta, mettendo *en abyme* nella propria tensione alla chiusura e nella propria erraticità il problema stesso di un nuovo canzoniere, ben consapevole della tradizione poetica da Petrarca in poi, ma decisa a rimarcare fin nel rapporto fra interno ed esterno, fra proprie copie e stampe abusive, ma anche nei segnali depositati nel manoscritto per Michelangelo, la drammaticità della propria esperienza individuale e del proprio essere la prima donna autrice (non *auctor* ma *auctor*) della tradizione e del canone italiano ed europeo.

Tatiana Crivelli

Godere di cattiva stampa: spunti per una rilettura della tradizione editoriale delle rime di Vittoria Colonna

1. *Riconsiderare il ruolo della* princeps

Nel quadro della straordinaria fortuna cinquecentesca delle *Rime* di Vittoria Colonna l'importanza della *princeps* del 1538 risulta ridimensionata da perduranti rimproveri di insufficienza: sempre ricordata, nella storia della critica, in quanto edizione osteggiata dall'autrice, scorretta e di bassa fattura, questa prima stampa di fatto costituisce però un evento del tutto singolare, trattandosi del primo libro a firma di autore unico che rechi sul frontespizio il nome di una donna, e meriterebbe migliore attenzione. Rinviando, per una più ampia trattazione del tema, a un mio studio relativo all'insieme della tradizione a stampa delle *Rime* di Vittoria Colonna,[1] mi soffermerò qui a esaminare la *princeps* sia inquadrandola nella linea della sua, altrettanto sottovalutata, preistoria editoriale, sia considerandola nella prospettiva della divulgazione culturale connessa al mezzo tipografico.

Due sono le principali questioni di metodo che hanno stimolato la mia indagine, e riguardano due postulati critici che, nella loro dimensione assiomatica, necessitano di essere indagati criticamente: da un lato, la netta preminenza assegnata dalla critica alla tradizione manoscritta delle *Rime* a scapito di quella del testo a stampa; dall'altro – e si tratta di un postulato che si interseca strettamente con il primo – l'idea della totale avversione dell'autrice alla diffusione della propria opera attraverso il medium tipografico, allora in piena espansione.

1. T. Crivelli, *The Print Tradition of Vittoria Colonna's* Rime, in *Companion to Vittoria Colonna*, a cura di A. Brundin, T. Crivelli, M.S. Sapegno, Leiden 2016.

L'analisi del primo assunto chiede di mettere in discussione quasi lo statuto ontologico delle edizioni a stampa nella ricezione critica di Vittoria Colonna: sappiamo infatti con certezza, almeno a partire dagli studi di Dionisotti, che la tradizione a stampa delle *Rime* di Vittoria Colonna costituisce un caso di grande rilievo nel Cinquecento italiano e che proprio alle numerose edizioni a stampa di quest'opera – che si stabilisce in breve come testo di riferimento per tutta una tradizione poetica – si deve anche lo sviluppo di un genere poetico che nel corso del secolo risultò essere sempre più amato: quello delle rime spirituali. Ciononostante, le pratiche dei filologi hanno relegato questa importante tradizione editoriale a svolgere una funzione compensatoria, utilizzandola nei loro studi e nelle loro edizioni moderne essenzialmente laddove manchino documenti vergati a mano: e ciò, sia ricordato, in assenza di autografi. In merito sono, ad esempio, molto esplicite le osservazioni del curatore della prima edizione moderna, quella del 1840, che considera necessario il ricorso a «miglior fonte e più alto; dico i testi a penna»[2] e che, avendo recuperato dall'oblio il codice della Casanatense, non esita a ipotizzarne l'autografia e a costruire su questo la sua nuova edizione. L'autografia e l'importanza di questo codice, e dunque anche i presupposti dell'edizione del Visconti, sono poi stati, come noto, radicalmente messi in dubbio da Alan Bullock; tuttavia un analogo meccanismo si può vedere in atto anche nell'edizione critica di quest'ultimo. Anche Bullock fa riferimento a un'edizione a stampa soltanto quando il manoscritto da lui adottato non lo soccorra, come è il caso, tutt'altro che insignificante, delle rime spirituali.[3] E anche in questa circostanza l'importanza del codice F1, centrale per l'edizione critica moderna, è stata poi relativizzata da scoperte successive (cfr. *infra*). È dunque un fatto che, nel caso dell'opera di Vittoria Colonna, data l'assenza di autografi e la difficoltà a identificare gli idiografi, la priorità della tradizione manoscritta sia stata spesso, più che un dato oggettivo e incontrovertibile, uno strumento utile a sostenere e a giustificare, piuttosto che a metterle alla prova, le ipotesi filologiche avanzate sulla base della scoperta di testimoni inediti. Stando così le cose, una nuova valutazione del ruolo delle edizioni

2. *Le rime di Vittoria Colonna corrette su i testi a penna e pubblicate con la vita della medesima dal cavaliere Pietro Ercole Visconti*. Si aggiungono le poesie ommesse [sic] nelle precedenti edizioni e le inedite, Roma 1840, p. xxiii.

3. La «relativa scarsezza di manoscritti che possano testimoniare del periodo religioso [...] viene in gran parte compensata dalla tradizione dei libri a stampa» (Vittoria Colonna, *Rime*, a cura di A. Bullock, Roma-Bari 1982, p. 227).

a stampa potrebbe apportare elementi di sicuro interesse alla ricostruzione storico-culturale dell'opera di Colonna, aiutando a riposizionare alcune tessere nel complesso quadro d'insieme.

Il secondo interrogativo che ha stimolato la mia ricerca è connesso poi a un'altra affermazione critica costantemente ribadita, ovvero quella con cui si asserisce la radicale avversione della poetessa per le edizioni a stampa dei propri versi. Anche in questo caso le circostanze andranno meglio indagate, rilevando da un lato che questa opinione poggia su testimonianze indirette e non sempre disinteressate, e dall'altro che essa si iscrive – in un'ottica di genere – in una tradizione secolare connessa al *topos* della modestia femminile: a lungo, lo schema sociale che prevede per le donne la dichiarazione di reticenza a esibirsi in pubblico ha impedito alle autrici di farsi carico pubblicamente della stampa delle proprie opere. Almeno fino a metà dell'Ottocento, questo atteggiamento ha reso quasi inevitabile che le scritture di donne venissero pubblicate con scritti prefatori che le presentavano come iniziativa di altri: mariti, estimatori, parenti, amici; tutti più consapevoli dell'autrice stessa – che invece si dichiara ritrosa e, come conviene al pudore, si schermisce – del valore del testo. Anche per Vittoria Colonna si tratterà dunque non di rovesciare a priori ma, certo, di verificare criticamente il rapporto fra l'autrice e la circolazione pubblica del proprio operato diffusa per il tramite della stampa (quella parallela, selettiva, circoscritta e meglio sorvegliabile del manoscritto, invece, è altra cosa e, ancora una volta, maggiormente indagata).[4]

2. *Gli antecedenti della* princeps

Tenendo presenti tali premesse e le cautele metodologiche che da queste dovranno derivare è possibile ripercorrere le fasi d'esordio delle *Rime* colonnesche a stampa, iniziando col ricordare che l'evento eclatante della princeps del 1538 ha un po' offuscato, in seno al discorso critico, il fatto che esistano più antiche testimonianze a stampa dell'opera poetica di Vittoria Colonna e, sebbene parziali, in collocazioni d'eccezione.

Il primo sonetto di Vittoria Colonna mai pubblicato apparve infatti già nel 1535, in appendice alla seconda edizione delle *Rime* di Pietro Bembo.

4. Sul tema si veda ora il saggio di A. Brundin, *Vittoria Colonna in Manuscript*, in *Companion to Vittoria Colonna.*

La collocazione marginale del sonetto – in appendice, appunto – non deve ingannare: il componimento della marchesa è infatti rievocato direttamente anche nel *corpus*, dove, col sonetto 125, Bembo risponde per le rime ai versi di proposta di Colonna[5] e dove pubblica altri due componimenti dedicati all'autrice,[6] confermando l'importanza del riconoscimento: si noti poi che nelle terzine della sua replica, celebrando la felicità del verso di Colonna, Bembo utilizza in posizione di rilievo, quasi a sottolineare allusivamente l'importanza del debutto editoriale, l'ambiguo verbo "stampare" (al penultimo verso): «e lei ben nata, che *sì chiaro segno / stampa* del marital suo casto affetto». Si tratta di un esordio pubblico che, sebbene in coda a un'opera altrui, costituisce, come ha sottolineato Virgina Cox,[7] una vera e propria consacrazione artistica.

Colonna, A1:71[8]
Ahi quanto fu al mio Sol contrario il fato!
Ché con l'alta virtù de' raggi suoi
pria non v'accese, che mill'anni poi
sareste più chiaro e più lodato?
Il nome suo con lo stil vostro ornato,
che dà scorno agli antichi, invidia a noi,
a malgrado del tempo avreste voi
dal secondo morir sempre guardato.
Potess'io almen mandar nel vostro petto
l'ardor ch'io sento, o voi nel mio l'ingegno
per far la rima a quel gran merto equale;
ché così temo il Ciel ne prenda a sdegno
voi, perch'avete preso altro subietto,
me, ch'ardisco parlar d'un lume tale.

Bembo CXXV
Cingi le costei tempie de l'amato
da te già in volto umano arboscel, poi
ch'ella sorvola i più leggiadri tuoi
poeti col suo verso alto e purgato;
e se 'n donna valor, bel petto armato
d'onestà, real sangue onorar vuoi,
onora lei, cui par, Febo, non puoi
veder qua giù, tanto dal ciel l'è dato.
Felice lui, ch'è sol conforme obietto
a l'ampio stile, e dal beato regno
vede, amor santo quanto pote e vale;
e lei ben nata, che sì chiaro segno
stampa del marital suo casto affetto,
e con gran passi a vera gloria sale.

5. La data *post quem* è quella della morte di Ferrante D'Avalos, pianto in questi versi; quella *ante quem* coincide con la data dell'invio del sonetto al Bembo: cfr. Pietro Bembo, *Lettere*, ed. critica a cura di E. Travi, 4 voll., Bologna 1987, num. 1077. La risposta bembiana è databile al maggio dello stesso anno (cfr. *ibidem*, num. 1094, e la nota del curatore al son. 125 in Pietro Bembo, *Prose e rime,* a cura di C. Dionisotti, Torino 1992^3, p. 609).

6. Sono i nn. 126 e 127 in Bembo, *Prose e rime,* pp. 610-611.

7. Cfr. V. Cox, *Lyric Poetry by Women of the Italian Renaissance*, Baltimore 2013, p. 269: «Although not the first surviving sonnet exchange between a female and a male poet, this exchange between Colonna and Bembo is of exceptional historical importance».

8. Nel restituire i testi delle stampe cinquecentesche di Vittoria Colonna si fa ricorso a una normalizzazione minima, distinguendo *v* e u, sciogliendo le abbreviazioni e introducendo la separazione fra le parole e l'interpunzione laddove necessario. Per comodità, si indica sempre anche la sigla conferita al componimento nell'edizione critica di Bullock.

Non sarà dunque un caso che, soltanto due anni dopo, la produzione poetica di Colonna trovi nuova accoglienza in un'impresa editoriale destinata a illustrare, tramite l'esempio dei migliori poeti, l'uso della lingua toscana. La prima breve serie di componimenti colonneschi ad andare in stampa risulta infatti collocata all'interno di un'opera singolare, il *Vocabulario di cinquemila vocabuli toschi non meno oscuri che utili e necessari.*[9] In questa *summa* di bello scrivere, stampata «in Napoli il 27. di Ottobre 1536», il curatore Fabrizio Luna[10] offre la spiegazione di alcuni lemmi utilizzati dal «Furioso, Boccaccio, Petrarcha e Dante» ordinati alfabeticamente e poi, in coda a ogni lettera dell'alfabeto, pubblica un testo poetico rappresentativo, ma di autori o autrici meno noti rispetto a quelli evidenziati nel frontespizio. Ancora una volta in appendice – e ancora una volta, come già nel canzoniere bembiano, collocata accanto a Veronica Gambara[11] – si legge qui, accompagnata da due sonetti, anche la sola testimonianza di un componimento poetico certamente scritto da Vittoria Colonna prima della morte del marito, l'epistola in versi *Excelso mio Signor, questa ti scrivo* (A2, 1).[12] Nell'explicit del volume, in una di-

9. *Vocabulario di cinquemila Vocabuli Toschi non men oscuri che utili e necessarij del Furioso, Bocaccio, Petrarcha e Dante novamente dechiarati e raccolti da Fabricio Luna per alfabeta ad utilità di chi legge, scrive e favella. Opra Nova et Aurea con privilegio di sua M. et breve di S.S. per diec'anni*, Stampato in Napoli, per Giovanni Sulizbach Alemanno apresso alla Gran Corte de la Vicaria, adi 27. di Ottobre, 1536. Contiene i componimenti: A2, 1: *Excelso mio Signor, questa ti scrivo*; A2, 13: *Quando io dal caro scoglio guardo intorno*, e E, 1: *Di quella chiara tua serbata fronde*.

10. Sull'interessante figura di questo letterato si veda l'informata scheda biobibliografica di F. Cirilli, *Luna, Fabricio*, in *Dizionario biografico degli italiani*, LXVI, Roma 2007, *ad vocem*. Su quella, altrettanto interessante, dell'editore Giovanni Sultzbach si veda P. Manzi, *Annali di Giovanni Sultzbach (Napoli, 1529-1544 – Capua, 1547)*, Firenze 1970.

11. Di Gambara si riproducono, alle cc. Ff3r-Cg1r, le ottave «al E. S. Don Scipione Vintimiglia», ovvero le stesse che numerose stampe avrebbero poi assegnato alla stessa Colonna (da *Quando miro la terra* ecc., a *Dietro à l'orme di voi donque venendo*).

12. Si segnala che, rispetto al testo edito da Bullock, *Rime*, pp. 53-55, la prima stampa presenta diverse varianti. Si ricorda almeno la più significativa, al v. 79, dove la forma latineggiante *cohortò* ("incoraggiò", "esortò") è corretta dall'editore moderno in *confortò*. T.R. Toscano, *Schede sul noviziato poetico napoletano di Vittoria Colonna*, in *Letterati corti accademie. La letteratura a Napoli nella prima metà del Cinquecento*, Napoli 2000, pp. 13-24, ha poi recuperato nella tradizione manoscritta altri due testi forse attribuibili alla fase giovanile di Colonna e forse ripudiati dall'autrice: il sonetto *O dolce un tempo, or lagrimosa oscura* (*ibidem*, pp. 18-20) e il madrigale *Ogni loco mi attrista, ove non veggio* (*ibidem*, pp. 20-21). Già nella citata edizione di Visconti delle *Rime*, nota 2, pp. XXXIII-XXXIV, il curatore, riferendosi alla biografia scritta nel XVI secolo da

vertente lettera di congedo indirizzata al libello stesso, Vittoria Colonna è poi la «nuova Pallade» ischiana, che viene indicata come la prima lettrice di quest'opera.

Non ci sono note con esattezza le vie attraverso le quali Fabrizio Luna pervenne ai componimenti di Vittoria Colonna, anche se è stato ipotizzato un suo contatto diretto con il cenacolo ischitano dei D'Avalos,[13] ma sappiamo tuttavia che a quest'altezza cronologica la fama di poetessa della nostra autrice è già fermamente consolidata: mi piace ricordare che due anni prima, nell'epistolario del Bembo, il nome della marchesa di Pescara ricorre come termine di paragone elogiativo per un'altra autrice, in quanto poetessa «che ha ora il primo grido».[14] Solo una significativa notorietà darebbe infatti ragione del fatto che i versi di Vittoria Colonna ebbero, come prime sedi di divulgazione a stampa, due opere di tipologia e di provenienza geoculturale tanto diversa. Secondo le studiose e gli studiosi di linguistica che si sono occupati del *Vocabolario*, infatti, Luna iscrive i modelli vigenti di lingua toscana in un dialogo serrato con la letteratura meridionale e mette a punto una sorta di controcanone, il cui risultato sarebbe proprio l'«esempio di una resistenza napoletana al modello bembiano».[15]

Sin dalle prime testimonianze a stampa la diffusione dei testi di Colonna avviene dunque per il tramite di mediatori molto diversi fra loro e con finalità e collocazioni anche discordanti. In questo spirito di varia appropriazione non dovrà trascorrere molto tempo prima che il nome di Vittoria Colonna risalga dalle appendici al frontespizio di una stampa, e si giunga alla realizzazione della tanto discussa *princeps*.

Filotimo o Filonico Alicarnasseo, *Vita di Vittoria Colonna Marchesana di Pescara* – poi edito in Vittoria Colonna, *Carteggio*, a cura di E. Ferrero, G. Müller, seconda edizione con supplemento raccolto e annotato da D. Tordi, Torino 1892, pp. 487-518 – ricordava, fra le produzioni scritte in vita di Ferrante e di cui non si avrebbe più notizia, altri quattro sonetti della poetessa: *Padre del ciel, che nostra mente guidi; Vanne lieto mio sol, vanne sicuro; La viva selce, che percossa rende; Cara è la vita, e dopo lei mi pare,* nonché il capitolo *Poiché il fato, signor, ti discompagna.*

13. E. Milburn, *La biblioteca di Fabrizio Luna: nell'officina di un lessicografo del Cinquecento*, in «Letteratura italiana antica. Rivista annuale di testi e studi», 8 (2007), pp. 425-457, a p. 444.

14. Cfr. Bembo, *Lettere*, num. 1545. L'elogio è per la Signora Caterina da Piovene.

15. Cirilli, *Luna, Fabricio*, p. 551. Sul tema cfr. ora Toscano, *Letterati corti accademie*, pp. 85-120, a p. 117. Nel testo di Luna si veda poi, in coda all'*Appendice*, almeno il divertente epigramma di Felice Antonio Mangione, napoletano, sulla lingua toscana.

3. *L'allestimento della* princeps

La più importante testimonianza relativa alla ricezione coeva di questa edizione a stampa la dobbiamo, ancora una volta, a Pietro Bembo che, l'8 novembre 1538, scrivendo al suo «carissimo Compare e fratello» Carlo Gualteruzzi, lo informa della «ingiuria e villania fatta alla S.ra Marchesa di Pescara da non so cui, che impresse le sue *Rime* e incorrettissime, e di pessima forma e carta».[16] Bembo aggiunge che Colonna gli avrebbe scritto, a proposito di questa stampa, «non solo non dolendosene, ma mostrando d'averlo meritato con curar le vane cose». La preziosa lettera della marchesa non ci è pervenuta, così come del resto non pervenne a Bembo alcuna reazione in merito alla richiesta da lui inviata all'autrice: ovvero di mandargli «una copia di dette sue *Rime* corretta, perciò che io le farei stampar qui bene, e in bella maniera». Come si evince dall'epistolario, il progetto di un'edizione delle rime di Vittoria Colonna sta molto a cuore al veneziano, che rinuncerebbe al dichiarato intento di volere emendare «l'error di quel tristo» primo editore soltanto nel caso in cui fosse Gualteruzzi stesso a desiderare per sé la «loda di farle imprimere costì», ovvero a Roma, dove l'amico risiedeva e dove Vittoria Colonna stava per recarsi.

In realtà, se è vero che la stampa parmense può dirsi scorretta per quanto attiene la selezione dei testi (oggi sappiamo che attribuisce a Colonna anche alcuni sonetti altrui, in particolare anche alcuni sonetti di Veronica Gambara, sistematicamente accostata alla nostra nella prima circolazione a stampa), e se è vero che non può essere considerata un'edizione di lusso, tuttavia non merita certo tutto il biasimo che invece emerge dalle parole di Bembo. Al contrario, l'impressione che ne ebbe già E. Marion Cox,[17] quando nel 1922 descrisse l'esemplare conservato presso la British Library, descrivendolo come un libro «printed in good Italic type on paper of satisfactory quality», può senz'altro, dopo un esame estensivo di diversi esemplari, dirsi confermata.[18] E anche da un punto di vista linguistico

16. Questa, e le tre citazioni seguenti, sono tratte da: Bembo, *Lettere*, num. 1967.

17. E.M. Cox, *The Earliest Editions of the 'Rime' of Vittoria Colonna, Marchesa di Pescara*, in «The Library. A Quarterly Review of Bibliography», ser. IV, 2 (1922), pp. 266-268.

18. In particolare si sono esaminati direttamente tre esemplari della *princeps* conservati nel Fondo Tordi della Biblioteca Nazionale Centrale Firenze (segnati rispettivamente Tordi 626, 721 e 723) e la copia posseduta dalla Regenstein Library della University of Chicago (con segnatura PQ4620.A17 1538). L'esemplare del fondo Tordi 626 corrisponde a quello esaminato da Bullock (porta le correzioni di mano dello Stromboli da lui descritte);

sappiamo oggi che il testo in essa riprodotto, come scrive Tobia Toscano, «non è nel suo complesso molto più scorretto di quanto non lo siano i vari manoscritti» coevi delle *Rime* a noi noti.[19]

Perché, allora, questa condanna senza appello da parte di un Bembo che, per sua stessa ammissione, risulta persino più risentito che non la stessa marchesa di Pescara? In parte si tratta senza dubbio di denigrare il prodotto esistente al fine di promuovere la propria impresa alternativa: non andrà infatti dimenticato che l'interesse di Bembo a proporsi come editore delle poesie di Colonna – attestato sin dalla pubblicazione del primo sonetto della poetessa e poi testimoniato ancora dal coinvolgimento dell'accoppiata Bembo-Gualteruzzi nell'allestimento del manoscritto per la Regina di Francia[20] – si iscrive cronologicamente nella complessa vicenda della nomina cardinalizia del veneziano che, proprio in quell'inverno del 1538, stava per concretizzarsi e nella quale, come noto, la mediazione di Colonna aveva un ruolo determinante. Eppure, il fatto che il sodalizio fra Bembo e Colonna fosse, per dirla con Dionisotti, complicato dall'interferenza di «gratitudine e calcolo»,[21] non basta a dare adeguatamente conto della feroce stroncatura: l'impressione è che il biasimo abbia come oggetti, più del libro stesso, in primo luogo quel «non so cui» che curò l'innovativa impresa e l'ambiente stesso in cui si muove quel «tristo».

Come al Bembo, nemmeno a noi è purtroppo dato di sapere qualcosa di certo attorno ai committenti di questa edizione, che è preceduta da una dedicatoria firmata ma che nel colophon reca soltanto la nota «Stampato in Parma Con Gratia e Privilegio / Nel M D XXXVIII». Tuttavia, disponiamo almeno di alcuni elementi su cui intessere un ragionamento che potrà spiegare alcuni aspetti della vicenda e, nel contempo, aprire una prospettiva più ampia sugli ambiti di ricezione della poesia della marchesa di Pescara.

il 721 è rilegato insieme a un'edizione non registrata da EDIT16 delle sole rime volgari di Agostino Beazzano, di cc. 49: *A La Serenissima Imperatrice, Agostino Beatiano.* Di Venetia à li .X. di settembre del M.D.XXXVIII; il 723 reca sul frontespizio e a c. L2r un timbro raffigurante un braccio che regge una spada e due stellette ai lati, simile alle marche tipografiche usate in anni più tardi dai Salvioni (cfr. EDIT16: U397 e T17), tuttavia senza motto, con il braccio teso nella direzione opposta e la spada non dritta ma inclinata verso sinistra.

19. T.R. Toscano, *Appunti sulla tradizione delle "Rime amorose" di Vittoria Colonna*, in Id., *Letterati corti accademie*, pp. 76-77.

20. Bembo, *Lettere*, num. 2204 A. Sui manoscritti di Vittoria Colonna si veda ora il contributo di Brundin, *Vittoria Colonna in Manuscript*.

21. C. Dionisotti, *Appunti sul Bembo e su Vittoria Colonna*, in *Miscellanea Augusto Campana*, Padova 1981, I, pp. 257-286, a p. 260.

Della prima edizione delle *Rime* sappiamo innanzitutto che apparve in un luogo, Parma, piuttosto periferico rispetto ai grandi centri della stampa di allora:[22] tanto che risulta relativamente semplice attribuire il lavoro di stampa ad Antonio Viotti, il più importante editore presente in città nella prima metà del XVI secolo.[23] Tuttavia, si tratterà di specificare che il Viotti, in questo caso, agirebbe soltanto in qualità di stampatore. L'Antonio Viotti editore, infatti, è uso apporre ai propri libri un'indicazione tipografica esplicita nel colophon, accompagnata dalla sua marca (le proprie iniziali sormontate da croce)[24] ed entrambe sono invece mancanti nel caso delle *Rime* di Colonna.[25] Un esame delle edizioni dell'editore parmense fra il 1530 e i primi anni Quaranta, quando gli subentra il nipote, attesta un repertorio composto in gran parte da "gride" e atti ufficiali, testi in latino di tema religioso (in questo caso Viotti utilizza talvolta lo stemma con i gigli dei Farnese) e, in modo molto più selezionato, letteratura contemporanea in volgare. In questo ultimo ambito risultano essere tre le edizioni che egli produce autonomamente nel giro

22. EDIT16 registra in tutto 16 editori attivi a Parma nella prima metà del Cinquecento: tra cui, appunto, Antonio e Seth Viotti. Delle 84 opere parmensi qui registrate, ben 35 sono uscite dai torchi dei Viotti. I dati, che sappiamo poter essere solo indicativi, restituiscono comunque il ruolo di spicco di questa impresa tipografico-editoriale, di cui, fra l'altro, si servirono anche alcuni degli altri editori elencati.

23. F. Ascarelli, M. Menato, *La tipografia del '500 in Italia*, Firenze 1989, p. 79: «VIOTTI ANTONIO. Fu sporadicamente stampatore di qualche opera nel primo quarto del secolo (1508 e 1518); fu anche socio di Francesco Ugoleto (1526), ma la sua attività si intensificò seriamente quando nel 1530 rilevò i caratteri dell'Ugoleto. Nel 1541 stampò due opere a Reggio. Il fratello Virgilio e il figlio di questi Seth si occupavano della bottega di libraio in Piazza del Comune. Morti il padre e lo zio, la tipografia passò a Seth». Fra la bibliografia ivi indicata si segnalano in particolare G. Drei, *I Viotti stampatori e librai parmigiani nei secoli XVI e XVII*, in «Parma Grafica», num. unico (1925), pp. 9-35, e C. Antinori, *La tipografia parmense ai tempi del Correggio (1489-1534)*, Parma 1990. Utile anche il *Dizionario biografico dei Parmigiani* di R. Lasagni, consultabile sul sito dell'Istituzione Biblioteche del Comune di Parma: http://www.parmaelasuastoria.it, ad vocem (ultimo accesso effettuato il 17 ottobre 2015).

24. Sono le marche tipografiche catalogate da EDIT16 con la sigla U623 e U739. Cfr. anche G. Zappella, *Le marche dei tipografi e degli editori italiani del Cinquecento: repertorio di figure, simboli e soggetti e dei relativi motti*, 2 voll., Milano 1986, num. CXXIXr, II, p. 220.

25. Il privilegio di stampa non risulta conservato. Devo questa informazione alla cortesia dell'Archivio di Stato di Parma e alla collaborazione di Roberto Lasagni che, nel preparare la continuazione del volume *L'arte tipografica in Parma*, I, *Da Portilia agli Ugoleto (1471-1528)*, Parma 2013, ha consultato accuratamente, ma senza esito, i fondi archivistici disponibili, in particolare i *Notai Camerali* e i *Memoriali*.

d'anni che ci interessa: *Il libro del cortegiano del conte Baldesar Castiglione*, dell'agosto del 1530, dove iscrive il proprio nome sia nel colophon che attraverso la marca; i *I tre libri della Humanità di Christo* di Pietro Aretino, del 1536 (una ristampa di cui rivendica l'esecuzione nel colophon: «Per testimonio della bontà et della cortesia del divino Aretino, Antonio Viotto ha fatto imprimer el presente volume»); infine, appunto, le *Rime* di Vittoria Colonna, che in tal senso, prive come sono di indicazioni tipografiche di sorta, costituiscono un *unicum*.[26] Se tuttavia ammettiamo che la *princeps*, come pare confermato anche da un confronto dei caratteri di stampa, provenga dai torchi del Viotti, allora dovremo piuttosto pensare di essere di fronte a un'edizione commissionata da terzi, forse proprio il curatore o il dedicatario del volume stesso, e a motivi esterni per cui l'autore del lavoro tipografico non appone la propria marca al libro. Non sono molte però le informazioni a nostra disposizione sul dedicatario e non abbiamo alcuna testimonianza di legami fra il Viotti e quel Pirogallo firmatario della lettera che apre il libro e che si dice promotore della *princeps*.

Ecco cosa sappiamo: dalla dedicatoria evinciamo che il testo fu derivato non «dal proprio originale» della poetessa, bensì da copie allestite in precedenza da diverse mani; sappiamo inoltre che «Philippo Pirogallo» sarebbe stato mosso ad allestire il volume dalle richieste del dedicatario, tale «Dottissimo Messer Alessandro Vercelli» e che l'operazione avrebbe un esplicito intento sia divulgativo (nasce «per havermegli [*i testi*] voi, insieme con alcuni altri gioveni richiesti»), sia pedagogico («per giovare a gli intelletti, che ne l'età nostra si trovano [...]; Perciò che essi havendo un sì gran mezzo di studiare, potranno meglio pervenire a l'estremo de la perfettio[n]e»). Come argutamente scriveva già Dionisotti, però, sia il mittente che il destinatario di questa epistola dedicatoria sono «ignoti l'uno e, benché dottissimo, l'altro».[27] Almeno sul primo, tuttavia, la critica ha nel frattempo raccolto qualche elemento, identificando Filippo Pirogallo come membro, nei tardi anni Quaranta, dell'accademia dei Trasformati di Milano.[28] Del dedicatario, invece, nemmeno le attente ricerche di Fabio

26. E ciò valga anche per la semplicità dell'edizione: a titolo di esempio si confronti la ristampa del 1532 di Castiglione – quella del 1530 conteneva solo il titolo e la marca dello stampatore – dove il Viotti aggiunge una bella cornice istoriata di girali fitomorfi e di uccelli al frontespizio, e capilettera con letterine guida.

27. Dionisotti, *Appunti sul Bembo*, p. 275.

28. Il suo nome, nella variante "Pirogalli", è registrato insieme a quello di altri in un capitolo dedicato ad Andrea Giussano, alla data 1545, nel volume di B. Corte, *Notizie*

Carboni – che miravano a identificarlo con quell'Alexander a cui si deve il codice chigiano da lui studiato – hanno potuto finora tracciare un benché minimo profilo.[29] Le esili tracce relative al Pirogallo hanno comunque fatto ipotizzare[30] che l'iniziativa editoriale sia maturata nella Milano di Carlo V, dunque in un contesto culturale che vanta stretti rapporti con i D'Avalos. Eppure sembra lecito chiedersi come mai un'edizione che non nasce «dal proprio originale», attribuisce alla marchesa anche testi non suoi e viene stampata fuori mano senza indicazioni tipografiche, debba essere riferita a un contesto tanto vicino alla stessa Colonna.[31]

Una simile operazione sembrerebbe invece piuttosto da ricondurre all'operato di un agente appartenente a un ambiente culturale non direttamente afferente alle ristrette cerchie intellettuali e nobiliari dei d'Avalos, e induce a riflettere su ambienti e su modalità di divulgazione dei testi a stampa di Vittoria Colonna finora non considerati dalla critica. Per quanto strano possa infatti apparire, abituati come siamo a conoscere la storia letteraria attraverso le testimonianze delle élites culturali del tempo e ad annoverare Vittoria Colonna fra le autrici meglio collocate nell'aristocrazia storica e letteraria dell'epoca, operazioni come quella della *princeps* testimoniano di una ricezione delle *Rime* che, oltre alla selezionata circolazione di esemplari manoscritti destinati alla cerchia eletta dei *sodales*[32] umanistici, include anche manifestazioni di altro genere; e ci sprona ad

istoriche intorno a' medici scrittori milanesi, e a' principali ritrovamenti fatti in medicina dagl'Italiani. Presentate all'illustrissimo Sig. Conte D. Carlo Pertusati, Regio questore del Magistrato Ordinario dello Stato di Milano da Bartolomeo Corte, Filos. e Medico Milanese, In Milano, Nella stampa di Giuseppe Pandolfo Malatesta, 1718, a p. 83. La menzione è poi ripresa in repertori successivi. Cfr. anche S. Albonico, *Il ruginoso stile. Poeti e poesia in volgare a Milano nella prima metà del Cinquecento*, Milano 1990.

29. F. Carboni, *La prima raccolta lirica datata di Vittoria Colonna*, in «Aevum. Rassegna di scienze storiche, linguistiche e filologiche», LXXVI, 3 (2002), pp. 681-707.

30. Carboni, *La prima raccolta lirica datata di Vittoria Colonna*, p. 684.

31. Per motivi analoghi credo sarebbe da ripensare anche l'ipotesi avanzata da Toscano che, collegando la *princeps* all'edizione del 1558, suppone una loro comune derivazione dall'ambiente della corte di Correggio, per la mediazione di Veronica Gambara (Toscano, *Appunti sulla tradizione delle "Rime amorose"*, pp. 76-80).

32. A. Quondam, *«Questo Povero Cortegiano». Castiglione, il libro, la storia*, Roma 2000, p. 55, parla di pratiche di lettura critica fra pari «che connotano da sempre la *sodalitas* degli umanisti, anche di questa generazione che ha subito l'impatto con il libro tipografico e continua a rivendicare il suo diritto a gestazioni testuali lunghissime, a scambi di libri manoscritti per letture in anteprima, a raccolta di pareri e di censure».

ampliare lo sguardo, allargando l'esame critico anche al capitolo della cosiddetta editoria popolare.[33]

È ormai piuttosto ben noto, ad esempio, il quadro delle ristampe popolari dei testi di Ariosto: e allora andrà posta attenzione al fatto che quel medesimo concittadino che nel 1537 era stato responsabile della prima edizione clandestina delle rime ariostee, col titolo di *Forze d'amore, opera nova*,[34] fu in contatto diretto e utilizzò i torchi dello stampatore parmense a cui si attribuisce anche la *princeps* di Colonna. Tra i vari committenti della tipografia del Viotti ci fu infatti anche il "cerretano" Ippolito da Ferrara, un improvvisatore, venditore di sapone e di libri, cantastorie girovago ed editore di testi suoi e altrui,[35] recentemente studiato da Giancarlo Petrella.[36] Si tratta di una coincidenza seguendo la quale potremo arricchire di elementi

33. Uso il termine nel significato non riduttivo specificato da P. Grendler, *Form and Function in Italian Renaissance Popular Books*, in «Renaissance Quarterly», 46 (1993), pp. 451-484, per indicare opere per lo più in volgare e in piccolo formato (principalmente in ottavo o in quarto) accessibili a vasti settori della popolazione. In tal senso ci pare molto pertinente l'esortazione di Roger Chartier a non immaginare per la stampa "popolare" soltanto una classe di lettori poco colti (R. Chartier, *Culture as Appropriation: Popular Cultural Uses in Early Modern France*, in *Understanding Popular Culture: Europe from the Middle Ages to the Nineteenth Century*, a cura di S.L. Kaplan, W. De Gruyter, Berlin 1984, pp. 229-253).

34. *Forze d'amore opera nova nella quale si contiene sei capitoli di messer Ludovico Ariosto, sopra diversi sogetti non piu venuti in luce intitulata le forze d'amore. Con altri capitoli, sonetti, strambotti, madrigali, barzelette d'altri auttori sopra varii & diversi propositi.* Ad instantia di Hyppolito Ferrarese, 1537, [24] cc.

35. R. Salzberg, *La lira, la penna e la stampa: cantastorie ed editoria popolare nella Venezia del Cinquecento*, traduzione italiana, rivista e aggiornata dall'autrice, Milano 2011: il pdf è accessibile qui: http://creleb.unicatt.it. Nel 1538 risulta che Ippolito pubblicasse almeno in tre città diverse: Venezia, Bologna e Brescia. Per un catalogo delle edizioni note, più ampio di quello fornito da EDIT16, si veda G. Petrella, *"Ad instantia d'Hippolito Ferrarese". Un cantimbanco editore nell'Italia del Cinquecento*, in «Paratesto», 8 (2011), pp. 23-79, alle pp. 65-75.

36. Cfr. Petrella, *"Ad instantia d'Hippolito Ferrarese"*, e anche la traduzione inglese abbreviata dello stesso: G. Petrella, *Ippolito Ferrarese, A Travelling 'Cerretano' and Publisher in Sixteenth-Century Italy*, in *Print Culture and Peripheries in Early Modern Europe. A Contribution to the History of Printing and the Book Trade in Small European and Spanish Cities*, a cura di B. Rial Costas, Leiden 2012, pp. 201-226. Si veda però anche F. Cirilli, *Ippolito Ferrarese*, in *Dizionario biografico degli italiani*, LXII, Roma 2004, *ad vocem*, e la bibliografia ivi contenuta. Il primo a occuparsi di Ippolito fu V. Rossi, *Un cantastorie ferrarese del secolo XVI. Appunti*, in «Rassegna emiliana di storia, letteratura ed arte», 2 (1890), 8-9, pp. 435-446.

forse poco ortodossi, ma di sicuro interesse, il quadro finora noto della fortuna editoriale di Vittoria Colonna.

4. *Circuiti popolari della poesia di Vittoria Colonna*

Iniziamo dunque col rilevare che tra la produzione libraria stampata *ad instantia* di Ippolito da Ferrara si trova un libro dedicato esplicitamente «All'Illustre S. Vittoria digniss. Marchesa di Pescara».[37] Di questo fatto dava già breve notizia Salvatore Bongi, nei suoi preziosi *Annali* del Giolito, che commentava:

> Certo è cosa singolarissima che una divota scrittura, dedicata alla più rispettata signora che allora fosse in Italia, si vendesse in banco per le piazze accanto alla *Puttana Errante* del Veniero, che, precisamente in quello stesso anno 1538, il girovago cerretano aveva egualmente fatto stampare per conto proprio.[38]

Questo fatto, tuttavia, più che essere, come voleva Bongi, uno degli «indizii della grandissima confusione dei costumi e delle opinioni che allora correvano in Italia»,[39] ci pone semmai di fronte a una testimonianza di destrezza imprenditoriale: il Ferrarese richiama pubblico tramite l'utilizzo del celebre nome stampato in fronte al suo libretto.[40] Non si tratta del resto

37. L'opera – che Petrella, *"Ad instantia d'Hippolito Ferrarese"*, pp. 49-50, dimostra erroneamente attribuita al minorita Cherubino da Spoleto – reca il titolo: *Opera santissima & utile a qualunque fidel christiano de trenta Documenti di frate Cherubino da Spoliti heremita. Donata p[er] il detto a Hippolito detto Ferrarese: et stampata novamente ad instantia sua*, in Bressa per Damiano Turlino, 1538, e secondo EDIT16 è conservata in unica copia presso la Biblioteca universitaria di Padova. Nelle edizioni precedenti, l'opera era dedicata alla nobildonna lucchese Caterina Carminiati (Petrella, *"Ad instantia d'Hippolito Ferrarese"*, p. 50).

38. S. Bongi, *Annali di Gabriel Giolito de' Ferrari da Trino di Monferrato, stampatore in Venezia*, 2 voll. in 1, Mansfield Centre (CT) 2000 (facsimile dell'edizione originale, Roma 1890-1895), pp. 192a, 376a e nota 2, p. 30b.

39. Bongi, *Annali di Gabriel Giolito de' Ferrari*, p. 192a.

40. Le strategie pubblicistiche dell'editoria popolare cinquecentesca sono plurime. Come rileva ad esempio R. Salzberg, *From printshop to piazza: the dissemination of cheap print in sixteenth century Venice,* tesi di dottorato, Queen Mary College, The University of London, Department of History (2008), 149 (http://qmro.qmul.ac.uk/jspui/handle/ 123456789/1904): «On the whole, performer-publishers displayed a remarkably cavalier attitude to filling out the pages of the pamphlets they sold, plucking works of both famous and obscure contemporary writers and mixing traditional and contemporary texts in a small and humble printed form. There is very little information available about how they obtained the works of these authors,

dell'unica edizione in cui il nome o l'opera di Vittoria Colonna compaiono in lavori predisposti da cantinbanchi:[41] questo è il caso, infatti, sia dell'edizione commissionata a Venezia dal cantastorie Baldassare Faentino con il titolo *Opera nova non più posta in luce nella quale troverai molti bellissimi sonetti [...] Aggiontovi certi sonetti spirituali della divina Vittoria Colonna Marchesana di Pescara,* che indica, ma falsamente, la presenza di testi della celebre autrice,[42] sia della scelta di lettere pubblicata a Venezia nel 1544 da Alessandro Viani per l'editore itinerante di pamphlet Antonio Dento, detto il Cremaschino: *Litere della divina Vetoria Colona ala duchessa de Amalfi sopra la vita contemplativa di Santa Caterina et sopra de la activa di Santa Madalena non più vista in luce.* A proposito delle poesie di Colonna, Bongi attesta poi discretamente, in due note del suo studio, l'esistenza di «una parziale stampa d'alcune di esse fatta per vendersi in banco ad uso di un ciarlatano, da noi veduta, ma di cui non ci è riuscito di ricordare né titolo né data», stampa che più avanti attribuisce proprio a Ippolito da Ferrara[43] e che oggi risulta irreperibile. Sappiamo infine, come anticipato poco fa, che Ippolito da Ferrara lavorò con il Viotti, in modo diretto e indiretto, nel 1540: diretto, con il commissionargli la stampa di un opuscolo di carattere militare[44] che risulta conservato in un solo esemplare alla British Library; indiretto, almeno nel caso in cui affidò a Francesco da Prato, editore attivo a Parma e che sappiamo servirsi della tipografia di Antonio Viotti, la pubblicazione di due capitoli[45] di un autore molto vicino a Vittoria Colonna, quel Francesco Maria Molza a cui sono dedicati alcuni sonetti delle *Rime* colonnesche.

or whether they incorporated the works in any way into their performances. Sometimes, works by the famous author advertised on the title page were not even included inside the pamphlet [...]». Petrella, *"Ad instantia d'Hippolito Ferrarese"*, p. 53, non esclude tuttavia che Ippolito abbia potuto incontrare Vittoria Colonna a Ferrara, fra il 1537 e il 1538.

41. Salzberg, *From printshop to piazza,* p. 149, note 564 e 565.

42. Salzberg, *From printshop to piazza,* si riferisce a un'edizione stampata probabilmente nel 1547, ma ricorda che Bullock, *Rime*, p. 281, menziona una stampa precedente, del 1537, un tempo conservata presso la Biblioteca estense di Modena, e ora irreperibile.

43. Bongi, *Annali di Gabriel Giolito*, pp. 192a, 376a e nota 2, 30b: «Delle stampe d'Ippolito Ferrarese vedemmo pure un opuscolo contenente poesie di Vittoria Colonna; ma non ne ricordiamo il titolo».

44. *Lume di marte occorente al arte militare amplissimo con bellissimi exempli*, Parma, [A. Viotto], Hyppolito detto el ferrarese, 1540, registrato presso la British Library con la segnatura: General Reference Collection C.32.a.3.[5.].

45. *Capitulo in lode del Verno: et uno altro capitulo in lode de la torta de m. Francesco Molza opera dignissima & non piu vista al presente stampata ad istantia de Hyppolito deto Ferrarese.* Stampata in Parma, per Francesco da Prato, 1540, [16] cc. in 8°.

Letti nel lor insieme, questi sono dunque indizi significativi dell'esistenza di una diffusione popolare delle *Rime*, che fa del nome di Vittoria Colonna un "testimonial" ambìto per promuovere la vendita del prodotto a stampa e che possiamo ragionevolmente supporre instaurasse un circuito di diffusione parallelo a quello elitario in cui si muoveva l'autrice.[46]

A questo bozzetto vorrei infine aggiungere un ultimo tratto, coinvolgendo esemplarmente una figura che, quasi per antonomasia, rappresenta il *trait d'union* tra il mondo dei letterati e quello dei più spregiudicati attori del mondo dell'editoria: Nicolò Franco. Il "flagello dei flagelli", infatti, è il solo che, proprio in quegli anni, venga accusato apertamente di fare mercimonio della poesia di Vittoria Colonna. In una celebre lettera a Pietro Aretino, collocabile fra 1536 e il 1539,[47] Lodovico Dolce – che più avanti si sarebbe a sua volta fatto editore, per Giolito, di un'edizione postuma delle rime di Vittoria Colonna – denigra pesantemente il nuovo *protegé* di Aretino. Lo accusa di «arroganza e bestialità» (r. 10), di non avere «né latinità, né stilo» (r. 46), di non conoscere né l'ortografia né la grammatica (rr. 56-57) e, insomma, di essere di un'ignoranza tale che «i Ceretani tosto lo conosceranno in Vinegia come l'hanno conosciuto in Napoli e in Roma» (rr. 74-76). A concludere questo capolavoro di invettiva, Dolce marca la differenza fra se stesso e colui che ha osato criticarlo, ricordando la stima di cui godono le proprie opere e sottolineando quanto segue (corsivo aggiunto):[48]

46. Sui circuiti di diffusione cinquecenteschi si veda anche il libro di D. Robin, *Publishing women. Salons, the Presses, and the Counter-Reformation in Sixteenth-Century Italy,* Chicago 2007.

47. Nella lettera – che si legge ora in *Edizione nazionale delle opere di Pietro Aretino*: *Lettere scritte a Pietro Aretino*, a cura di P. Procaccioli, Roma 2003, IX, num. 361, pp. 340-343 – Dolce fa esplicito riferimento (r. 7) al soggiorno veneziano di Franco «già tre giorni venuto in questa Città e divenuto familiare di vostra Signoria». A seconda di come si interpreti il passo, se letteralmente o come espressione ironica per indicare il *parvenu*, si può collocare la missiva fra il giugno del 1536, data di arrivo del Franco in laguna, e la fine del 1539, data della definitiva e clamorosa rottura dei rapporti fra Franco e Aretino, sancita dall'accoltellamento del primo su mandato del secondo e dal definitivo allontanamento del beneventano da Venezia. Per la prima ipotesi propende ad esempio C. Di Filippo Bareggi, *Il mestiere di scrivere. Lavoro intellettuale e mercato librario a Venezia nel Cinquecento,* Roma 1988, p. 294; per la seconda F. Pignatti, *Niccolò Franco (anti)petrarchista*, in *Autorità, modelli e antimodelli nella cultura artistica e letteraria tra Riforma e Controriforma*, Atti del seminario internazionale di studi (Urbino-Sassocorvaro, 9-11 novembre 2006), a cura di A. Corsaro, H. Hendrix, P. Procaccioli, Manziana 2007, pp. 131-195, a p. 141.

48. *Lettere scritte a Pietro Aretino,* num. 361, pp. 340-343.

Né quando ho voluto farle imprimere m'è stato di mestiero di dar agli impressori, accioché le stampino, l'opera d'alcuno eccellente Poeta, come si vede avenire di lui; che per voler fare istampar le sue goffarie così latine come volgari, *gli convien vendere ad altri quello che non è suo, cioè i Sonetti della Pescara*. La quale fra pochi giorni gli farà aver il guiderdone che gli si conviene, cioè una soma di bastonate d'Asino degne di lui, se 'l giuoco non passerà a peggio.

Dai pochi che lo ricordano, in questa lettera tanto citata invece per altri motivi, il passo viene interpretato come un'indicazione del fatto che Franco, la cui pratica di plagiario è oggi ben documentata,[49] avesse spacciato per suoi alcuni componimenti di Vittoria Colonna.[50] In realtà, l'accusa del Dolce pare essere più semplicemente quella, non meno denigratoria, di uno scambio mercantile: per convincere gli editori a pubblicare le proprie cose Franco avrebbe fornito loro il testo dei sonetti di Vittoria Colonna. Anche tenendo conto dei toni caricaturali utilizzati dal Dolce, la testimonianza ci permette senz'altro di ipotizzare non solo, come è stato detto, che Franco «fosse in qualche misura partecipe, a Napoli o da Venezia tramite corrispondenti, della circolazione manoscritta delle rime della Colonna»,[51] ma che possa avere avuto un ruolo persino nella realizzazione di stampe non autorizzate dell'opera della poetessa. E in questo contesto non sembra dunque irrilevante poter constatare l'esistenza di una testimonianza manoscritta contenente uno scambio di invettive fra l'inquieto Franco e quel medesimo Fabrizio Luna che abbiamo annoverato fra i primi editori della poetessa.[52]

49. È il caso del poemetto in ottave *Il tempio di Amore* pubblicato da Franco subito dopo il suo arrivo a Venezia per Francesco Marcolini, rivelatosi essere un plagio ai danni dell'autore napoletano Iacopo Campanile. Cfr. C. Simiani, *Un plagio di Nicolò Franco*, in «Rassegna critica della letteratura italiana», 5 (1900), pp. 19-26, e ora A. Capata, *Nicolò Franco e il plagio del Tempio d'Amore*, in «Studi (e testi) italiani», 1 (1998): *Furto e plagio nella letteratura del Classicismo*, a cura di R. Gigliucci, pp. 219-232.

50. Così ad esempio Bongi, *Annali di Gabriel Giolito*, p. 21A, e Pignatti, *Niccolò Franco (anti)petrarchista*, pp. 143-144.

51. Così Pignatti, *Niccolò Franco (anti)petrarchista*, pp. 143-144, che, pur optando per l'opzione del plagio, giunge a questa condivisibile conclusione.

52. Nel ms. V.E. 53 della Biblioteca Nazionale di Napoli, in uno scambio poetico, Franco definisce «rozzi e incerti» i versi del Luna apparsi nel 1534 a Napoli, presso Mattia Canzer, con il titolo di *Sylvae, elegiae et epigrammata* (non extant). Cfr. A. Altamura, *Fabrizio Luna e due invettive inedite di Niccolò Franco*, in «Samnium», 23 (1950), 2-3, pp. 100-105. Nel suo *Vocabolario* Luna accenna con leggerezza amichevole all'episodio (c. A3v).

5. *Osservazioni conclusive*

Gli studi sugli autori rinascimentali di maggior spicco hanno ormai attestato come le opere delle personalità più in vista divenissero oggetto di sfruttamento da parte di un mercato editoriale non autorizzato e sappiamo oggi che il fenomeno toccò, oltre al già citato Ariosto, anche molti altri nomi. Così, nella celebre prefazione del *Cortegiano* del 1528 la stessa Colonna viene pubblicamente rimproverata di avere esposto al pericolo di edizioni non autorizzate il testo del Castiglione;[53] Pietro Bembo tenta con scarso successo di sorvegliare tramite un'oculata gestione dei privilegi di stampa la diffusione incontrollata delle proprie opere;[54] l'Aretino invece, cinico e spregiudicatamente moderno, si vanta dello sfruttamento della propria immagine come di un segno di celebrità:

> Io per me non dubito che mi si spenga il nome così tosto, poi che anco in chiasso [*bordello*] ho un poco di fama. Eccomi esclamato da le voci de i ceretani; eccomi intitolato sopra l'istorie di chi con altra via non le venderebbe; eccomi in piombo, in rame, in argento, e in oro. Onde mi rallegro forte [...].[55]

Più difficile, invece, per gli impliciti condizionamenti culturali di cui si è detto in apertura, è considerare la possibilità che lo stesso destino di divulgazione possa essere toccato in sorte anche alle poesie di una nobildonna dalla morale e dallo stile che si vogliono esemplari. Tuttavia — anche in considerazione del fatto che, come dimostrano i più recenti studi nel campo del commercio libraio, lo smercio di libri a diffusione popolare non era affatto esclusiva del commercio ambulante — ritengo che gli indizi raccolti ci consentano di collocare anche la *princeps* colonnesca in quell'«intricato sottobosco tipografico-imprenditoriale, ancora troppo poco indagato» in cui operarono, come scrive Petrella, «decine di librai, piccoli imprenditori, semplici editori o tipografi occasionali, che, a diverso livello, giocarono un ruolo

53. Sulla «clamorosa [...] vicenda del manoscritto [*del* Cortegiano] inviato a Vittoria Colonna, resa di pubblico dominio da Castiglione tramite la dedica a Miguel da Silva nella princeps del 1528» cfr. A. Quondam, *Il manoscritto a Vittoria Colonna*, in *"Questo povero Cortegiano"*, p. 67.

54. Cfr. A. Nuovo, *Il commercio librario nell'Italia del Rinascimento,* nuova edizione riveduta e ampliata, Milano 2008, pp. 197-199.

55. Lettera a Marcolini del gennaio 1545, in *Edizione nazionale delle opere di Pietro Aretino: Lettere,* 6 voll., a cura di P. Procaccioli, Roma 1999, III, p. 138.

nient'affatto marginale nella produzione e circolazione del libro»[56] nell'Italia rinascimentale. Una collocazione di questo genere spiegherebbe sia l'irritazione di Bembo da un lato, sia la reazione più distaccata di Colonna dall'altro. Diversamente dall'Aretino, è ovvio infatti che la marchesa di Pescara non avrebbe avuto motivo di vantarsi di una simile pubblicazione, ma nemmeno, crediamo, avrebbe avuto motivo di preoccuparsi eccessivamente di una tale, ampia, per definizione non controllabile e tutt'al più assecondabile divulgazione dei propri testi, la quale non faceva in fondo che testimoniare dell'ampio consenso di cui godevano le sue rime. Altri indizi ci autorizzano infatti a ritenere che Colonna fosse a conoscenza di ulteriori tentativi di pubblicazione non autorizzata[57] e inducono dunque a leggere la pacatezza della sua risposta a Bembo come segno di una tacita e consapevole acquiescenza di fronte all'inarginabile diffusione del fenomeno.

Soffermiamoci invece ora, per concludere questo discorso sulla possibile collocazione culturale della *princeps*, sui materiali in essa contenuti. La raccolta comprende 143 sonetti e due canzoni, tutti componimenti inediti, ad eccezione dei tre sonetti già pubblicati da Bembo e da Luna (A1, 71; A2, 13; E, 1). Nove di questi componimenti, tuttavia, risultano essere falsamente attribuiti alla penna della marchesa.[58] Tra di essi risultano tre sonetti del Molza (*Alma cortese*, *Anime belle* e *L'altezza*) presenti anche nel codice mediceo laurenziano L, scoperto e descritto da Domenico Tordi[59] e da lui assegnato alla penna del Gualteruzzi, i quali, stando a una suggestiva quanto ormai invalidata ipotesi di Bullock, permetterebbero di affermare che per la *princeps* «Pirogallo may have obtained at least some of his material from Gualteruzzi, either directly or through an unspecified

56. Le due citazioni sono tratte da Petrella, *"Ad instantia d'Hippolito Ferrarese"*, p. 23.

57. Cfr. nel novembre 1537 la lettera di Varchi a Francesco Maria Molza, in B. Varchi, *Lettere 1535-1565*, a cura di V. Bramanti, Roma 2008, p. 61. Devo la segnalazione a Veronica Copello, che ringrazio.

58. Si tratta dei componimenti seguenti (si indicano di seguito carta, num. del sonetto, *incipit* e autore): C4v, 39: *Alta fiamma amorosa; et ben nate alme*, di Francesco Maria Molza; E4v, 71: *Miser, che debbo altro, che pianger sempre*, di autore non identificato; F3r, 81: *S'io potessi sfrondar da l'empia, e folta*, prob. di Pompeo Colonna; H2v, 112: *Di vaga Primavera i più bei fiori*, di autore non identificato; I2v, 128: *Anime belle, che vivendo essempio*, di Francesco Maria Molza; I3r, 129: *L'altezza del obietto onde a me lice*, idem; I3r, 130: *Alma cortese, che con dolci accenti*, idem; I3v, 131: *Sì come augelli semplicetti, e puri*, idem; K2v-K4v, 144: *Spirto gentil, che sei nel terzo giro*, (canzone), di Ludovico Ariosto.

59. D. Tordi, *Il codice delle rime di Vittoria Colonna marchesa di Pescara appartenuto a Margherita d'Angoulême Regina di Navarra*, Pistoia 1900.

number of intermediaries».[60] Le cose, in realtà, sembrano ben più complicate[61] e potremo pertanto soltanto constatare che il fenomeno della false attribuzioni, distinto da quello del plagio e molto diffuso nel corso di tutto il Cinquecento, concerne una moltitudine di autori[62] e, in tal senso, non fa che confermare l'ipotesi di un'ampia e non sorvegliabile circolazione della poesia della marchesa di Pescara. I testi abusivamente attribuiti alla Nostra non ci forniscono dunque elementi utili a sciogliere il nodo della provenienza dei materiali della *princeps*, e dei numerosissimi inediti d'autrice – ben 133 – che giungono in stampa con l'edizione del 1538 non conosciamo dunque la fonte. Questo punto non ha potuto essere chiarito nemmeno dalle recenti scoperte di altri due manoscritti anteriori alla *princeps*, a cui si è qui soltanto accennato in apertura: un codice napoletano del 1531 ca. e un codice vaticano datato all'ottobre 1536, studiati rispettivamente da Tobia Toscano e da Fabio Carboni.[63] Considerato il fatto che nemmeno l'unico altro testimone manoscritto anteriore alla *princeps* a noi oggi noto, il codice 226 della Biblioteca Palatina di Parma – recante solo 59 componimenti, di cui due incompleti – può essere identificato con l'esemplare

60. A. Bullock, *Vittoria Colonna and Francesco Maria Molza: Conflict in Communication*, in «Italian Studies», 32 (1977), pp. 41-51, a p. 49.

61. Non solo il ruolo di "segretario personale" di Colonna assegnato a Gualteruzzi è nel frattempo stato definitivamente ridimensionato (e secondo Dionisotti, *Appunti sul Bembo e su Vittoria Colonna*, p. 280, è dunque «affatto improbabile che a lui solo faccia capo una tradizione manoscritta delle rime stesse»; cfr. anche O. Moroni, *Carlo Gualteruzzi (1500-1577) e i corrispondenti*, Città del Vaticano 1984, p. 39, nota 24), ma le connessioni contenutistiche fra la *princeps* e L risultano inoltre labili, essendo questo un manoscritto contenente quasi esclusivamente rime spirituali. Infine, l'ipotetica filiera di Bullock presenta insormontabili problemi di datazione (il codice L è datato al 1540). Circa la dibattuta identificazione di L con il codice inviato da Colonna alla regina Margherita, poi, si veda ora il citato contributo di Abigail Brundin al *Companion* di Brill, che non concorda con il sempre più diffuso parere che «Se invio di rime alla regina Margherita da parte del Bembo (per interposto Gualteruzzi) vi sia stato non bisogna certo pensare al ms. L, ma sempre a rime esclusivamente spirituali», e riapre la questione.

62. Alcuni di questi casi sono egregiamente illustrati proprio dallo stesso A. Bullock, *Vittoria Colonna e i lirici minori del Cinquecento: quattro secoli di attribuzioni contraddittorie*, in «Giornale Storico della Letteratura Italiana», 157 (1980), 1, pp. 383-402.

63. Nel 1998 Toscano ha fornito l'edizione del ms. XIII.G.43: Vittoria Colonna, *Sonetti in morte di Francesco Ferrante d'Avalos, marchese di Pescara. Edizione del ms. XII.G.43 della Biblioteca Nazionale di Napoli*, a cura di T.R. Toscano, Milano 1998; nel 2002 Carboni ha scoperto e descritto, in *La prima raccolta lirica datata di Vittoria Colonna*, il codice Vaticano Chigi L IV 79.

servito al tipografo per allestire la stampa, ci limiteremo a rilevare un altro aspetto della questione, ovvero l'imprescindibilità di questo libro ai fini di un'operazione di ricostruzione della fortuna delle *Rime*: seppure per vie traverse, i componimenti che vi confluiscono vengono infatti a formare un *corpus* testuale unico nel suo genere, capace di decretare un'immediata e ampia fortuna dell'opera e di segnare a lungo la forma della raccolta. Interessante, pertanto, risulta essere il rapporto che le edizioni successive intrattengono con la prima, perché a questa storia di ristampe e rifacimenti si connette l'immagine vulgata delle *Rime*, nella forma in cui il pubblico contemporaneo ebbe modo di conoscerle. Rinviando, per questo tipo di disamina, ad altra sede,[64] basti qui elencare alcune peculiarità contenutistiche e macrotestuali che rendono la prima stampa cinquecentesca dell'opera di Colonna molto diversa dal testo che oggi siamo abituate/i a leggere: rispetto alla moderna edizione critica, nella *princeps* la maggioranza dei componimenti, ben 107, ricade nella sezione detta da Bullock delle rime *amorose* (A); quasi un quarto delle *amorose* già stampate a Parma sono invece poste dal curatore della moderna edizione, che non le trova nel suo manoscritto di riferimento, in una sottosezione di rime *disperse* (A2); altri 11 sono i sonetti inclusi nel corpus della *princeps* che Bullock definisce e distingue come *Epistolari* (E), ma che nella stampa sono inframmezzati, in posizioni varie dal num. 12 al 127, agli altri testi, a testimoniare di una ricezione che non li percepisce come appartenenti a una categoria distinta; infine, ben 15 sono i componimenti di tema religioso già inclusi, e ancora una volta senza alcuna specifica indicazione distintiva, in questa prima edizione a tema essenzialmente amoroso: e anche questo è chiaro segno di come l'opera di Colonna venisse, a questa altezza, letta come un insieme tutt'altro che bipartito in componimenti amorosi e spirituali. L'esame dell'intera tradizione a stampa mostra difatti come la costituzione del canzoniere spirituale a sé stante sia una conquista progressiva, condotta secondo meccanismi di *dipositio* macrotestuale ben identificabili nel corso del tempo e affidata alle numerose edizioni successive alla prima. Proprio la tanto denigrata *princeps*, infatti, ebbe l'effetto, descritto dalla celebre immagine dionisottiana, di una «scintilla caduta nella paglia».[65] E dall'operazione che tanto aveva

64. Ho studiato questo aspetto nel già citato saggio per il *Companion*, al quale mi permetto nuovamente di rinviare.

65. C. Dionisotti, *Letteratura italiana nell'età del Concilio di Trento*, in Id., *Geografia e storia della letteratura italiana*, Torino 1967, pp. 227-254, a p. 238.

sconcertato Bembo avrebbero dunque immediatamente preso spunto altri "tristi" che, già nel 1539, avrebbero riproposto sul mercato le poesie di Colonna "di nuovo ristampate" e "con diligenza corrette", dando avvio a una lunga quanto interessante storia tipografica che merita di essere reintegrata, a pieno titolo, nello studio della raccolta poetica di Vittoria Colonna.

IV

La vita religiosa e la poesia di riforma

Abigail Brundin

Poesia come devozione: leggere le rime di Vittoria Colonna*

Quando leggo le poesie di Vittoria Colonna insieme ai miei studenti di Cambridge, noto in loro una reazione piuttosto diffusa allorché cercano di venire a capo del non facile compito di leggere e apprezzare i suoi versi. Ciò che gli studenti cercano effettivamente di capire è: perché era così popolare? Perché nel Cinquecento così tanti consumatori di letteratura, a stampa e manoscritta, sceglievano di leggere le poesia lirica di Vittoria Colonna?[1] Cosa offriva loro la sua opera? E perché è così difficile per noi lettori contemporanei catturare quell'esperienza?[2]

Nel presente articolo, ho deciso di affrontare la questione della ricezione di questa produzione lirica da una prospettiva devozionale, per ampliare e approfondire la risposta ipotetica che fornisco in classe ai miei studenti. Vorrei provare a comprendere cosa potesse guadagnare il lettore coevo da un incontro con le rime di Vittoria Colonna, e come il processo di lettura potesse influire su di lui. A tal fine, intendo analizzare il rapporto tra poesia

*Questo articolo è stato scritto nel contesto di una ricerca condotta nell'ambito del progetto *Domestic Devotions: The Place of Piety in the Renaissance Italian Home, 1400-1600*, attualmente in corso presso l'Università di Cambridge e finanziato dallo European Research Council (direttrici: Abigail Brundin, Deborah Howard, Mary Laven).

1. Sulla diffusione a stampa della poesia di Vittoria Colonna nel Cinquecento, si rimanda al recente lavoro di T. Crivelli, *The Print Tradition of Vittoria Colonna's* Rime, in *Companion to Vittoria Colonna*, a cura di A. Brundin, T. Crivelli, M.S. Sapegno, Leiden 2016, i.c.s.

2. Klaus Hempfer ha notato il cambiamento attraverso secoli e popoli del gusto per il petrarchismo cinquecentesco: K.W. Hempfer, *Per una definizione del petrarchismo*, in *Dynamique d'une expansion culturelle. Pétrarque en Europe XIVe-XXe siècle*, Atti del XXVI congresso internazionale del CEFI (Turin-Chambéry, 11-15 dicembre 1995), a cura di P. Blanc, Paris 2001, pp. 23-52.

e devozione, e stabilire in quale misura le rime spirituali della Colonna offrissero al lettore la possibilità di prendere parte a un atto devozionale attraverso il confronto col testo lirico nell'ambiente domestico.

Nel condurre questo esercizio di ricostruzione immaginaria, ho preso a modello un lettore specifico, essenzialmente il «lettore ideale» di Vittoria Colonna, cioè il suo amico e collega artista Michelangelo Buonarroti.[3] La ragione più ovvia per questa scelta è il fatto che sappiamo che questi possedeva e leggeva un manoscritto di sonetti della Colonna o, per essere più precisi, due manoscritti, entrambi donatigli dall'artista stessa. Si trattava, dunque, di quanto di più simile a una collezione autografa che, per la Colonna, possediamo.[4] Il primo manoscritto donato a Michelangelo fu allestito intorno al 1540 e si trova ora alla Biblioteca Vaticana.[5] Questo codice, piuttosto disadorno, contiene 103 sonetti di argomento spirituale. Di questi, soltanto 17 erano stati stampati nel 1540: di conseguenza, il suo contenuto differisce considerevolmente dalla scelta di sonetti della Colonna accessibili a stampa al vasto pubblico. Fu Michelangelo stesso, in una lettera del 1551 indirizzata al nipote Leonardo, a indicare il valore che il manoscritto rivestiva per lui: vi esprime infatti la sua riluttanza a prestare ad altri il codice. Sorprendentemente, inoltre, fa menzione di un'ulteriore manoscritto di 40 sonetti, ora perduto, inviatogli dalla Colonna allorché si trovava a Viterbo. Significativamente, Michelangelo chiarisce che il dono giungeva direttamente dalla Colonna:

> Messer Gianfranco mi richiese circa un mese fa di qualche cosa di quelle della Marchesa di Pescara, se io n'avevo. Io ò un libretto in carta pecora che

3. Sull'amicizia fra Vittoria Colonna e Michelangelo Buonarroti, molto famosa all'epoca, si veda E. Campi, *Michelangelo e Vittoria Colonna. Un dialogo artistico-teologico ispirato da Bernardino Ochino, e altri saggi di storia della Riforma*, Torino 1994.

4. A. Brundin, *Vittoria Colonna in Manuscript*, in *Companion to Vittoria Colonna*, i.c.s.; F. Carboni, *La prima raccolta lirica datata di Vittoria Colonna*, in «Aevum», 76 (2002), pp. 681-707.

5. MS Vat. Lat. 11539: per ulteriori informazioni, si rimanda a A. Brundin, *Vittoria Colonna and the Spiritual Poetics of the Italian Reformation*, Aldershot 2008, pp. 67-131; A. Corsaro, *Manuscript Collections of Spiritual Poetry in Sixteenth-Century Italy*, in *Forms of Faith in Sixteenth-Century Italy*, a cura di A. Brundin, M. Treherne, Aldershot 2009, pp. 33-56; C. Scarpati, *Le rime spirituali di Vittoria Colonna nel codice Vaticano donato a Michelangelo*, in «Aevum», 78 (2004), pp. 693-717. Il manoscritto fu identificato per la prima volta nel 1938: E. Carusi, *Un codice sconosciuto delle* Rime spirituali *di Vittoria Colonna, appartenuto forse a Michelangelo Buonarroti*, in *Atti del IV Congresso Nazionale di Studi Romani* 4 (Roma, 1938), pp. 231-241. Un'edizione moderna con traduzione in inglese è Vittoria Colonna, *Sonnets for Michelangelo*, a cura di e tradotta da A. Brundin, Chicago 2005.

la mi donò circa dieci anni sono, nel quale è cento tre sonetti, senza quegli che mi mandò poi da Viterbo in carta bambagina, che son quaranta; i quali feci legare nel medesimo libretto e in quel tempo li prestai a molte persone, in modo che per tutto ci sono in istampa.[6]

Oltre ad avere accesso, nel 1540, ai più recenti versi della Colonna, Michelangelo sapeva anche come leggerli nel modo più appropriato. Come la Colonna, si era accostato ai gruppi riformisti negli anni Trenta e Quaranta e i suoi stessi disegni e dipinti risentivano delle – e si collocavano nelle – conversazioni spirituali di quei gruppi.[7] Aveva inoltre avuto la possibilità di dialogare e intrattenere corrispondenza con la poetessa stessa, oltre a essere, come noto, autore in prima persona di rime spirituali.[8] Per tutti questi motivi, egli rappresenta certamente il nostro lettore ideale delle rime della Colonna.

1. *La lettura spirituale domestica*

Come funzionava la lettura come atto devoto nel Cinquecento? La lettura di letteratura di pietà era un aspetto rilevante della devozione domestica nel Rinascimento, e i testi poetici giocavano un ruolo centrale in questo genere di pratica e nell'apprendimento devozionale. Esistono infatti numerosi manuali del tempo che raccomandano la lettura di opere pie come attività domestica. Tale pratica, come la preghiera, va intercalata alle attività domestiche in modo pragmatico: non dev'essere troppo prolungata, affinché non diventi noiosa; dev'essere di lunghezza sufficiente a stimolare l'anima alla preghiera, e ripetuta con frequenza perché non se ne perda l'abitudine.

Il quarto rimedio che si può pigliare quando la distrattione della mente fusse tanta che le cose dette non bastassero a raccoglierti, allhora si può usare la

6. Citato in D. Tordi, *Il codice delle Rime di Vittoria Colonna, Marchesa di Pescara, appartenuto a Margherita d'Angoulême, Regina di Navarra*, Pistoia 1900, p. 11.

7. M. Forcellino, *Michelangelo, Vittoria Colonna e gli "spirituali". Religiosità e vita artistica a Roma negli anni Quaranta*, Roma 2010.

8. Incontri tra Vittoria Colonna e Michelangelo vengono descritti nei dialoghi del pittore portoghese Francisco de Holanda, stampati per la prima volta nel 1548: Francisco de Holanda, *Dialoghi di Roma*, introduzione, commento e note di R. Biscetti, Roma 1993. La validità di questi dialoghi come resoconti fattuali rimane una questione aperta.

lettura, a che gioverà havere qualche libro devoto, di buona dottrina, il quale leggerai a bell'aggio, non trascorrendo molte carte, ma fermandoti in ciascuna sententia che leggerai a ruminarla, e cavare da quella divotione e profitto. E in quella ti fermerai mentre che ti durerà l'attentione e quando questa ti mancasse passerai a un'altra sententia, e facendo in quella il medesimo. E quivi potresti anchora, mediante le parole che leggerai, usar quelli colloqui, sospiri e gemiti e infiammate parole che dicevamo adesso [...]. I libri che più convengono a questo proposito sono quelli che eccitano a pietà e divotione, e insieme hanno buona dottrina per li costumi, come sarebbono meditationi, soliloqui e manuali di santo Agostino, alcuni trattatelli che si ritrovano stampati da per sé di s. Bernardo, s. Anselmo, s. Bonaventura, massime uno che tratta della vita di Christo.[9]

La poesia rivestiva un ruolo ben definito nel contesto della lettura devota regolare. Rappresentava il cuore dell'apprendimento della devozione da parte delle donne, dei bambini e della servitù, attraverso la recitazione di testi chiave a certe ore fissate del giorno, così che potessero venire memorizzati. La poesia, in particolare la terza rima, è facile da memorizzare tanto a fini di recitazione o rappresentazione quanto per la ripetizione privata: ciò contribuisce chiaramente alla sua efficacia educativa. La poesia era frequentemente messa in musica e le arie popolari contribuivano ad aiutare la memorizzazione dei testi. Inoltre, e soprattutto, la poesia occupa il primo posto nella vita devozionale in quanto è la forma d'arte di Dio stesso: infatti la Sacra Scrittura è la prima forma di poesia. Antonio Minturno, nella sua *Arte poetica* (1564), afferma chiaramente il ruolo spirituale del poeta: «La poesia, com'è cosa divina, così è certamente arte d'Iddio».[10] I lettori laici erano incoraggiati e ricorrere a testi poetici come i *Salmi* in quanto lettura appropriata da praticare a casa, così come a recitare laude

9. G. Loarte, *Essercitio della vita cristiana [...]*, in Venetia, appresso Giovanni Varisco, e compagni, 1569, cc. 60r-60v. Per una discussione più ampia dell'esercizio di lettura spirituale, si veda S. Corbellini, *Beyond Orthodoxy and Heterodoxy. A New Approach to Late-Medieval Religious Reading*, in *Cultures of Religious Reading in the Late Middle Ages. Instructing the Soul, Feeding the Spirit, and Awakening the Passion*, a cura di S. Corbellini, Turnhout 2013, pp. 33-53. Si rimanda anche al recente *Discovering the Riches of the World: Religious Reading in Late Medieval and Early Modern Europe*, a cura di S. Corbellini, M. Hoogvliet, B. Ramakers, Leiden 2015.

10. *L'arte poetica del sig. Antonio Minturno...*, Venezia 1564, lettera dedicatoria [s.p.]. Si veda anche E. Ardissino, *Poetiche sacre tra Cinquecento e Seicento*, in *Poesia e retorica del sacro tra Cinque e Seicento*, a cura di E. Ardissino, E. Selmi, Alessandria 2009, pp. 367-381.

e altri testi poetici facilmente memorizzabili mentre si occupavano delle proprie faccende domestiche.[11]

Un'ultima considerazione generale da farsi a proposito della lettura devota riguarda la materialità stessa del testo. Nel Rinascimento i testi devozionali contenevano molto di più del loro esplicito contenuto letterale. Oltre a questo, i libri e i manoscritti devozionali potevano possedere un forte potere spirituale, come fossero talismani o amuleti. I testi venivano letti e recitati, ma venivano anche portati in giro, indossati sul corpo, iscritti su oggetti, gioielli, edifici e addirittura sepolti o mangiati, così che il loro potere potesse passare direttamente al loro fruitore.[12] Numerosi esempi contemporanei attestano la credenza, comune tra i laici, che i testi spirituali avessero poteri apotropaici.

2. *La poesia spirituale di Vittoria Colonna*

Tenendo presente questo contesto più ampio di lettura devozionale, è chiaro che la poesia di Vittoria Colonna, tanto nella sua circolazione manoscritta che in quella a stampa, portava con sé un'intenzione alla lettura entro un contesto fortemente devoto. Tale intenzione può essere con sicurezza ascritta ai curatori e agli stampatori della poesia della Colonna che, apparentemente, agivano indipendentemente dalla poetessa stessa. L'immagine inclusa nell'edizione del 1540 esprime con evidenza tale connessione con la lettura: la poetessa è inginocchiata in preghiera di fronte al crocefisso, in vesti monacali (fig. 1).

La sua scrittura, così come l'atto di leggerla, è un atto di culto che deve produrre una mutazione nel lettore. Chiunque avesse acquistato questo libro, con questa immagine sul frontespizio, non avrebbe potuto ingannarsi circa l'effetto che l'atto della lettura avrebbe dovuto ottenere. Ciò che appare chiaro dal successo di simili edizioni, è che l'esperienza connessa alla lettura di questo genere di letteratura devota era ampiamente ricercata dal pubblico.[13]

11. *Il Salmista secondo la Bibia il quale fece il propheta David...*, Venezia: per Petrum de Nicolinis de Sabio, 1536.

12. D.C. Skemer, *Binding Words: Textual Amulets in the Middle Ages*, University Park (PA) 2006.

13. Questo esempio è particolarmente efficace nel dimostare che, almeno per i lettori cinquecenteschi delle rime a stampa della Colonna, la nostra preoccupazione contempora-

RIME DE LA DIVA
VETTORIA COLONNA DE
pescara inclita Marchesana
NOVAMENTE AGGIVNTOVI
XXIIII. Sonetti spirituali, & le sue stanze,
& uno triompho de la croce di Christo non piu stampato con
la sua tauola.

IN VENETIA M D XXXX.

Fig. 1. Frontespizio di *Rime de la diva Vettoria Colonna de Pescara inclita marchesana*, novamente aggiuntovi XXIIII sonetti spirituali, e le sue stanze, ed uno Trionfo de la croce di Cristo non più stampato, con la sua tavola (Venezia 1540). Su concessione del Ministero dei beni e delle attività culturali e del turismo/Biblioteca Nazionale Centrale, Firenze (tutti i diritti riservati).

Oltre ai testi poetici, della Colonna uscirono a stampa anche una meditazione in prosa e una preghiera, pubblicate per la prima volta nel 1557.[14] Queste opere arricchiscono il ritratto della scrittrice come autrice di opere devozionali, al pari delle sue tre *litere* a stampa indirizzate a Costanza D'Avalos, in cui guida la sua lettrice attraverso una serie di meditazioni spirituali.[15] Il ruolo di insegnante e guida spirituale della Colonna in queste opere è evidente: ella afferma la propria autorità offrendo la propria pratica di meditazione come modello per gli altri. Inoltre, presenta i propri scritti, tanto in prosa quanto in poesia, come uno stimolo alla lettura devota, la quale a sua volta condurrà infine alla preghiera e alla meditazione spirituale. Ciò che non ha precedenti è che la Colonna è donna e laica, e dunque non occupa alcuna posizione tradizionale di autorità religiosa: il suo status di modello da emulare deriva interamente dal suo talento letterario.

Se è possibile ipotizzare che gli editori e gli stampatori giocassero un ruolo determinante nel mettere in circolo questa immagine della Colonna scrittrice, il manoscritto donato a Michelangelo ci consente di avvicinarci meglio al significato che ella attribuiva alla funzione devozionale delle proprie opere. Possiamo addirittura intravedere il valore amuletico che la poesia della Colonna poteva avere per il lettore. Nel ringraziarla per il dono di alcune non meglio specificate «cose», Michelangelo allude all'influenza che tali cose esercitano nel suo spazio domestico: stando a casa propria, egli è ora in Paradiso: «quando l'arò, non per averle in casa, ma per essere io in casa loro, mi parrà essere in paradiso: di che ne resterò più obrigato,

nea della distinzione tra *rime spirituali* e *rime amorose* nell'opera della poetessa era relativamente priva di interesse. Tutte le poesie in questo libro sono chiaramente immesse sul mercato come "spirituali", sebbene i "nuovi materiali" di contenuto religioso (che a questa data non erano proprio nuovi) siano esibiti sul frontespizio. Non ci sono indicazioni precise circa il fatto che le rime in morte del marito siano in qualche modo divergenti e separate rispetto al contesto generalmente spirituale della pubblicazione.

14. Vittoria Colonna, *Pianto della Marchesa di Pescara sopra la passione di Christo. Oratione della medesima sopra l'Ave Maria...*, Bologna, Manutio, 1557. Per ulteriori informazioni, si veda E.-M. Jung-Inglessis, *Il* Pianto della Marchesa di Pescara sopra la passione di Christo*: Introduzione*, in «Archivio italiano per la storia della pietà», 10 (1997), pp. 115-147.

15. *Litere della divina Vetoria Colona marchesana di Pescara ala duchessa de Amalfi sopra la vita contemplativa di Santa Caterina et sopra de la activa di Santa Madalena non piu viste in luce*, Stampata nella Inclita Cita di Venetia per Alessandro de Viano Venetian. Ad Instantia di Antonio detto el Cremaschino. Ne l'anno del Nostro Signore. M.D.XXXXIIII. Si veda anche M.L. Doglio, *L'occhio interiore e la scrittura nelle 'Litere' di Vittoria Colonna*, in *Omaggio a Gianfranco Folena*, 3 voll., Padova 1993, II, pp. 1001-1013.

se più posso essere di quel ch'i sono, a Vostra Signoria».[16] Sebbene questi doni potessero essere qualsiasi cosa, disegni, quadri o perfino cibo o vino, è anche possibile che includessero rime, testi scritti che, attraverso la loro lettura o la loro semplice presenza in casa, avevano il potere di trasformare la *routine* quotidiana della casa di Michelangelo nel Paradiso.

3. *Il codice Vaticano come testo devoto*

Nel manoscritto Vaticano donato a Michelangelo cogliamo la poesia della Colonna nell'atto di stabilire una comunicazione col lettore la più intima e potente possibile, completamente libera e sciolta da qualunque forma di abbellimento testuale o intervento editoriale. I sonetti sono disposti uno per pagina, vergati in una italica chiara e numerati in ordine.[17] Nulla in questo dono è lussuoso, e tanto la messa in pagina quanto la presentazione dei testi sembrano concepiti per dirigere l'attenzione esclusivamente al contenuto. Tutti i 103 testi trattano del mistero della fede, focalizzandosi sull'intensa relazione della poetessa con Cristo, il cui corpo diviene il testo sul quale ella iscrive la propria passione servendosi degli strumenti della Passione.[18] Pietro Bembo ci informa che la Colonna scriveva i suoi versi con grande rapidità: «in così breve spazio che non si crederebbe di leggieri da chi veramente nol sapesse [...]».[19] Il codice Vaticano, nella sua forma e nel suo sviluppo interno, riflette questo senso di facilità e scioltezza: ogni sonetto sembra scaturire con naturalezza dal contesto meditativo dell'intero canzoniere, e la forza complessiva dei sonetti agisce come una sorta di preghiera o atto liturgico sull'esperienza del lettore che, sottoponendosi a un esercizio di lettura ripetuto, accede a una più ampia e profonda comprensione. I sonetti possono essere infatti letti individualmente, inframezzati nel corso della giornata, in sintonia con il suggerimento dei manuali devozionali di evitare una lettura troppo lunga e protratta. In ogni caso, è attraverso il loro potere complessivo che essi raggiungono il proprio scopo.

16. *Carteggio di Vittoria Colonna, Marchesa di Pescara*, a cura di E. Ferrero, G. Müller, Torino 1889, pp. 210-211.

17. Per una descrizione del manoscritto vaticano, si veda Carusi, *Un codice sconosciuto delle* Rime spirituali *di Vittoria Colonna*.

18. Brundin, *Vittoria Colonna and the Spiritual Poetics of the Italian Reformation*, pp. 79-82.

19. Pietro Bembo, *Lettere*, a cura di E. Travi, Bologna 1993, IV, pp. 606-607.

Il tema del manoscritto per Michelangelo è annunciato proprio nella prima pagina, nel sonetto di apertura.

Poi che 'l mio casto amor gran tempo tenne
L'alma di fama accesa, ed ella un angue
In sen nudrio, per cui dolente or langue
Volta al Signor, onde 'l rimedio venne,
  I santi chiodi omai sian le mie penne,
E puro inchiostro il prezioso sangue,
Vergata carta il sacro corpo exangue,
Sì ch'io scriva ad altrui quel ch'ei sostenne.
  Chiamar qui non convien Parnaso o Delo,
Ch'ad altra aqua s'aspira, ad altro monte
Si poggia, u' piede uman per sé non sale.
  Quel sol, che alluma gli elementi e 'l cielo,
Prego ch'aprendo il suo lucido fonte
Mi porga umor a la gran sete eguale.[20]

La poetessa dichiara di avere compreso come il rimedio per ogni dolore provenga esclusivamente da Cristo. È lui a offrire il proprio corpo, il proprio sangue e gli strumenti della Passione perché ella possa scrivere di questa esperienza e possa condividerla con coloro che si trovano nella stessa condizione: «Sì ch'io scriva ad altrui quel ch'ei sostenne». Colonna rifiuta qui i *loci* tradizionali relativi all'ispirazione poetica e riconosce la propria inadeguatezza: sebbene non possa ascendere da sola questa montagna e il compito sia elevato, la sua sete insaziabile la guida verso la vetta. Nel poema di apertura si stabiliscono così alcuni dei temi chiave che ricorrono in tutta la raccolta: la centralità di Cristo, la sua fisicità, l'impotenza dell'autrice in assenza dell'aiuto divino, il suo profondo bisogno di consolazione e i tropi poetici della luce e del calore che emanano da Cristo.[21]

È degno di nota anche il fatto che, all'inizio del manoscritto donato a Michelangelo, l'autrice intenda stabilire una conversazione: ella scrive infatti «ad altrui» (una variante rispetto alle edizioni a stampa del sonetto nelle quali il verso suona «Si ch'io scriva per me») e fa ricorso alla propria esperienza come a uno strumento per comunicare con gli altri. Constance Furey ha

20. MS Vat. Lat. 11539, c. 1v.

21. Per un'analisi dei temi centrali della poesia, si rimanda al lavoro recente di M.S. Sapegno, *The* Rime*: A Textual Conundrum?*, in *Companion to Vittoria Colonna*, i.c.s.

scritto in modo molto convincente dell'importanza per la Colonna di quelle che definisce «necessary relationships» («rapporti necessarii»): sebbene ella ricercasse la preghiera solitaria e la meditazione, tentando di liberarsi di ogni legame terreno, riconosceva di non poter cercare Dio senza il supporto di altre persone.[22] La sua ben documentata amicizia con Michelangelo fu vissuta secondo il modello del neoplatonismo cristiano: con reciproco amore, ciascuno supportava l'altro nella loro aspirazione ad amare Dio e ciascuno metteva la propria arte al servizio di tale aspirazione. Questo manoscritto-dono, che Michelangelo afferma di aver prestato numerose volte, rappresenta un gesto di amicizia, di desiderio di reciproco conforto spirituale, ma anche di generosità da parte dell'autrice nei confronti degli altri lettori, quegli «altrui» che avrebbero potuto trarre beneficio dal suo esempio.

La conversazione tra la poetessa e il lettore, e il senso di un'impresa collettiva, si mantengono per tutto il manoscritto. L'autrice si immagina come parte di un'esperienza comune nella quale si alternano gioia e disperazione;[23] come uno dei rami che vivono nella vigna del Signore che sente tuttavia di appassire e abbisogna per questo delle attenzioni del giardiniere divino.[24] Attende di sedere e pranzare con il suo compagno eletto al divino banchetto ma dubita di esservi invitata.[25] Inoltre, ciò che appare fondamentale, ella è in grado di celebrare le conquiste spirituali degli altri senza gelosia: «né l'invidia offende / L'un perché l'altro abbia più grande onore».[26] Più avanti nella raccolta, analogamente alle sue meditazioni in prosa sulla Passione di Cristo, la Colonna si rivolge individualmente a una larga schiera di personaggi che hanno sperimentato il genere di amore divino che ella tenta di raggiungere. Queste figure includono i discepoli, Maria e Maria Maddalena, Noè e i Magi così come Francesco, Orsola, altri santi e i contemporanei Pole e Bembo. Si ha l'impressione di una conversazione all'interno di una compagnia spirituale, sia reale che immaginaria, o, nelle parole di Furey, di una «relational spirituality» («spiritualità relazionale») elaborata attraverso il modello del rapporto degli altri con Cristo.[27]

22. C. Furey, *Erasmus, Contarini, and the Religious Republic of Letters*, Cambridge 2006.

23. Si veda, ad esempio, il tono gioioso di *Quel pietoso miracol grande, ond'io* (3, MS Vat. Lat. 11539, c. 2v); e quello dubbioso di *Vorrei che 'l vero sol, cui sempre invoco* (23, c. 12v).

24. *Padre eterno del ciel, se, tua mercede* (20, c. 11r).

25. *Con la croce a gran passi ir vorrei dietro* (2, c. 2r).

26. *Beati voi, cui tempo né fatica* (35, c. 18v, 13-14).

27. Furey, *Erasmus, Contarini, and the Religious Republic of Letters*, p. 125.

L'articolata e gioiosa conversazione del manoscritto Vaticano è condotta parallelamente agli occasionali inviti dell'autrice al silenzio e alla solitudine, che sono ritenuti necessari per la contemplazione meditativa. Nel sonetto *Se per serbar la notte il vivo ardore* (76), raccomanda di allontanarsi dalle distrazioni terrene per accudire una fiamma interiore che possa condurre al giusto stato di ricettività:

Se per serbar la notte il vivo ardore
Dei carboni, da noi la sera accensi
Nel legno incenerito arso, conviensi
Coprirli sì che non si mostrin fuore;
  Quanto più si conviene a tutte l'ore
Chiuder in modo d'ogn'intorno i sensi,
Che sian ministri a serbar vivi e intensi
I bei spirti divini entro nel core.
  Se s'apre in questa fredda notte oscura
Per noi la porta a l'inimico vento,
Le scintille del cor dureran poco;
  Ordinar ne convien con sottil cura
Il senso, onde non sia da l'alma spento
Per le insidie di fuor l'interno foco.[28]

Ancora, nel sonetto *Vorrei l'orecchia aver qui chiusa e sorda* (81), cerca di chiudere le proprie orecchie a ciascun suono mortale, per poter udire il suono della musica divina.

Vorrei l'orecchia aver qui chiusa e sorda,
Per udir coi pensier più fermi e intenti
L'alte angeliche voci e i dolci accenti
Che certa pace in vero amor concorda.
  Spira un aer vital fra corda e corda
Divino e puro in quei vivi instrumenti
E sì move ad un fine i lor concenti,
Che l'eterna armonia mai non discorda.
  Amore alza le voci amor le abbassa,
Ordina e batte egual l'ampia misura
Che non mai fuor del segno in van percote.

28. MS Vat. Lat. 11539, c. 39r.

Sempre è più dolce il suon se ben ei passa
Per le mutanze in più diverse note,
Ché chi compone il canto ivi n'ha cura.[29]

Tuttavia, malgrado questi desideri esplicitamente formulati, e la paura che li accompagna che l'eccessiva compagnia umana possa rappresentare una distrazione invece che un aiuto, appare chiaro che la vicinanza dei suoi compagni in Cristo sostiene e conforta la poetessa, che si sente profondamente investita del ruolo di scrittrice entro un'esperienza collettiva. Nel penultimo sonetto della raccolta, ammette il proprio fine evangelico: le «faville» della sua ispirazione le sfuggono suo malgrado; ma se una sola di esse può accendere una scintilla nel cuore di qualcuno, il suo felice errore non sarà stato invano. L'esperienza dell'autrice relativa al suo essere letta è dunque potentemente inscritta nella raccolta.

S'in man prender non soglio unqua la lima
Del buon giudizio, e ricercando intorno
Con l'occhio disdegnoso io non adorno
Né tergo la mia rozza incolta rima,
Nasce perché non è mia cura prima
Procacciar di ciò lode o fuggir scorno,
Né che dopo il mio lieto al ciel ritorno
Viva ella al mondo in più onorata stima;
Ma dal foco divin, che 'l mio intelletto,
Sua mercé, infiamma, convien ch'escan fore
Mal mio grado talor queste faville,
Et s'alcuna di lor un gentil core
Avien che scaldi, mille volte e mille
Ringraziar debbo il mio felice errore.[30]

4. *Una lettura ideale?*

È con questa impressione di un viaggio poetico comune e collettivo che giungiamo alla questione centrale, quella cioè della lettura del manoscritto Vaticano. Come sarà stato accolto, letto e capito dal suo primo e più

29. MS Vat. Lat. 11539, c. 41v.
30. Sonetto CII: MS Vat. Lat. 11539, c. 52r.

importante lettore? Possiamo immaginarlo leggere in solitudine, cercando di evocare e di commemorare l'amica lontana. Tuttavia, le indicazioni disseminate dall'autrice nel manoscritto, combinate con quanto sappiamo delle pratiche del gruppo dei cosiddetti "spirituali" che, in quegli anni, si riuniva tra Roma e Viterbo, suggeriscono una diversa esperienza di lettura.[31] Colonna allude nel codice agli «altrui» che avrebbero potuto accedere alla raccolta, sperando che almeno uno di loro possa essere ispirato dalle sue parole. Sappiamo inoltre che i membri della cosiddetta «ecclesia Viterbiensis», oltre a leggere collettivamente, si prestavano e donavano l'un l'altro opere d'arte: scrivendo nel 1546 al cardinal Gonzaga, Pietro Bertano offre di inviargli un'immagine della *Pietà* di Michelangelo di proprietà del cardinal Pole. Non deve preoccuparsi di privarne il Pole: «percioche dalla marchesa di Pescara può averne un altro».[32] Questo contesto in cui, entro una cerchia di cristiani dalle analoghe vedute spirituali, si condividevano opere devozionali – che apparentemente erano immediatamente disponibili – si presenta come una possibile chiave per vedere il manoscritto-dono della Colonna con gli occhi di Michelangelo: al cuore dell'intero processo stavano la generosità e la volontà di condividere con gli altri l'aspirazione a una fede più pura e maggiormente centrata in Cristo.[33]

Così, possiamo immaginare che la lettura devota di Michelangelo fosse comune e probabilmente implicasse il parlato e la recitazione, come il genere richiedeva. Petrarca stesso ci avverte del contesto orale della poesia lirica all'inizio del suo canzoniere, «Voi ch'ascoltate», e gli editori cinquecenteschi erano estremamente sensibili all'importanza della recitazione della lirica, che era concepita per essere letta ad alta voce, appresa e recitata, così che le modulazioni della voce le conferissero ulteriore bellezza.[34] Sappiamo che la Colonna stessa amava recitare poesia in compagnia. Scipione Ammirato ci informa, nella dedica a Bernardino Rota delle *Egloghe*

31. Sul gruppo degli "spirituali", si rimanda in primo luogo a M. Firpo, *«Disputar di cose pertinente alla fede». Studi sulla vita religiosa nel Cinquecento italiano*, Milano 2003.

32. La lettera viene citata e discussa in Forcellino, *Michelangelo, Vittoria Colonna e gli «spirituali»*, p. 86.

33. Su altre attività comuni del gruppo a Viterbo, inclusa la riscrittura del *Beneficio di Cristo* in manoscritto, si veda T.F. Mayer, *Reginald Pole, Prince and Prophet*, Cambridge 2007, pp. 119-122.

34. B. Richardson, *«Voi ch'ascoltate»: Reciting Petrarchan Verse in Renaissance Italy*, in *Chivalry, Academy, and Cultural Dialogues: The Italian Contribution to European Culture*, a cura di S. Jossa, G. Pieri, Cambridge 2016, i.c.s.

piscatorie del 1560, che al principio degli anni Trenta la Colonna aveva l'abitudine di imparare a memoria le poesie che sentiva recitare, recitandole poi a sua volta in svariate occasioni: «a cui [*Colonna*] piacquero cotanto queste egloghe, [...] che n'havea gran parte a memoria, et recitavale, et celebravale [...]».[35] Abbiamo anche delle testimonianze affascinanti della poetessa intenta a rappresentare o fare rappresentare le proprie poesie in occasione di una cena a Ferrara nel carnevale del 1538, come apprendiamo da una lettera di un cortigiano ferrarese al cardinal Ercole Gonzaga: «Dopo cena si lessono cinque sonetti della sopradetta Signora Marchesa, tanto belli, ch'io non credo che uno angelo del paradiso li potessi far più perfecti».[36] Chiaramente, dunque, la Colonna apprezzava la bellezza e il potere della poesia rappresentata, tanto recitata quanto musicata. Non possiamo ignorare questo sfondo su cui collocare le sue rime e, seppur siamo tentati di assumere l'incisione dell'edizione del 1540 per quello che rappresenta, cioè la lettura del testo entro un contesto di meditazione privata, le testimonianze ci dicono che questa esperienza era invece concepita per essere collettiva. Ciò trasmette un'immagine affascinante del piacere e dell'atmosfera di cordiale socialità offerta dalla poesia della Colonna, anche dai sonetti più intimamente devozionali. Quest'immagine può funzionare come importante correttivo rispetto all'impressione che ella può suscitare: di essere una poetessa «privata». Al contrario, in modo discreto e del tutto aristocratico, ella andava offrendo la propria opera a una cerchia di lettori informati e acconsentiva tacitamente alla sua circolazione per fini evangelici.

Naturalmente, c'erano molti altri lettori della Colonna oltre Michelangelo, in particolare quelli al di fuori dalla sua cerchia di amici, il cui accesso alla sua poesia poteva avvenire solo tramite le edizioni a stampa delle rime che contenevano però una scelta del tutto differente dei suoi sonetti. Probabilmente, ciò che l'attenzione rivolta al manoscritto per Michelangelo ci consente di fare è ripensare, in modo più ampio, l'atteggiamento della Colonna riguardo ai propri lettori, anche i non iniziati; e questo a partire da quel particolare assetto delle poesie. Sebbene cercasse di evitare di far propria la cultura della stampa, pure scriveva per un pubblico. La nota ri-

35. Berardino Rota, *Egloghe piscatorie*, a cura di S. Bianchi, Roma, Carocci, 2005, p. 75.

36. Citato in S. Peyronel Rambaldi, *Una gentildonna irrequieta: Giulia Gonzaga fra reti familiari e relazioni eterodosse*, Roma 2012, pp. 142-143.

trosia della Colonna quando si trattava di far circolare i suoi scritti, infatti, è nozione ben acquisita, espressa frequentemente anche dai suoi amici e contemporanei.[37] Un atteggiamento di resistenza imbarazzata è certamente appropriato a una nobildonna che non perde occasione di mettere in chiaro che la sua scrittura non è prodotta per scopi di gloria, ma per solo profitto spirituale. Tuttavia, non dobbiamo per questo immaginare che ella non ricercasse un pubblico. In effetti, essere letta era un suo dovere spirituale: dal momento che il suo talento letterario era un dono divino, doveva impiegare queste "faville" poetiche, per quanto potesse dubitare della loro efficacia, per toccare i cuori e la mente di altri.[38]

In conclusione, credo di dover tornare alla domanda dalla quale sono partita, cioè come spiegare ai miei studenti di Cambridge perché Vittoria Colonna ebbe un tale impatto sul pubblico dei lettori del Cinquecento. Ciò che ho cercato di delineare è la consapevolezza, da parte della poetessa, della necessità di essere letta, nonché il tacito riconoscimento e l'accettazione di quello che era assieme un dovere e un piacere. Accanto a ciò stava la consapevolezza da parte di coloro che leggevano le rime spirituali della Colonna, tanto nei manoscritti quanto a stampa, che queste rispondevano perfettamente ai bisogni della lettura devota. Potevano essere lette singolarmente o tutte assieme, silenziosamente o ad alta voce, memorizzate e recitate in altre occasioni o in compagnia e, ciò che più importa, offrivano un modello spirituale che era certo ispiratore, ma anche profondamente umano.

37. Il sonetto *Scrivo sol per sfogar l'interna doglia*, che si trova al solito in prima posizione nelle edizioni a stampa delle sue rime, dimostra chiaramente l'atteggiamento di modestia coniugale adottata dalla Colonna nei suoi versi.

38. Nel sonetto *Diletta un acqua viva a pie' d'un monte* (MS Vat. Lat. 11539, XCVIII, c. 50r), indirizzato a Pietro Bembo, Colonna avverte il suo amico di non dimenticare questo dovere: «rivolgete ancor la musa al vero».

Gigliola Fragnito

«Per lungo e dubbioso sentero»: l'itinerario spirituale di Vittoria Colonna*

Vittoria Colonna moriva a Roma il 25 febbraio 1547. Solo pochi giorni prima, il 13 gennaio, a Trento era stato approvato il decreto sulla dottrina della giustificazione per fede e opere. Il Sant'Ufficio, però, non aveva atteso quella determinazione conciliare per avviare indagini sotterranee intorno al cardinale Reginald Pole e al cenacolo che all'inizio degli anni Quaranta gravitava intorno a lui a Viterbo, di cui faceva parte anche la marchesa di Pescara. Ma, se durante il pontificato di Paolo III «il rigore dell'inquisitori» venne tenuto a freno[1] e delazioni e indizi raccolti dal Carafa e dai colleghi

*Verranno usate le seguenti abbreviazioni: ACDF = Archivio della Congregazione per la Dottrina della Fede; *Index* = Archivio della Congregazione dell'Indice (i numeri romani indicano le serie, i numeri arabi i volumi); BAV = Biblioteca Apostolica Vaticana; BLO = Bodleian Library, Oxford; BPP = Biblioteca Palatina, Parma; *Carteggio* = Vittoria Colonna, *Carteggio*, a cura di E. Ferrero, G. Müller, seconda edizione con Supplemento raccolto ed annotato da D. Tordi, Torino 1892; *Rime* = Vittoria Colonna, *Rime*, a cura di A. Bullock, Roma-Bari 1982; PC = *I processi inquisitoriali di Pietro Carnesecchi (1557-1567)*, edizione critica a cura di M. Firpo, D. Marcatto, 2 voll., Città del Vaticano 1998-2000; PM1= *Il processo inquisitoriale del cardinal Giovanni Morone*, edizione critica a cura di M. Firpo, D. Marcatto, 6 voll., Roma 1981-1995; PM2 = *Il processo inquisitoriale del cardinal Giovanni Morone,* nuova edizione critica, a cura di M. Firpo, D. Marcatto, con la collaborazione di L. Addante, G. Mongini, L. Sinisi, 3 voll., Roma 2011-2015. Desidero ringraziare per il loro generoso aiuto Nicoletta Bazzano, Lodovica Braida, Michele Camaioni, Giacomo Moro ed Elena Valeri.

1. M. Firpo, *La presa di potere dell'Inquisizione romana, 1550-1553,* Roma-Bari 2014, p. XVI. Si vedano anche le osservazioni del Seripando sul tribunale che, «moderatum et mite» sotto Paolo III, aveva a tal punto dilatato le proprie funzioni e la propria autorità sotto la guida del Carafa «nulla humanitate aspersa», che «nullibi toto terrarum orbe horribilia magis magisque formidulosa iudicia esse existimarentur, quae iusta omnino et honesta censenda sunt si ea fuerint charitate condita quam Christus Iesus, mortalium omnium a

sulle deviazioni dottrinali del sodalizio, incentrate sulla giustificazione *ex sola fide*, rimasero nei loro scrigni, durante quello del successore, il debole Giulio III, le indagini sull'*Ecclesia viterbiensis* ripresero senza sosta e si protrassero fino al pontificato di Pio V, nonostante il tassativo divieto del papa di interrogare gli inquisiti sul conto dei membri del sacro collegio e la sua imposizione al tribunale di darsi come norma la non retroattività del decreto tridentino.[2] Sebbene bersaglio privilegiato fosse il cardinale Pole, in più occasioni i giudici si soffermarono sulla Colonna. Com'era scontato, il loro interesse per l'aristocratica non era finalizzato a dimostrarne l'eresia quanto a documentare il ruolo del cardinale inglese quale capo di una vera e propria scuola di eretici di cui era stata una dei tanti discepoli che «lo predicavano et lo osservavano come un angelo del cielo e come uno oracolo lo ascoltavano».[3] Ne sono prova le indagini sul suo conto incentrate esclusivamente sul soggiorno viterbese e sul magistero del Pole, come si evince dalle deposizioni di testi o imputati che merita riassumere per le loro implicazioni storiografiche. Dagli atti processuali emergono, infatti, alcuni dati precisi: la religiosità della Colonna fu profondamente segnata dal Pole e dai componenti del disciolto circolo valdesiano di Napoli che l'avrebbero introdotta alla dottrina della giustificazione *ex sola fide*;[4] apprezzava il *Be-*

Deo patre iudex constitutus, et docuit et exercuit» (*ibidem*, pp. 56-57). Sugli ostacoli posti all'attività dell'Inquisizione da Paolo III e sulla costante protezione da lui accordata agli "spirituali", cfr. G. Fragnito, *Evangelismo e intransigenti nei difficili equilibri del pontificato farnesiano*, in «Rivista di storia e letteratura religiosa», 25 (1989), pp. 20-47, e Ead., *Il nepotismo farnesiano tra ragioni di Stato e ragioni di Chiesa*, in *Continuità e discontinuità nella storia politica, economica e religiosa. Studi in onore di Aldo Stella*, a cura di P. Pecorari, G. Silvano, Vicenza 1993, pp. 117-125 (ora in Ead., *Cinquecento italiano. Religione, cultura e potere dal Rinascimento alla Controriforma*, a cura di E. Bonora, M. Gotor, Bologna 2011, pp. 188-230), e Ead., *Paolo III*, in *Dizionario biografico degli italiani*, LXXXI, Roma 2014, pp. 98-107.

2. Firpo, *La presa di potere*, p. 231.

3. Firpo, *La presa di potere*, p. 226.

4. Bernardo Bartoli, frequentatore del circolo di Viterbo, trasformatosi in delatore, riferì (7-10 luglio 1555) che la Colonna gli disse di «credere questa giustificatione per le persuasioni del cardinale d'Inghilterra» (PM2, I, p. 77). Pietro Carnesecchi dichiarò (costituto del 10 novembre 1566): «Non mi ricordo che si sia parlato né trattato tra noi et quella signora d'altro dogma che della giustificatione per la fede, et neanche questo saprei dire a punto con che circonstantie ella le tenesse, ma basta che l'attribuiva molto alla gratia et alla fede in suoi ragionamenti, et d'altra parte nella vita et nelle attioni suoe mostrava di tenere gran conto dell'opere facendo grand'elemosine et usando charità universalmente con tutti. Nel che veniva a osservare et seguire il consilio che ella diceva haverli dato il cardinale,

neficio di Cristo, rielaborato da Marcantonio Flaminio a Viterbo alla luce degli scritti di Juan de Valdés, e ne condivideva le posizioni sulla dottrina della giustificazione;[5] leggeva gli scritti di Lutero e li commentava con il Pole;[6] insieme agli altri membri del sodalizio aveva tratto le «consequentie» o le «illationi» teologiche della dottrina della giustificazione: ossia negazione del purgatorio, delle messe di suffragio, delle indulgenze, dell'invocazione dei santi, nonché della confessione auricolare;[7] aveva infettato le monache dei conventi che l'avevano ospitata persuadendole «a lassare le

al quale ella credeva come a un oracolo, cioè che ella dovesse attendere a operare come se la salute sua consistesse nelle opere. Il che ella mi refferì un giorno, dicendo haver fatto instantia al sudetto cardinale che li dicesse l'opinione sua circa questo articulo della giustificatione et non haverne potuto cavare altra resolutione che questa, né havere poi havuto ardire di dimandargli altro intorno a questo né altro dogma pertinente alla fede, dubitando di non offenderlo con la troppo curiosità sua» (citato in M. Firpo, *Vittoria Colonna, Giovanni Morone, e gli «spirituali»*, in Id., *Inquisizione romana e Controriforma. Studi sul cardinal Giovanni Morone (1509-1580) e il suo processo d'eresia*, Brescia 2005^2, pp. 142-143, da PC, II/2, p. 431).

5. Estratti dal processo di Apollonio Merenda in PM2, I, pp. 818-819.

6. PM2, I, p. 819: «mi disse ancora la signora marchesa che legeva una opera di Luthero, non so se era sopra alli romani o alli galati, et essa diceva trovarsi bellissime cose dentro, che se se togliessero le maledicentie saria stato grandemente utile a ognuno; et mostrava assai piacerli, massime l'articolo della giustificatione in detto libro: disse haverne licentia da papa Paulo. Io gli dissi anchora: che diceva il cardinale d'Inghilterra di questo Luthero? Mi rispose che l'haveva detto che li pareva più dotto delli altri, ma che erano satievoli et dispettosi in tante loro maledicentie». Anche Carnesecchi riferirà agli inquisitori nell'agosto del 1567 che la Colonna gli aveva detto «d'aver letto il commento d'un salmo di David che commincia: "Eructavit cor meum verbum bonum", il quale li era piaciuto mirabilmente et tal commento era di Martino Luthero, imperò che li era stato mostrato sotto nome d'un'altra persona, et che da lei era stato letto con tale credenza et con tanto gusto et deletto che non si ricordava haverlo mai sentito maggior d'alcuna altra lectione di cose moderne» (PC, II/3, p. 1233, citato in Firpo, *Vittoria Colonna, Giovanni Morone*, p. 140). La Colonna aveva ottenuto da Paolo III l'autorizzazione a leggere libri proibiti (*ibidem*, p. 141).

7. *Informatio di Giovan Battista Scotti* del marzo 1551 in PM2, I, pp. 19-25, e Firpo, *Vittoria Colonna, Giovanni Morone*, p. 176: la Colonna si era manifestata apertamente con lui «come lutherana, mostrando d'havere per ciechi et ignoranti i catholici della Chiesa romana, come quelli che non intendessero bene la giustificatione con tutte le sue consequentie delle opere et delli meriti et della predestinatione», fino a negare la confessione auricolare, argomentando che «in essa [...] si conferisse revera la remissione de' peccati per virtù delle chiavi, ma che, tosto che 'l peccator si penti et credi in Christo, fusse giustificato per quella giustitia di Christo imputata. Et il voler dire che fusse bisogno di prendere l'absolutione per mezo dell'autorità delle chiavi le pareva che fusse un turbarle la pace della sua conscientia».

invocationi della Vergine et de' santi, et d'altri articoli lutherani».[8] Inoltre la stessa Colonna nelle lettere ai cardinali Pole e Morone, ad Alvise Priuli, a Margherita d'Angoulême e a Giulia Gonzaga, allegate agli atti, attribuiva al Pole un'influenza determinante sulle proprie convinzioni religiose.[9]

Si tornerà sulle deduzioni tratte da queste testimonianze in sede storiografica. Ma è opportuno indicare prima alcune tappe dell'itinerario religioso della Colonna e delineare quello che appare un ampio retroterra di esperienze, di incontri, di letture, un complesso intreccio di diverse correnti di spiritualità che predisposero il terreno a forme di distacco da alcuni capisaldi della fede cattolica manifeste negli ultimi atti della sua vita.[10] La ricostruzione del suo percorso spirituale e dei suoi esiti è in effetti premessa essenziale alla comprensione dell'evoluzione della sua produzione poetica, oltre che a un'eventuale auspicabile nuova edizione critica delle *Rime*, considerando le forti riserve espresse nei confronti di quella del Bullock.[11]

8. *Informatio di Giovan Battista Scotti*, in PM2, I, pp. 19-22.

9. Vedile in S.M. Pagano, C. Ranieri, *Nuovi documenti su Vittoria Colonna e Reginald Pole*, Città del Vaticano 1989, pp. 93-166, e in PM2, I, pp. 1014-1047.

10. Della ricca bibliografia sulla religiosità della Colonna ci si limita a segnalare i lavori più recenti: M. Firpo, *Vittoria Colonna, Giovanni Morone* (saggio apparso in «Rivista di storia e letteratura religiosa», 24 [1988], pp. 211-261, poi ripreso e ampliato); Pagano, Ranieri, *Nuovi documenti su Vittoria Colonna*; G. Fragnito, *Vittoria Colonna e l'Inquisizione*, in «Benedictina», 37 (1990), pp. 157-172; R. Russell, *The mind's pursuit of the divine. A survey of secular and religious themes in Vittoria Colonna's sonnets*, in «Forum Italicum», 26 (1992), pp. 14-27; Ead., *L'ultima meditazione di Vittoria Colonna e l'«Ecclesia Viterbiensis»*, in *Presenze eterodosse nel Viterbese tra Quattro e Cinquecento*, a cura di V. De Caprio, C. Ranieri, Roma 2000, pp. 213-232; C. Ranieri, *Imprestiti platonici nella formazione religiosa di Vittoria Colonna, ibidem*, pp. 193-212; E. Campi, *Michelangelo e Vittoria Colonna. Un dialogo artistico-teologico ispirato da Bernardino Ochino*, Torino 1994, pp. 39-54; i vari saggi contenuti in *Vittoria Colonna. Dichterin und Muse Michelangelos*, catalogo della mostra (Vienna, Kunsthistorisches Museum, 26 febbraio-25 maggio 1997), a cura di S. Ferino-Pagden, Wien 1997, e *Vittoria Colonna e Michelangelo*, catalogo della mostra (Firenze, Casa Buonarroti, 24 maggio-12 settembre 2005), a cura di P. Ragionieri, Firenze 2005; A. Brundin, *Vittoria Colonna and the Spiritual Poetics of the Italian Reformation*, Aldershot 2008; M. Forcellino, *Michelangelo, Vittoria Colonna e gli "spirituali". Religiosità e vita artistica a Roma negli anni Quaranta*, Roma 2009.

11. Vittoria Colonna, *Rime*, a cura di A. Bullock, Bari 1982. Per le riserve si vedano, tra gli altri, Vittoria Colonna, *Sonetti in morte di Francesco Ferrante d'Avalos, marchese di Pescara. Edizione del ms. XII.G.43 della Biblioteca Nazionale di Napoli*, a cura di T.R. Toscano, Milano 1998, pp. 22-51; T.R. Toscano, *Letterati corti accademie. La letteratura a Napoli nella prima metà del Cinquecento*, Napoli 2000, pp. 13-120, in part. pp. 25-84, e

Occorre innanzitutto muovere da Ischia dove Vittoria, munita di una compiuta educazione,[12] giunse nel 1509 a seguito del matrimonio con Ferdinando Francesco (Ferrante) d'Avalos e dove entrò a fare parte di una società particolarmente colta dominata dalla zia Costanza d'Avalos, castellana dell'isola, cui fu legata da forti affinità culturali. «Donna di grand'ingegno, di gran giudizio, di gran discorso, e sceltamente ammaestrata nelle umane e divine lettere», ammirata da Ficino, Poliziano, Pico della Mirandola, Bembo e Molza, Costanza possedeva una biblioteca ricca di opere storiche e filosofiche, di testi scientifici, di scritti apologetici e patristici, di opere di umanisti e letterati contemporanei. Non mancavano, inoltre, edizioni integrali e di singoli libri della Scrittura e commentari come la *Paraphrasi nel quinquagesimo psalmo, Abbi pietà di me, o Dio*, sulla fiducia di Davide nella misericordia divina, che Giovanni Berardino Fuscano emblematicamente le aveva dedicato nel 1532. Oltre all'accesso a un considerevole patrimonio librario, Vittoria poté incontrare tra gli anni Venti e Trenta del Cinquecento illustri letterati e dotti frequentatori della corte ischitana, tra i quali Jacopo Sannazaro, Giovanni Musefilo, Girolamo Borgia, Francesco Pescennio Negro, il Cariteo, Enea Irpino, Tomaso Gramatico, Antonio Minturno, Paolo Giovio. Tra questi riveste particolare interesse la presenza di Jacopo Sannazaro.[13]

G. Bardazzi, *Le Rime spirituali di Vittoria Colonna e Bernardino Ochino*, in «Italique», IV (2001), in rete http://italique.revues.org/index178.html (6 ottobre 2009).

12. Sulla solida educazione ricevuta sotto la guida della madre, Agnesina da Montefeltro, cresciuta nella raffinatissima corte di Urbino, cfr. E. Tordi, *Agnesina di Montefeltro madre di Vittoria Colonna Marchesa di Pescara. Appunti storici*, Firenze 1908[2]. Ma si veda anche Paolo Giovio, *Dialogo sugli uomini e le donne illustri del nostro tempo*, a cura di F. Minonzio, 2 voll., Torino 2011, II, pp. 439-465.

13. Su di lei cfr. E. Papagna, *Tra vita reale e modello teorico: le due Costanze d'Avalos nella Napoli aragonese e spagnola*, in *Donne di potere nel Rinascimento*, a cura di L. Arcangeli, S. Peyronel, Roma 2008, citazione a p. 559 dall'inedita *Vita della principessa di Francavilla*. Vedi anche S. Thérault, *Un cénacle humaniste de la Renaissance autour de Vittoria Colonna, châtelaine d'Ischia*, Firenze-Paris 1968, pp. 45-59, e S. Peyronel Rambaldi, *Una gentildonna irrequieta. Giulia Gonzaga tra reti familiari e relazioni eterodosse*, Roma 2012, pp. 72-78. Sulla biblioteca, il cui inventario parziale risale al 1541, cfr. R. de Vivo, *La biblioteca di Costanza d'Avalos*, in «Annali dell'Istituto Universitario Orientale – Sezione Romanza», 38 (1996), 2, pp. 287-302. Sulla cerchia di letterati frequentatori di Ischia cfr. Ead., *Vittoria Colonna e gli umanisti napoletani*, in *Napoli viceregno spagnolo. Una capitale della cultura alle origini dell'Europa moderna (sec. XVI-XVII)*, a cura di M. Bosse, A. Stoll, Napoli 2001, II, pp. 37-55; Toscano, *Letterati corti accademie*, pp. 13-120; C. Volpati, *Vittoria Colonna e Paolo Giovio*, in «Roma», 11 (1933), pp. 501-516

I rapporti di Sannazaro con i d'Avalos erano di antica data: nel 1477 egli aveva celebrato con una farsa le nozze di Costanza con Federico del Balzo, il che non gli aveva impedito negli anni successivi di rivolgersi alle *alme Muse evangeliche*, come scrisse il Cariteo,[14] componendo sonetti sacri e una *Lamentazione sopra al corpo del Redentor del mondo a' mortali*, risalente agli anni Novanta, in cui erano centrali i temi del sacrificio della croce e dell'azione redentrice di Cristo, temi che riprenderà e svilupperà nel carme latino *De morte Christi domini ad mortales lamentatio*, scritto a ridosso delle prediche quaresimali napoletane del 1501 di Egidio da Viterbo, dalla forte impronta neoplatonica e paolino-agostiniana.[15] Si trattava di temi largamente diffusi dalla letteratura devota tardo medievale, dalle *Meditazioni della vita di Cristo* dello pseudo Bonaventura, allo *Specchio di Croce* di Domenico Cavalca, all'*Imitazione di Cristo*, alla *Vita et passione de Christo* in terza rima di Antonio Cornazzano o alla *Passione di Gesù Christo* in ottava rima di Nicolò Cicerchia, che privilegiano, come ha sottolineato Miccoli, «il momento della vita interiore, dell'esperienza individuale e segreta, dell'effusione affettiva, che nella contemplazione del Cristo crocefisso trova la propria ragione di vita e il proprio conforto» e in cui i contorni dottrinali si stemperano negli atteggiamenti affettivi, nell'interiorità della fede e nello slancio mistico-ascetico verso l'unione con Dio.[16] Testi devozionali di vasto consumo, utilizzati anche nelle scuole

e Id., *Paolo Giovio e Napoli*, in «Nuova rivista storica», 20 (1936), pp. 347-362; E. Travi, *La sosta a Napoli di Paolo Giovio*, in «Quaderni dell'Istituto Nazionale di studi sul Rinascimento meridionale», 3 (1987), pp. 107-129; C. Vecce, *Paolo Giovio e Vittoria Colonna*, in «Periodico della Società storica comense», 44 (1990), pp. 65-91; C. Ranieri, *Premesse umanistiche alla religiosità di Vittoria Colonna*, in «Rivista di storia e letteratura religiosa», 32 (1996), pp. 531-548; I. di Majo, *Vittoria Colonna, il Castello di Ischia e la cultura delle corti*, in *Vittoria Colonna e Michelangelo*, a cura di P. Ragionieri, Firenze 2005, pp. 19-32; P. Sabbatino, *Sannazaro e la cultura napoletana nell'Europa del Rinascimento. Tessere per la geografia e la storia della letteratura*, in *Iacopo Sannazaro. La cultura napoletana nell'Europa del Rinascimento*, a cura di P. Sabbatino, Firenze 2009, pp. 1-27; Giovio, *Dialogo sugli uomini e le donne*, pp. ci-cix.

14. Citazione da C. Vecce, *Maiora numina. La prima poesia religiosa e la Lamentatio di Sannazaro*, in «Studi e problemi di critica testuale», 43 (1991), p. 55.

15. Vecce, *Maiora numina*, p. 57. Il testo in Jacobo Sannazaro, *Opere volgari*, a cura di A. Mauro, Bari 1961 pp. 210-211, n. XCIX. Nel 1495 Sannazaro aveva scritto la *Visione in la morte de l'Ill. Don Alfonso d'Avalo Marchese di Pescara*, padre di Ferrante, *ibidem*, pp. 212-216, n. C.

16. G. Miccoli, *Problemi e aspetti della vita religiosa nell'Italia del primo Cinquecento e le origini dei cappuccini*, in *Ludovico da Fossombrone e l'ordine dei cappuccini*,

per fornire i primi rudimenti dell'alfabetizzazione e ancora a fine Cinquecento tra i più posseduti dai fedeli.[17]

Al di là dell'influenza che queste opere esercitarono sulla poetica della Colonna, che a esse attinse per la costruzione del ritratto di Ferrante «in un continuo adombramento dell'Amato in Cristo – e viceversa», come è stato acutamente osservato da Giovanna Rabitti,[18] è significativo che la *Lamentatio* sia stata pubblicata a Parigi nel 1513 da Jacques Toussain presso Josse Bade in una raccolta di poesia latina patristica e umanistica.[19] E

a cura di V. Criscuolo, Roma 1994, pp. 15-16. Su alcuni di questi testi hanno richiamato l'attenzione Russell, *The mind's pursuit of the divine*, pp. 18-19; G. Bardazzi, *Intorno alle rime spirituali di Vittoria Colonna*, e A. Brundin nella sua relazione *Poesia come devozione: leggere le rime di Vittoria Colonna*, *supra*, pp. 159-176. La lettura dell'*Imitazione di Cristo*, espressione del movimento ascetico-mistico della *devotio moderna*, verrà non a caso caldamente raccomandata da Marcantonio Flaminio, erede spirituale del Valdés, a Carlo Gualteruzzi, Napoli 28 febbraio 1542, in Marcantonio Flaminio, *Lettere*, a cura di A. Pastore, Roma 1978, pp. 121-122.

17. Su questa letteratura cfr. A. Quondam, *La letteratura in tipografia*, in *Letteratura italiana*, dir. da Asor Rosa, II, *Produzione e consumo*, Torino 1983, pp. 555-685, *passim*; U. Rozzo, *Linee per una storia dell'editoria religiosa in Italia (1465-1600)*, Udine 1993; L. Baldacchini, *Bibliografia delle stampe popolari religiose del XVI-XVII secolo (biblioteca Vaticana, Alessandrina, Estense)*, Firenze 1980; E. Barbieri, *Tradition and Change in the Spiritual Literature of the Cinquecento*, in *Church, Censorship and Culture in Early Modern Italy*, a cura di G. Fragnito, Cambridge 2001, pp. 111-133, e *Il libro religioso*, a cura di U. Rozzo, R. Gorian, Milano 2002, pp. 5-32. Per un censimento di questa produzione cfr. A. Jacobson Schutte, *Printed Italian Vernacular Religious Books 1465-1550. A Finding List*, Genève 1983. Sulla loro estesa circolazione tra clero e laici ancora a fine Cinquecento cfr. G. Fragnito, *Proibito capire. La Chiesa e il volgare nella prima età moderna*, Bologna 2005, pp. 191-311.

18. G. Rabitti, *Vittoria Colonna, Bembo e Firenze: un caso di ricezione e qualche postilla*, in «Studi e problemi di critica testuale», 44 (1992), pp. 127-155, citazione a p. 150: «Vittoria Colonna sostituisce un inedito ritratto dell'amato, attingendo in gran parte alle uniche fonti fruibili e ricche di "laude" destinate a un uomo, e cioè ai testi mistici, alle adorazioni di Gesù. E grazie a queste componenti è possibile alla poetessa la riconversione al maschile del simbolo solare (nei *Rerum Vulgarium Fragmenta* di valenza femminile) in un continuo adombramento dell'Amato in Cristo – e viceversa».

19. *Pia et emuncta opuscula. Jacobi Synceri Sannazarii neapolitani Carmen de Passione dominica. Caecilii Cypriani Carthaginensis episcopi de ligno crucis carmen. Ausonii Paeonii Burdegalensis versus in resurrectionem dominicam. Ejusdem precatio matutina ad omnipotentem Deum. Claudii Claudiani de salvatore praeconia. Joannis Joviani Neapolitani de Gestis & festis dominicis hymnus elegiacus. P. Fausti poetae laureati carmen de beata Virgine filium crucifixum amplectente*, In aedibus Ascensianis postridie idus martias ad calculum romanum anni M.D.XIII. In proposito cfr. Vecce, *Iacopo Sannazaro in Fran-*

ancor più significativo che nella prefatoria Toussain, discepolo di Guillaume Budé e vicino a Jacques Lefèvre d'Étaples, come loro impegnato a coniugare rigenerazione del cristianesimo e rinascita delle lettere e degli studi filologici classici e biblici, nel riferirsi al soggiorno francese del poeta tra la fine del 1501 e l'inizio del 1505, al seguito dell'ultimo re aragonese, Federico II, andato in esilio in Francia,[20] abbia ricordato la sua «diutissima consuetudo» con Lefèvre.[21] Che proprio al rientro in Italia e sotto l'influsso dei contatti con la cerchia di Lefèvre Sannazaro abbia concepito il *De partu Virginis*, com'è stato sottolineato da Carlo Vecce, non deve stupire.[22] Ma meno scontato appare che egli venisse percepito in ambienti aperti alle nuove correnti dell'evangelismo se non come un maestro di spiritualità, quantomeno come un modello di poesia sacra dal forte impegno religioso. Difficile stabilire quanto abbiano inciso su questa immagine i contatti con Lefèvre e quanto l'assidua consulenza durante la composizione del *De partu Virginis* prestatagli da Girolamo Seripando, il quale, da presupposti neoplatonici e paolino-agostiniani, giungerà a predicare la giustificazione per sola fede nel 1534 e nel 1535 a Roma a Sant'Agostino «in presenza di cardinal» e, come veniva osservato, «tutto il mondo vi correva, perché questa dottrina piaceva».[23] Ma alcuni indizi orientano in tal senso. Da un

cia, pp. 46-56; Id., *Maiora numina*, pp. 71-83, il testo della *Lamentatio* a pp. 83-86; e Id., *Sannazaro in Francia: orizzonti europei di un 'poeta gentiluomo'*, in *Iacopo Sannazaro. La cultura napoletana nell'Europa del Rinascimento*, pp. 149-165. Una prima edizione "pirata" con falsa attribuzione a Nicolas Cappusot era apparsa l'anno prima sempre a Parigi.

20. Federico si era rifugiato a Ischia il 4 agosto 1501 all'arrivo dell'esercito francese e di lì sarebbe salpato per Marsiglia il 2 ottobre 1501. Morì in Francia il 9 novembre 1504. Sannazaro, tra i pochi fedeli che lo seguirono, rientrò nella primavera del 1505 e soggiornò per qualche tempo a Ischia. Sul soggiorno di Sannazaro in Francia vedi Vecce, *Iacopo Sannazaro in Francia*, pp. 35-46.

21. Edita in *The Prefatory Epistles of Jacques Lefèvre d'Étaples and related Texts*, a cura di E.F. Rice, Jr., New York-London 1972, pp. 305-308.

22. Carlo Vecce individua nel soggiorno in Francia «un nodo cruciale nella sua vicenda intellettuale, e cioè il sempre maggiore impegno nella poesia d'ispirazione religiosa, un cammino che avrebbe portato direttamente al *De partu Virginis*» (Vecce, *Iacopo Sannazaro in Francia*, pp. 47-49). Vittoria scriverà due sonetti in morte del poeta, *Poi che tornata sei, anima bella* e *Se a quella gloriosa e bella etate*, in Vittoria Colonna, *Rime*, pp. 210-212.

23. Costituto di Endimio Calandra (Mantova, 19 aprile 1568) in S. Pagano, *Il processo di Endimio Calandra e l'inquisizione a Mantova nel 1567-1568*, Città del Vaticano 1991, p. 333. Sulla derivazione platonica della dottrina della giustificazione *ex sola fide* di Seripando, probabilmente maturata a contatto di Egidio da Viterbo, cfr. A. Marranzini, *Il problema della giustificazione nell'evoluzione del pensiero di Seripando*, in *Geronimo*

canto Seripando, insieme al benedettino cassinese Onorato Fascitelli, futuro seguace del Valdés,[24] promuoverà la stampa delle opere latine del poeta napoletano a Venezia nel 1535 presso Paolo Manuzio, i cui stretti rapporti con gli «spirituali» sono noti;[25] dall'altro, Ludovico Beccadelli, anch'esso vicino al Pole e alla sua "scuola", divenuto arcivescovo di Ragusa in Dalmazia, non mancherà di farlo ritrarre nel 1559 accanto al Bembo, Michelangelo, Pole, Contarini e Sadoleto, in un affresco nella villa di Šipan.[26] Non è quindi da escludersi che gli interventi censori sulle *Rime* e sul *De partu Virginis* voluti dalla Congregazione dell'Indice intorno al 1577 fossero suggeriti anche dall'apprezzamento di suoi lettori ormai bollati come «luterani».[27]

Ma Sannazaro non fu il solo tramite tra Ischia e la Francia. Un contributo alla conoscenza dei fermenti religiosi d'oltralpe dovette venire anche dal doge Ottaviano Fregoso, cugino primo di Vittoria, il quale, fatto prigioniero da Ferrante d'Avalos durante il sacco di Genova da parte delle truppe

Seripando e la chiesa del suo tempo. Nel V centenario della nascita, a cura di A. Cestaro, Roma 1997, pp. 227-269, e soprattutto Ranieri, *Imprestiti platonici*, p. 203; Ead., *Premesse umanistiche*, pp. 537-538. Si veda anche Russell, *L'ultima meditazione*. Sul Seripando cfr. H. Jedin, *Girolamo Seripando. Sein Leben und Denken im Geisteskampf des 16. Jahrhunderts*, Würzburg 1937; *Geronimo Seripando e la Chiesa del suo tempo*; C. Cesareo, *A Sheperd in their Midst. The Episcopacy of Girolamo Seripando*, Villanova 1999, e M. Cassese, *Girolamo Seripando e i vescovi meridionali 1535-1563*, 2 voll., Napoli 2002.

24. Sui rapporti della Colonna con il Fascitelli e il Seripando cfr. A. Giordano, *La dimora di Vittoria Colonna a Napoli*, Napoli 1906, pp. 145-148, e Vecce, *Iacopo Sannazaro in Francia*, pp. 47-49, e su quelli del Fascitelli con il circolo valdesiano di Napoli cfr. PM1, I, pp. 377-378.

25. Cfr. Vecce, *Iacopo Sannazaro in Francia*, pp. 161 ss. Per gli intensi rapporti di Paolo Manuzio e della sua stamperia con gli «spirituali» si veda M.C. Cianferotti, *Paolo Manuzio tra arte della stampa e inquietudini religiose*, tesi di laurea, Facoltà di Lettere, Università di Firenze, a.a. 1995-1996, relatrice G. Fragnito; G. Fragnito, *Gasparo Contarini. Un magistrato veneziano al servizio della cristianità*, Firenze 1988, pp. 334-340, e per l'opera di propaganda religiosa attraverso le raccolte epistolari L. Braida, *Libri di lettere. Le raccolte epistolari del Cinquecento tra inquietudini religiose e "buon volgare"*, Roma-Bari 2009, pp. 55-99 e *passim*, e G. Fragnito, *Intorno alla "religione" dell'Ariosto: i dubbi del Bembo e le credenze ereticali del fratello Galasso*, in «Lettere Italiane», 44 (1992), pp. 208-239 (ora in Ead., *Cinquecento italiano*, pp. 289-323).

26. Cfr. G. Fragnito, *In museo e in villa. Saggi sul Rinascimento perduto*, Venezia 1988, pp. 51-52 e 111.

27. Si veda l'*Avertimento sopra le rime dell'Ariosto, del Bembo et del Sannazaro*, in BAV, Vat. Lat. 6207, cc. 59r e 60v-61r (sulle *Rime*) e BAV, Vat. Lat. 6149, c. 146v (sul *De partu Virginis*). In proposito cfr. Fragnito, *In museo e in villa*, pp. 45-48.

imperiali nel maggio del 1522, fu trasferito a Ischia e vi rimase fino alla morte nel maggio del 1524.[28] In quei mesi è più che ipotizzabile che il Fregoso abbia intrattenuto Vittoria e Costanza d'Avalos sul lavoro di esegesi e di traduzione di testi patristici e biblici condotto da molti patrizi genovesi e sugli scambi culturali tra Genova e l'abbazia benedettino-cassinese di Sant'Onorato di Lérins, trasformata da Gregorio Cortese tra il 1516 e il 1526 in un vivace centro di studi e di incontri. L'attiva partecipazione agli interessi culturali e più specificamente filologici di quel gruppo di dotti, che si spostava tra Genova e Lérins, e la pronta recettività da parte del doge e del fratello Federico delle tensioni spirituali che lo percorrevano dovette nutrire le conversazioni ischitane. Il prigioniero sicuramente riferì anche dell'approdo a Parigi nel 1518 di Agostino Giustiniani – autore di un'edizione sinottica dei salmi, il *Psalterium octaplum* (1516), chiamatovi a insegnare l'ebraico da Francesco I e accolto con entusiasmo da Lefèvre – e del riparo in Francia, dopo il sacco, del fratello Federico e del suo intimo amico, il grecista Benedetto Tagliacarne, detto Teocreno, che nel 1524 verrà nominato precettore dei figli del sovrano.[29]

D'altro canto nel *Dialogo sugli uomini e le donne illustri del nostro tempo*, scritto da Paolo Giovio tra il 1527 e il 1528 su sollecitazione di Vittoria Colonna a Ischia, dove si era rifugiato dopo il sacco di Roma – dialogo che riflette i giudizi dei poeti e degli umanisti meridionali della cerchia della marchesa sul panorama letterario italiano ed europeo[30] – non mancano gli elogi non solo degli scritti filosofici, ma anche di quelli teologici di Lefèvre, condannato fin dal 1525 dalla Sorbona e dal Parlamento di Parigi per le *Epistres et Evangiles des cinquante et deux dimanches de l'an*,[31] e già nel 1521 per i suoi scritti sulla Maddalena, in cui contestava

28. G. Alonge, *Il testamento di Ottaviano Fregoso: l'eredità politica e religiosa tra la rivolta popolare e il dominio di Andrea Doria*, in «Società e storia», 36 (2013), pp. 617-647.

29. Per la ricostruzione di questi rapporti cfr. G. Fragnito, *Il cardinale Gregorio Cortese nella crisi religiosa del Cinquecento*, in «Benedictina», 30 (1983), pp. 129-171 e 417-459; 31 (1984), pp. 79-134 (estratto separato, Roma, Abbazia di San Paolo, 1983), pp. 20-41, ripresa e sviluppata da Alonge, *Tra evangelismo francese*, pp. 71-83.

30. Oltre all'introduzione di Minonzio sul soggiorno di Giovio a Ischia e sul *Dialogo* cfr. Vecce, *Paolo Giovio e Vittoria Colonna*; Travi, *La sosta a Napoli di Paolo Giovio*; T.C. Price Zimmermann, *Paolo Giovio. The Historian and the Crisis of Sixteenth-Century Italy*, Princeton 1995, pp. 86-105; de Vivo, *Vittoria Colonna e gli umanisti napoletani*; Volpati, *Vittoria Colonna e Paolo Giovio*, e Id., *Paolo Giovio e Napoli*.

31. Giovio, il quale nel *Dialogo* (lib. II, p. 295) osservò che Lefèvre «scrisse molto, con eleganza e appropriatezza in filosofia, astronomia e teologia», rivide il suo giudizio

la "fusione" in una delle tre figure femminili dei Vangeli.[32] Se le ipotesi avanzate circa una dipendenza della lettera sulla Maddalena e su santa Caterina d'Alessandria di Vittoria Colonna a Costanza d'Avalos Piccolomini, duchessa di Amalfi, dagli scritti dell'umanista francese sono state convincentemente confutate,[33] non v'è dubbio che quanto apprese da Sannazaro e successivamente, a Roma, dal cugino Federico Fregoso, reduce da un lungo soggiorno in Francia, sugli orientamenti religiosi della cerchia di Lefèvre l'abbia spinta a intrattenere un intenso rapporto epistolare con Margherita d'Angoulême.[34] Rimane peraltro da verificare una sua diretta conoscenza

negli *Elogi degli uomini illustri*, n. CXXI, pp. 336-337, dove affermò che, «dopo essersi occupato di letteratura sacra, si accostò al veleno dell'eresia luterana e addirittura, pur essendo vecchio, morì in modo poco felice, sospettato di aver abbracciato quell'eresia».

32. Sugli scritti in cui Lefèvre metteva in discussione per la prima volta la leggenda medievale della Maddalena peccatrice pentita, recuperando l'immagine di *apostola apostolorum* e di prima testimone della resurrezione, cfr. *Jacques Lefèvre d'Étaples and the three Maries debates on Mary Magdalen, On Christ's three days in the tomb, on the one Mary in place of three. A discussion, On the threefold and single Magdalen, A Second Discussion*, introduzione, testo latino, traduzione e note a cura di S.M. Porrer, Genève 2009.

33. Accennano a una possibile dipendenza della Colonna dagli scritti di Lefèvre e dai dibattiti da essi suscitati G. Forni, *Pluralità del petrarchismo*, Pisa 2011, p. 104; B. Agosti, *Vittoria Colonna e il culto della Maddalena (tra Tiziano e Michelangelo)*, in *Vittoria Colonna e Michelangelo*, a cura di P. Ragionieri, Firenze 2005, pp. 75-78; e, per il tramite della predicazione dell'Ochino, Forcellino, *Michelangelo, Vittoria Colonna*, pp. 202-204. Di parere contrario M. Camaioni, *Per «sfiammeggiar di un vivo e ardente amore». Vittoria Colonna, Bernardino Ochino e la Maddalena*, in *El Orbe Católico. Transformaciones, continuidades, contrastes y sentimientos de la religiosidad entre Europa y América (siglos IV-XIX)*, Santiago 2016 (che ringrazio per avermene anticipata la lettura), il quale sottolinea la dipendenza dalla predicazione dell'Ochino, sulla quale aveva già insistito Rinaldo Corso nel suo commento alle *Rime* della Colonna del 1542, osservando che la marchesa del «devotissimo padre Fra Bernardino da Siena [...] non men che Maddalena già di Christo si mostra discepola» (cfr. M. Bianco, *Le Rime di Vittoria Colonna e le due redazioni del commento di Rinaldo Corso*, in «Studi di filologia italiana», 56 [1998], p. 287). Ma si veda anche per il progettato pellegrinaggio nel 1537 della Colonna a Sainte-Baume e per l'influenza dell'Ochino sulla sua lettera sulla Maddalena Camaioni, *Note su due episodi del periodo italiano di Bernardino Ochino*, in «Bullettino Senese di Storia Patria», 116 (2009), pp. 121-148.

34. Sui rapporti tra Margherita e Vittoria cfr. V.-L. Saulnier, *Marguerite de Navarre, Vittoria Colonna et quelques autres amis italiens de 1540*, in *Mélanges à la mémoire de Franco Simone. France et Italie dans la culture européenne*, I, (*Moyen Âge et Renaissance*), Genève 1980; B. Collett, *A long and troubled Pilgrimage: the Correspondence of Marguerite d'Angoulême and Vittoria Colonna, 1540-1545*, Princeton 2000, e E. Belligni, *Renata di Francia (1510-1575). Un'eresia di corte*, Torino 2011, pp. 179-185. Sul soggiorno di Fe-

delle opere teologiche dell'umanista francese, che proponevano – al di là della esaltazione dell'infinita misericordia divina e dell'onnipotenza della grazia, associata alla difesa del libero arbitrio – una religiosità percorsa da profonde tensioni mistiche, estremamente sfumata e aliena da rigide sistemazioni dottrinali, nella quale avrebbe potuto riconoscersi. D'altro canto, considerati gli stretti rapporti tra Vittoria e il cugino e gli intensi scambi sulle questioni teologiche dibattute in quegli anni, in cui erano coinvolti entrambi insieme al Contarini, al Pole e al Bembo,[35] è più che probabile che il cardinale genovese abbia dato loro in lettura i propri scritti, tra cui le meditazioni sui Salmi CXXX e CXLV e il *Pio et christianissimo trattato dell'oratione*, profondamente debitori della spiritualità di Lefèvre d'Étaples e di Margherita di Navarra, delle cui opere faceva propri la scelta dell'uso del volgare per una loro maggiore fruibilità, il lessico, i riferimenti biblici, oltre ai temi dell'infinita misericordia divina e dell'opera salvifica del sacrificio di Cristo, accompagnati da una visione fiduciosa e ottimista della grazia e dalla presa di distanza dalla teologia della predestinazione

derico Fregoso in Francia e sull'influenza delle opere di Lefèvre e di Margherita di Navarra sui suoi scritti cfr. Alonge, *Tra evangelismo francese*, pp. 147-316, e Id., *Su Margherita di Navarra e l'evangelismo francese*, in «Rivista storica italiana», CXXVII (2015), pp. 532-551. Sui rapporti tra la Colonna e Fregoso cfr. G. Fragnito, *Vittoria Colonna und die religiöse Heterodoxie in Italien*, in *Vittoria Colonna. Dichterin und Muse*, pp. 229-230, e Ead., *Vittoria Colonna e il dissenso religioso*, in *Vittoria Colonna e Michelangelo*, a cura di P. Ragionieri, Firenze 2005, pp. 101-102.

35. Vittoria scriveva a Margherita d'Angoulême, Roma 15 febbraio 1540, di parlare di lei con il Pole, «la cui conversatione è sempre in cielo, et solo per l'altrui utilità riguarda et cura la terra», e con il Bembo «tutto acceso de sì ben lavorare in questa vigna del Signore, ch'ogni gran pagamento, senza mormorazione degli altri, se ben tardi fu condotto, gli conviene» (*Carteggio*, p. 187). Vergerio in una lettera alla Colonna dalla corte di Francia del giugno 1540, rievocava la «scuola» della marchesa e «de' reverendissimi miei Cardinali Contareno, Polo, Bembo, Fregoso, che era tutt'uno» (*ibidem*, p. 193). Sull'invio di messi e di lettere da parte del Fregoso alla Colonna durante i dibattiti romani sull'operato del Contarini a Ratisbona e sulla sua visita alla cugina a Orvieto nel luglio del 1541, alla vigilia della morte (Gubbio, 22 luglio), cfr. D. Tordi, *Vittoria Colonna in Orvieto durante la guerra del sale*, in «Bollettino della Società umbra di Storia Patria», 1 (1895), pp. 494-497, 523-525, 527-528, e la lettera di Alvise Priuli a Ludovico Beccadelli, in Germania, Capranica 15 luglio 1541, in cui riferiva delle «dispute» romane sulla giustificazione e della partenza sua e del Fregoso da Roma per Orvieto per fare visita alla Colonna «et lì fu assai ragionato del R.mo Legato [*Contarini*] et con quella amorevolezza che ben potete pensare», e aggiungeva che la *Epistola de justificatione* del Contarini al teologo del cardinale Gonzaga «piacque estremamente al detto R.mo Fregoso [...] La Sig.ra Marchesa l'hebbe anch'essa charissima» (BLO, Ms. Ital. c. 25, ff. 175r-178r).

degli eletti alla salvezza, che allontanavano i suoi scritti dalle posizioni di Lutero.[36] Resta, comunque, tutta da verificare la circolazione degli scritti di Lefèvre in Italia, ma è certamente indicativo che il cardinale Ercole Gonzaga, appartenente al gruppo degli "spirituali", ne possedesse alcuni e che a fine Cinquecento i commentari alle epistole paoline e ai quattro vangeli fossero ancora presenti nelle biblioteche e presso i librai napoletani.[37] Inoltre alcune opere dell'umanista francese vennero più volte registrate dalla Congregazione dell'Indice nella lista di quelle la cui emendazione veniva maggiormente sollecitata.[38]

La presenza di Ottaviano dovette essere anche di sprone al coinvolgimento dei d'Avalos nelle attività caritativo-assistenziali, modellate sulla Compagnia del Divino Amore fondata a Genova nel 1497 da Caterina Fieschi Adorno con l'aiuto di Ettore Vernazza e il sostegno dei Fregoso,[39] che ne condivisero la spiritualità ispirata alla *devotio moderna*. Nel 1519 il Vernazza aveva esportato il modello genovese a Napoli fondando la Compagnia dei Bianchi di Giustizia e l'Ospedale degli Incurabili, di cui affidò la direzione alla nobile catalana Maria Lorenza Longo. A essa prestarono il loro aiuto Giovanna d'Aragona, moglie di Ascanio Colonna, sua sorella Maria, moglie di Alfonso d'Avalos, Costanza d'Avalos e Vittoria Colonna. È probabile, inoltre, che attraverso la Longo Vittoria stabilisse i primi contatti con i cappuccini, giunti a Napoli nel 1530, e favorisse la nascita del convento delle cappuccine di Santa Maria in Gerusalemme, di cui la Longo sarà badessa fino alla morte nel 1539.[40] Il coinvolgimento della Colonna in

36. Cfr. Alonge, *Tra evangelismo francese*, pp. 255-296.

37. Gonzaga possedeva l'*Etica* di Aristotele con il commento di Lefèvre e i commenti *super epistulas canonicas* (cfr. G. Rebecchini, *Libri e letture eterodosse del cardinale Ercole Gonzaga e della sua 'familia'*, in «Schifanoia», 22/23 [2002], p. 201). Sugli scritti di Lefèvre sequestrati al momento dell'esecuzione dell'indice del 1596 cfr. ACDF, *Index*, XVIII/1, ff. 39r-40r.

38. Ivi, *Index*, I/1, f. 150r, e II/2, f. 200r.

39. Sulla protezione dei Fregoso cfr. R. Savelli, *Dalle confraternite allo Stato: il sistema assistenziale genovese nel Cinquecento*, in «Atti della Società ligure di Storia Patria», 98 (1984), pp. 181-187, e Alonge, *Tra evangelismo francese*, pp. 71-77.

40. Cfr. I. d'Alatri, *Gli amici di Vittoria Colonna*, in «L'Italia Francescana», 22 (1947), pp. 39-63; F.S. da Brusciano, *Maria Lorenza Longo e l'opera del Divino Amore a Napoli*, Roma 1954; V. Criscuolo, *Maria Lorenza Longo e il monastero delle cappuccine di Napoli nell'annalistica teatina tra Cinque e Seicento*, in «Laurentianum», 48 (2007), pp. 113-161; R. Cuvato, *I Cappuccini di Napoli e Maria Lorenza Longo: origini e influssi*, in «Rivista storica dei cappuccini di Napoli», 3 (2008), pp. 51-88.

questa iniziativa dovette essere intenso: lo si può dedurre sia dall'intervento a favore della nuova istituzione del cardinale Matteo Palmieri, a lei legato da stretta amicizia,[41] sia dal progetto della stessa Colonna, risalente al 1535, di «sequestrarsi dal mondo e metersi in un certo monastero eretto per una Signora Longo, donna di santissima vita», insieme a Caterina Cibo, altra aristocratica dall'inquieta religiosità.[42] Tuttavia, al di là della dedizione della Longo alle attività caritativo-assistenziali e alla protezione delle donne in difficoltà, che costituiranno una componente essenziale dell'impegno religioso della marchesa sulla scia di cappuccini e gesuiti, ad attrarla nella sua orbita, come anche il fratello Ascanio, fu certamente la spiritualità della nobildonna catalana che, muovendo dagli ideali ascetico-mistici della *devotio moderna*, coltivata nelle confraternite del Divino Amore, finì con l'aderire alla dottrina della giustificazione *ex sola fide* – adesione che volle ribadire sul letto di morte: «io son chiara che le opere nostre non sono di valore alcuno et che in paradiso non si va se non per la misericordia di Dio et per la passione del sangue di Giesù Christo».[43]

D'altro canto fin dagli anni ischitani, e soprattutto dopo la morte di Ferrante, Vittoria mostrò un forte interesse per le tematiche religiose e per gli studi biblici. Paolo Giovio nel sopracitato *Dialogo* si soffermava, infatti, sulle «sacre meditazioni» e sulle «sacre letture dell'antico e del nuovo testamento» della Colonna, dove l'uso nell'originale latino del termine *instrumentum* potrebbe alludere alla lettura dell'edizione greco-latina del Nuovo Testamento di Erasmo.[44] Anche Girolamo Borgia, che soggiornò ripetutamente a Ischia, nel finale del X libro delle *Historiae de bellis italicis*, scritto entro il 1528 e a lei dedicato, accennava alla sua graduale evo-

41. Sul ruolo del cardinale Palmieri cfr. Brusciano, *Maria Lorenza Longo*, p. 54. Sull'amicizia tra Vittoria e il cardinale si veda quanto dichiarò Carnesecchi (costituto del 10 novembre 1566): «La prima volta ch'io la [*Vittoria Colonna*] vedesse et li baciasse la mano fu qui in Roma il primo anno di papa Paulo terzo per introduttione – si ben mi ricordo – del cardinale Palmieri, il quale era molto amico di quella signora» (PC, II/2, p. 429).

42. Agostino Gonzaga a Isabella d'Este, Roma 12 marzo 1535, in A. Luzio, *Vittoria Colonna*, in «Rivista storica mantovana», I (1885), p. 26.

43. Cfr. Pagano, *Il processo di Endimio Calandra*, pp. 331-332 (costituto del Calandra del 19 aprile 1568). In proposito cfr. F. Gui, *Il papato e i Colonna al tempo di Filippo II*, in *Sardegna, Spagna e Stati italiani nell'età di Filippo II*, a cura di B. Anatra, F. Manconi, Cagliari 1999, pp. 485-557, pp. 534-537.

44. Giovio, *Dialogo*, p. 457. Nell'originale latino Giovio, mostrandosi a conoscenza dell'edizione del 1516 del nuovo testamento di Erasmo, parla di «divinae *instrumenti* veteris ac novi lectiones» (*ibidem*, p. 456).

luzione interiore a seguito della quale «si dedicò tutta a Cristo e liberatasi del tutto dalle cure terrene si rivolse allo studio santissimo delle pagine sacre nel quale fece tali progressi da non essere inferiore [...] a eruditissimi teologi».[45] Analogamente Giambattista Folengo ricorda nel terzo dialogo dei *Pomiliones* che, recatosi a visitarla dal vicino eremo di San Pietro a Crapolla a Punta Campanella – dove si era ritirato insieme al fratello Teofilo tra il 1530 e il 1534 dopo l'allontanamento dall'ordine benedettino –, trovandola assorta nella lettura, dopo averla apostrofata «Salve [...] Victoria Christi ancilla», le avrebbe chiesto cosa stesse leggendo: «Epistolarum est mei familiaris Pauli volumen» avrebbe risposto la marchesa.[46] Se non deve sorprendere la consuetudine con le lettere paoline, allora diffusissima, essa acquista, però, uno spessore particolare dall'essere evocata dal Folengo, il quale proveniva da quel mondo benedettino-cassinese agitato già allora da forti fermenti eterodossi, cui del resto aveva dato espressione Teofilo negli scritti anteriori al soggiorno in Campania, nei quali aveva negato il libero arbitrio, l'utilità delle opere ai fini della salvezza, le indulgenze e il culto dei santi.[47] Difficile allo stato attuale delle ricerche individuare l'appor-

45. E. Valeri, *"Italia dilacerata". Girolamo Borgia nella cultura storica del Rinascimento*, Milano 2007, p. 79, n. 32: «cum interim aetate processisset, sese totam Christo devovit curisque terrenis prorsum omissis ad sanctissima sacrae paginae studia convertit in quibus tantum profecit ut nec eruditissimis theologis et bene sentiendo et disserendo quippiam cedere videatur». Sui soggiorni del Borgia a Ischia, *ibidem*, pp. 78-79. Borgia sarà un grande ammiratore di Bernardino Ochino (*ibidem*, pp. 204-220).

46. Ioan. Bapti. Chrysogoni Folengii Mantuani Anachoritae, *Dialogi, quos Pomiliones vocat. Theophili Folengii Mantuani Anachoritae, Varium Poema et Ianus*, In Promontorio Minervae, ardente Sirio, 1533, cc. nn. Il terzo dialogo è dedicato alla Colonna. Teofilo Folengo ricorda le virtù della Colonna, unica donna contemporanea di cui fa menzione, in *La Umanità del Figliuolo di Dio*, a cura di S. Gatti Ravedati, Alessandria 2000, p. 158. Cfr. anche G. Sassi, *Vittoria Colonna ed i fratelli Folengo*, in «Atti e memorie della Reale Accademia Virgiliana di Mantova», n.s., 14-16 (1921-1923), pp. 251-275. Sui *Pomiliones* (Venezia, Aurelio Pincio, 1535) e sull'*Umanità* (Venezia, Aurelio Pincio, 1533), frutto delle meditazioni nell'eremo di San Pietro a Crapolla sul tema della «somma benignità di Dio verso di noi», si vedano le schede di S. Gatti Ravedati in *Vittoria Colonna e Michelangelo*, pp. 120-122.

47. G. Billanovich, *Tra Don Teofilo Folengo e Merlin Cocaio*, Napoli 1948; E. Menegazzo, *Contributo alla biografia di Teofilo Folengo (1512-1520)*, in «Italia medioevale e umanistica», 2 (1959), pp. 306-408; G.F. Goffis, *L'eterodossia dei fratelli Folengo*, Genova 1950; *Teofilo Folengo nel quinto centenario della nascita (1491-1991)*, Firenze 1993; B. Collett, *Italian Benedictine Scholars and the Reformation. The Congregation of Santa Giustina of Padua*, Oxford 1985; e l'introduzione di Gatti Ravedati a Teofilo Folengo, *La Umanità del Figliuolo di Dio*, pp. 5-52. Da notare che Teofilo nel primo libro tra i perso-

to benedettino alla spiritualità della Colonna, ma i rapporti della cerchia ischitana con l'ordine sembrano essere stati tutt'altro che sporadici, considerando che Onorato Fascitelli dedicava ad Alfonso d'Avalos l'*Alphonsus*, nel cui III libro *De rebus sacris* suggeriva a Vittoria di volgere lo sguardo e l'anima a Cristo, e che Giovanni Evangelista da Aversa indirizzava a Giovanna d'Aragona, moglie di Ascanio Colonna, il *Trattato di quello che concorre alla giustificazione*.[48]

Quando, con l'ascesa al soglio pontificio di Paolo III nel 1534, la marchesa di Pescara – convinta della necessità di una rappacificazione con il papato dopo la rottura provocata dal coinvolgimento dei Colonna nel sacco di Roma e incoraggiata dai segnali distensivi del Farnese – approdò più o meno stabilmente a Roma,[49] aveva, quindi, alle spalle un complesso e variegato patrimonio di esperienze religiose e di conoscenze teologiche che le consentiva di intervenire con competenza nei dibattiti suscitati dal programma di rigenerazione delle strutture ecclesiastiche e di riconciliazione con i protestanti avviato dal papa. Ma portava con sé anche profonde contraddizioni destinate a ricomporsi forse soltanto sul letto di morte. Essa infatti appare scissa tra una pietà fortemente interiorizzata e cristocentrica e una religiosità tutta esteriore, fondata su digiuni, flagellazioni, cilici, ascolto di messe per ore, continue suppliche davanti alle statue dei santi, che le consumavano le ginocchia,[50] pratiche che logoravano il suo fisico e

naggi con cui è venuto direttamente a contatto elenca Sannazaro, Girolamo Vida, Scipione Capece, Gregorio Cortese, Girolamo Seripando.

48. de Vivo, *Vittoria Colonna e gli umanisti*, pp. 54-55, e sul trattato di Giovanni Evangelista da Aversa, abate del monastero di San Severino e Sossio a Napoli, Collett, *Italian Benedictine Scholars*, pp. 188-191, e A. Prosperi, *L'eresia de Libro Grande. Storia di Giorgio Siculo e della sua setta*, Milano 2000, pp. 53-58.

49. Vittoria giunse da Napoli nei feudi laziali colonnesi il 1° febbraio 1535 (cfr. Giovanni Battista Belluzzi [detto il Sammarino], *Diario autobiografico (1535-1541)*, edito dall'autografo per cura di P. Egidi, con una nota sul dialetto di G. Crocioni, Bologna 1975 (rist. anast. dell'edizione napoletana del 1907), pp. 37-38. Sui rapporti particolarmente cordiali di Ascanio con Paolo III nel 1535 *ibidem*, *passim*, e F. Petrucci, *Colonna Ascanio*, in *Dizionario biografico degli italiani*, XXVII, Roma 1982, pp. 271-275.

50. Cfr. Giovio, *Dialogo*, p. 457: «sottomette all'astinenza il fiore dell'età, circonda quei teneri fianchi con un busto della sottoveste fatto non di lino ma di lana, logora le ginocchia e sfianca la schiena con continue suppliche davanti alle statue dei santi, e, ciò che non è indegno, flagella con staffili aculeati anche le parti vergognose del corpo. Ma cosa non potrebbero le messe perpetue ascoltate per molte ore di fila? Cosa le sacre letture dell'antico e del nuovo testamento? Cosa le sacre meditazioni?».

allarmavano i parenti,[51] e che non sembra avere abbandonato neppure dopo essersi dichiarata debitrice al cardinale Pole della «salute dell'anima et di quella del corpo [...] ché l'una per superstitioni l'altra per mal governo era in periculo»,[52] se il Bembo alla fine del 1543 la invitava a «non procurarse la morte con li digiuni et astinentia».[53] Anche nel suo stile di vita, sebbene da vedova avesse rinunciato all'esibizione di vesti sfarzose e gioielli costosissimi, al lancio di nuove mode, alle danze e ai banchetti,[54] continuò a oscillare tra la ricerca di un'esistenza appartata e «abietta»[55] e un assiduo protagonismo, molto probabilmente accentuato dalle precedenti frustrazioni coniugali, oltre che dalla sua scarsa avvenenza. Scarsa avvenenza che – nonostante i convenzionali elogi della sua bellezza da parte di poeti e prosatori – fu impietosamente denunciata da Pietro Carnesecchi. Il protonotario, dopo aver osservato «che non suole quasi mai accozzarsi nelle donne la bellezza et la poesia insieme, solendo la maggior parte di quelle che compongano versi assimigliarsi alle muse loro maestre così nel muso come nel canto», la citava, infatti, come esempio di bruttezza insieme a

51. Belluzzi, *Diario autobiografico*, p. 38, notava che il fratello Ascanio «ne aveva fastidio asai, che la vedeva tanto estenuata che dubitava non canpassi troppo».

52. Lettera di Vittoria Colonna a Giulia Gonzaga dell'8 dicembre 1541, in PM1, VI, pp. 430-431; PC, II/3, pp. 1033-1034. Così commentava questa lettera il Carnesecchi: «La signora marchesa avanti che pigliasse l'amicitia si affligeva talmente con degiuni, cilicii et altre sorte di mortificationi della carne che si era redotta ad havere quasi la pelle in su l'osso: et ciò faceva forse con ponere troppa confidentia in simili opere, imaginandosi che in esse consistesse la vera pietà et religione, et per conseguente la salute dell'anima sua. Ma poi che fu admonita dal cardinale ch'ella più tosto offendeva Dio che altrimenti con usare tanta austerità et rigore contra il suo corpo [...] poi che il christiano è obligato ad haver cura del suo corpo et conservarsi in quel tabernaculo che Dio l'ha posto insin che piace di repeterlo a chi l'ha dato, la sudetta signora comminciò a retirarsi da quella vita così austera, reducendose a poco a poco a una mediocrità ragionevole et honesta» (*ibidem*, pp. 1034-1035).

53. Pietro Bembo a Carlo Gualteruzzi, Gubbio 16 novembre 1543, in P. Simoncelli, *Pietro Bembo e l'evangelismo*, in «Critica storica», 15 (1978), p. 56.

54. In proposito cfr. Vittoria Colonna, *Sonetti in morte di Francesco Ferrante*, p. 9; Giovio, *Dialogo*, pp. 447-449, e Luzio, *Vittoria Colonna*, p. 48. Sugli aspetti mondani della vita della Colonna cfr. D. Robin, *The Breasts of Vittoria Colonna*, in «California Italian Studies», 3 (2012), pp. 1-15, e K. Gouwens, *Female Virtue and the Embodiment of Beauty: Vittoria Colonna in Paolo Giovio's "Notable Men and Women"*, in «Renaissance Quarterly», 68 (2015), pp. 37-97, pp. 53-88.

55. Belluzzi, *Diario autobiografico*, pp. 39-40, riferiva il 25 marzo 1535 a proposito delle prediche dell'Ochino a San Lorenzo che Vittoria «steva travestita segretamente». La si vedeva inoltre girare per «sconosciuta, in un abito abiettissimo» (Luzio, *Vittoria Colonna*, p. 26).

Margherita d'Angoulême e a Veronica Gambara, sorvolando sulle poetesse ancora in vita nel timore «che non si tenessino più offese d'esser giudicate brutte che obligate d'esser connumerate tra le poetesse».[56] Sarebbe, tuttavia, riduttivo attribuire il suo protagonismo solo a motivi di carattere psicologico: esso le era anche imposto dall'assenza nel sacro collegio di un cardinale di famiglia, tradizionale garante degli interessi del casato,[57] e dalla incapacità e irresponsabilità politiche del fratello Ascanio che finiranno con l'alienargli sia il papa che l'imperatore, come con grande lucidità aveva previsto Vittoria: «vi profetizzo» – aveva scritto al fratello di fronte al rifiuto opposto a Carlo V di dare in sposa la figlia Vittoria a Filippo de Lannoy – «turbolenze, e travagli e questo nasce che sdegnato Cesare con esso voi lasciarà di aiutarvi sendo d'alcun pontefice travagliato».[58] In que-

56. PC, II/2, p. 440: lettera del gennaio 1559 di Pietro Carnesecchi a Giulia Gonzaga, citata da Peyronel Rambaldi, *Una gentildonna irrequieta*, p. 230.

57. Morto Pompeo Colonna il 28 giugno 1532, solo il 12 marzo 1565 entrerà nel sacro collegio Marcantonio. Sul ruolo dei cardinali nella politica familiare cfr. R. Ago, *Carriere e clientele nella Roma barocca*, Bari-Roma 1990.

58. Lettera senza data, ma di fine 1535-inizio 1536, in *Carteggio*, pp. 439-440. Nella sua sdegnata reazione per il rifiuto di accasare la figlia con Filippo de Lannoy, figlio del viceré di Napoli e di Francesca de Mombel, educatrice di Margherita d'Austria durante il soggiorno napoletano, Vittoria non mancò di accusare esplicitamente il fratello di pratiche magiche e più velatamente di rapporti omosessuali. Pesò indubbiamente sull'atteggiamento ostile di Carlo V nei confronti di Ascanio anche il comportamento verso la moglie Giovanna d'Aragona, sua lontana cugina: l'imperatore, infatti, non gli prestò soccorso al momento della «guerra del sale» dichiaratagli da Paolo III, giudicando che i suoi gesti «ayan salido de los limites de razon y honestad» (Carlo V a Vittoria, Ratisbona 17 marzo 1541, *ibidem*, pp. 227-228), nonché nel lungo contenzioso che oppose Ascanio ad Alessandro e Giuliano Cesarini, imparentati con i Colonna, e a Isabella, figlia di Vespasiano Colonna, sposa di Filippo de Lannoy, i quali rivendicavano diritti ereditari sui feudi laziali, trovando orecchie più che compiacenti nel papa, deciso a contenere i poteri baronali. Carlo V prese le distanze dal feudatario papale, dichiarando che «siendo la cosa della Iglesia, y en que el remedio della justicia no se puede negar, no sabuamos con que razon ni color la pudiessemos, ni deviessemos estorvar» (Carlo V a Vittoria Colonna, Toledo 30 dicembre 1538, *ibidem*, pp. 167-168, ma si vedano anche le lettere di Ottaviano Lotti al card. Ercole Gonzaga, Roma 6 ottobre e 16 dicembre 1538, in Luzio, *Vittoria Colonna*, pp. 23-25, e di Vittoria ad Ascanio, Roma 25 novembre 1538, in F. Gui, *L'attesa del Concilio. Vittoria Colonna e Reginald Pole nel movimento degli "spirituali"*, Roma 1998, pp. 554-555, e i documenti editi a pp. 551-562). Sui rapporti tra i Colonna e l'imperatore *ibidem*; N. Bazzano, *Marco Antonio Colonna*, Roma 2003, pp. 29-66; Ead., *Da "imperiali" a "spagnoli": i Colonna e la politica romana da Carlo V e Filippo II*, in *Roma y España: Un crisol de la cultura europea en la edad moderna*, a cura di C.J. Hernando Sánchez, Madrid 2007, I pp. 281-293; Ead., *Giovanna d'Aragona: ritratti di gentildonna tra idealizzazioni letterarie e tensioni religiose*, in

sta sua funzione di «capofamiglia» ebbe facile accesso a Paolo III, il quale, perfettamente consapevole che la marchesa delle «cose di Stato [...] faceva professione grande»,[59] pur tra momenti di forte tensione per gli ostacoli che cercò in più occasioni di frapporre ai disegni papali,[60] mantenne – o quantomeno ostentò – nei suoi confronti grande stima e considerazione spingendosi fino a coinvolgerla nella scelta di un successore alla tiara.[61] La

La Corte en Europa: Política y Religión (Siglos XVI-XVIII), a cura di J. Martínez Millán, M. Rivero Rodríguez, G. Versteegen, Madrid 2012, pp. 1495-1509. Nessun riferimento al pur importante ruolo politico della Colonna in E. Bonora, *Aspettando l'imperatore. Principi italiani tra il papa e Carlo V*, Torino 2014.

59. Citazione in Firpo, *Vittoria Colonna, Giovanni Morone*, p. 153. Anche Pietro Carnesecchi osservava che, oltre a parlargli del Pole, «il resto poi a dire il vero era più tosto di cose profane et temporale che di cose spirituali et divine» (PC, II/3, p. 1031).

60. Sui tentativi della Colonna di ostacolare la consumazione del matrimonio tra Ottavio Farnese e la recalcitrante Margherita d'Austria cfr. G. Moro, *Menzogna o sortilegio? Giovan Battista Pallavicino, Lope Hurtado de Mendoza e un'accusa di stregoneria nella Roma farnesiana*, in «Rivista di storia e letteratura religiosa», 28 (1992), pp. 215-275, e Id., *Vittoria Colonna e i Farnese nel 1540: conflitti d'interesse e sospetti sull'ortodossia (documenti e congetture)*, in «Schifanoia», 36-37 (2009) [ma 2011], pp. 187-196. Sulla sua difesa dei cappuccini, si veda la lettera insolente a Paolo III del 16 settembre 1538: «Oimè, non se sa che Vostra Santità non fa cosa per ignorantia? Se vol riunarli, faccialo de sua mano et non per altri; ché in tal caso serrò constretta andar gridando che me aiutino a procurar che li boni vadano for de Italia, poiché qui non ponno stare perché la bontà de Vostra Santità non opera per l'impedimento de tristi» (P. Tacchi Venturi, *Vittoria Colonna e la riforma cappuccina*, in «Collectanea Franciscana», 1 [1931], pp. 54-55). D'altro canto, Vittoria, in contrasto con l'immagine tutta spirituale che ne è stata proposta, sembra spesso comportarsi con arroganza baronale. Si veda quanto comunicò Ottaviano Lotti al card. Ercole Gonzaga, Roma 16 dicembre 1538, a proposito dei suoi scontri con l'ambasciatore imperiale a Roma, marchese di Aguilar, al quale «gli ha ditte alle volte cose che non ne hanno i spetiali, sopra la sua freddezza che usava in le cose tanto importante delli servitori del Imperatore, il che non hanno mai fatto li altri Ambasciatori che son stati cquà per S. M.ta» (Luzio, *Vittoria Colonna*, p. 25).

61. Getta luce sui rapporti tra il papa, il sacro collegio e la Colonna il sommario di informazioni giunte da Roma inoltrato da Trento il 20 agosto 1546 al card. Ercole Gonzaga a Mantova, in cui si diceva che, nel timore della prossima morte, Paolo III aveva fatto intendere a tre cardinali, di cui non si faceva il nome, che il proprio successore dovesse essere Francesco Sfondrati. Per accertarsi della sincerità del loro consenso, aveva convocato Vittoria Colonna «con la quale ditti Cardinali spesso ragionano di cose importanti» e «la ricercò del parer suo sopra del Papa futuro, et proponendogli la Marchesa sei o sette di quelli che gli parevano più papabili, sua Santità li rispose che ella se ingannava et che credeva et voleva che fusse il Sfondrato per le bone parti sue [...] e che, quando la ci conoscesse qualche difficoltà et che alcun numero de Cardinali si opponessero, farebbe vinti cardinali novi, che dopo la morte sua eleggessero Papa detto Sfondrato, overo avanti la morte gli

Colonna era, infatti, non solo in grado di svolgere un'importante funzione di aggregazione dei membri del sacro collegio e di prestigiosi letterati, ma anche di assecondare la politica di riavvicinamento tra Francesco I e Carlo V, perseguita all'inizio del pontificato, promuovendola personalmente con l'imperatore durante il soggiorno romano di quest'ultimo e con i rappresentanti della diplomazia francese,[62] nonché favorendo la nomina di "creature" dei due sovrani nel collegio cardinalizio: Ippolito d'Este, Georges d'Armagnac, Federico Fregoso, Pietro Bembo.[63]

Pur ritirata nel convento di San Silvestro in Capite e pur deplorando la «confuβion de Roma» alla quale avrebbe voluto sottrarsi,[64] Vittoria si

rinuntiassero il Pontificato, ordinando a ditta Marchesa che facesse ciò intendere a quanti cardinali le capitano in casa, el che havendo eglino inteso sono restati stupefatti et non sanno come governarse» (Luzio, *Vittoria Colonna*, p. 49). Il papa aveva effettivamente ricevuto la Colonna il 28 luglio 1546, le aveva parlato di un ictus che lo aveva colpito in quei giorni, l'aveva interpellata sull'allontanamento del Pole dal Concilio per non sottoscrivere l'articolo della giustificazione, argomento su cui cautamente lei non si sarebbe pronunciata, l'aveva informata anche dell'intenzione di trasferire il Concilio a Lucca e successivamente più vicino a Roma. Di questo importante colloquio con il pontefice la marchesa informò il cardinale Pole, Sant'Anna 28 luglio 1546 (Pagano, Ranieri, *Nuovi documenti su Vittoria Colonna*, pp. 104-107).

62. Cfr. il sonetto *Vinca gli sdegni e l'odio vostro antico* in *Rime*, p. 217. Si veda il resoconto di Fabrizio Peregrino alla corte di Mantova del 10 aprile 1536 sulla cena del giorno prima di Carlo V ai Santi Apostoli ricevuto da Ascanio Colonna, la moglie Giovanna d'Aragona e Vittoria Colonna «con la qual hebbe assai ragionamenti, et perché ella fa il santo (sic!) et è persona devotissima et religiosa molto, venendogli a proposito buono supplicò a sua M.ta d'una buona pace tra cristiani, et voltar le forze et l'arme contra d'infideli; alla qual cosa ella rispose non mancare per essa, ma che Iddio li perdoni a chi ne è cagione, et che se contenterebbe non solamente di lassare il Ducato de Milano ma il reame di Napoli, et possersi securamente pacificare con Franza et mai per essa remarrà» (in Luzio, *Vittoria Colonna*, p. 23, nota 2). Dal canto suo Pietro Ghinucci scriveva al card. Ercole Gonzaga, Roma 8 maggio 1539, «molto spesso va in casa del Imbasciatore di Francia, né si sa per me la causa, si non che c'è opinione che persuada quel signore con quelli modi che occorrono a tal signora a edificare il suo Re alla total pace fra S. M.ta et l'Imperatore» (*ibidem*).

63. Sul ruolo politico e gli interventi sulle nomine cardinalizie cfr. Fragnito, *Evangelismo e intransigenti*, ora in *Cinquecento italiano*, pp. 188-220, *passim*.

64. Lettera di Vittoria a Carlo V del 6 dicembre 1538 in cui dichiarava che per due anni era stata intenzionata a recarsi a Gerusalemme «mas por quietarme desta confuβion de Roma, que por otra cosa», citata da G. Brunelli, *Tra eretici e gesuiti. I primi anni di Margherita a Roma,* in *Margherita d'Austria. Costruzioni politiche e diplomazia tra Farnese e monarchia spagnola*, a cura di S. Mantini, Roma 2003, p. 69. La scelta di dimorare presso le clarisse di San Silvestro in Capite (spesso confuso con San Silvestro al Quirinale, dove peraltro la Colonna si recava per gli incontri con Michelangelo e altri) era chiaramente

sentì profondamente coinvolta nelle attese suscitate dalla politica ecclesiastica ed europea di Paolo III e si avvalse del prestigio che le derivava dal rango sociale, dalla fama letteraria e intellettuale e dalla cultura teologica per pronunciarsi autorevolmente intorno ai problemi allora sul tappeto. A Roma nel 1535 il suo cammino s'incrociò con quello di Bernardino Ochino, predicatore di quaresima a San Lorenzo in Damaso, dove ebbe un «gran concorso de cardinalli e signori» e dove accorse anche la Colonna che, affascinata dal suo messaggio, fu indotta a prendere le difese dei cappuccini minacciati di soppressione, intervenendo, anche con una certa arroganza, sul pontefice, oltre che su una serie di porporati.[65] L'incontro con l'Ochino, destinato a lasciare un segno indelebile sul suo pensiero religioso,[66] coincise con il confluire a Roma di cardinali di nomina farnesiana fautori della riforma delle strutture ecclesiastiche, impegnati dall'autunno del 1536 nella stesura del *Consilium de emendanda ecclesia*, un progetto che denunciava i molteplici abusi di cui la Chiesa si era macchiata. In quei mesi sembrò in effetti che dalla convergenza di una largamente condivisa e ancor non sospetta adesione alla dottrina della giustificazione per sola

dettata dal culto dell'antenata Margherita Colonna, tra i primi seguaci di san Francesco, il cui corpo fu trasferito dopo la morte (1284) dalla comunità di donne che l'avevano circondata nel monastero romano da loro fondato l'anno seguente. In proposito cfr. E. Kane, *The Church of San Silvestro in Capite in Rome*, Roma 2005 e G. Barone, *Margherita Colonna e le Clarisse di S. Silvestro in Capite*, in *Roma: anno 1300*, a cura di A.M. Romanini, Roma 1983, pp. 799-805. Resta da approfondire l'eventuale influenza della spiritualità delle clarisse sulla religiosità della Colonna.

65. Diversamente da quanto generalmente sostenuto Ochino non predicò a Roma nel 1534, ma solo nella quaresima del 1535, come dimostrato da Camaioni, *Note su due episodi*, pp. 25-26.

66. Sui rapporti della Colonna con l'Ochino e i suoi interventi in difesa dei cappuccini, minacciati di soppressione, ci si limita a segnalare B. Fontana, *Documenti vaticani di Vittoria Colonna marchesa di Pescara per la difesa dei cappuccini*, in «Archivio della Società romana di storia patria», 9 (1886), pp. 343-371; *Carteggio*, pp. 110-122; I. d'Alatri, *Vigorosa apologia. Lettera di Vittoria Colonna al card. Contarini*, in «L'Italia Francescana», 22 (1947), pp. 107-112; Tacchi Venturi, *Vittoria Colonna e la riforma cappuccina*; Id., *Vittoria Colonna fautrice della Riforma cattolica secondo alcune sue lettere inedite*, in «Studi e documenti di storia e diritto», 22 (1901), pp. 149-179; e l'importante tesi di dottorato di M. Camaioni, *«De homini carnali fare spirituali». Bernardino Ochino e le origini dei cappuccini nella crisi religiosa del Cinquecento*, dottorato in Storia (Politica, Società, Cultura, Territorio), Università Roma Tre, 2012, e sulle ragioni politico-sociali del sostegno dei Colonna ai cappuccini Id., *Riforma cappuccina e riforma urbana. Esiti politici della predicazione italiana di Bernardino Ochino*, in «Rivista di storia della Chiesa in Italia», 67 (2013), pp. 55-98.

fede con una esigenza ampiamente sentita di riforma istituzionale e dottrinale potesse scaturire la convocazione del Concilio, la riconciliazione con i protestanti e un cristianesimo profondamente rinnovato. La Colonna non fu estranea ai dibattiti allora in corso anche grazie alla familiarità con il cardinale Gasparo Contarini, dal giugno 1536 ospite di palazzo Colonna ai SS. Apostoli, che in quegli anni si trasformò in una sorta di "foresteria" per cardinali.[67] La marchesa, che lo celebrò nei suoi versi come araldo della *pietas* rigeneratrice della giustificazione *ex sola fide*,[68] non solo lo coinvolse nel salvataggio dei cappuccini, ma gli chiese di illuminarla sul libero arbitrio, ottenendone un trattatello nell'autunno di quell'anno.[69] Non vi è dubbio che questi incontri così come quello degli stessi giorni con Reginald Pole, in cui le parve di scorgere «il volto del Salvatore»,[70] abbiano marcato la Colonna, se decise di dedicarsi – e in maniera definitiva – alla poesia spirituale, secondo quanto riferiva a Cosimo Gheri Carlo Gualteruzzi: «La Signora Marchesa di Peschara ha rivolto il suo stile a Dio et non scrive d'altra materia, sì come per l'inchiuso sonetto potrà vedere, il quale mando per una mostra di questo suo cangiato stile».[71] I suoi rapporti

67. Lettera di Carlo Gualteruzzi a Ludovico Beccadelli, Roma 5 giugno e 17 agosto 1536, in BLO, *Ms. Ital.*, c. 24, ff. 8rv e 16rv. Anche prima di questo trasferimento, il Contarini si recava con regolarità a trovare la Colonna a San Silvestro, secondo quanto scriveva il Gualteruzzi al Beccadelli, Roma 12 maggio 1536 (ivi, f. 6rv). A palazzo Colonna soggiornarono anche il Bembo e il Fregoso.

68. *Rime*, p. 213: *Quando in terra il gran Sol venne dal Cielo.*

69. Fragnito, *Gasparo Contarini. Un magistrato veneziano*, pp. 42-43. È probabile che il sonetto *Quasi gemma del Ciel, l'alto Signore* (*Rime*, p. 182) sul libero arbitrio, già presente nella prima edizione del 1539 delle *Rime*, sia da collegare allo scritto del cardinale veneziano.

70. Lettera di Carlo Gualteruzzi a Cosimo Gheri, Roma 9 novembre 1536, in cui lo informava che il Pole «è in grandissimo concetto di Nostro Signore, il quale ha detto a proposito suo *visus est mihi angelus dei*. La signora marchesa, dall'altro canto, dice che le pare il volto del Salvatore» (BPP, *Ms. Pal.* 1026/1, ff. nn).

71. Roma 12 giugno 1536, in BPP, *Ms. Pal.* 1026/1, ff. nn. Poco dopo Galasso Ariosto riceveva dallo stesso Gualteruzzi due sonetti della «Divina Marchesa», sicuramente dello stesso tenore, come gli comunicava, Scandiano 11 settembre 1536, in BAV, *Barb. lat.* 5695, f. 6rv. A questa conversione allude anche Pietro Aretino nella lettera alla Colonna, Venezia 4 novembre 1537: «voi non per iscemare il grado del gran marito vostro, havete ritrovata la militia spirituale, le cui sacre schiere vengano in campo sotto l'insegne della ragione [...] voi sola sapete vivere a la mensa celeste cibandovi di vivande cotte dal fervore al fuoco de la carità, la quale nel saldo vostro petto trova tutti gli alberghi de i suoi diletti casti, soavi, dolci, netti, sacri e santi. E perché i suoi veraci desideri non fanno udir altro che le parole di Dio ascose dentro al seno de le scritture, havete cambiato lettione, e trasformando i libri

con prelati e porporati, i quali di lì a poco si definiranno «spirituali», non furono, peraltro, confinati alle tematiche teologiche che in quella nuova temperie suscitavano grande interesse non disgiunto da curiosità mondana, inducendo molti a lasciare «li altri studij» e a darsi «alle sacre lettere», ad accorrere alle prediche, a discettare sulle qualità oratorie dei predicatori, ad affollare le aule della Sapienza per ascoltare «lezioni» sui vangeli e sulle epistole paoline.[72] La marchesa, che sembra aver trasformato i conventi di San Silvestro e di Sant'Anna in "salotti",[73] dove si avvicendavano predicatori, artisti, letterati, cardinali, gentildonne, seguiva anche gli sviluppi della riforma delle istituzioni ecclesiastiche e dei dicasteri romani e interpellava Contarini e Pole sul «perché le cose secondo lor haveano determinato non si osservavano», ottenendo come tutta risposta che «lor Signori si ristrinsero nelle spalle, volendogli più presto con il tacere a lei che havea ingegno, che con dirli apertamente la cagione, rispondere».[74]

poetici ne i volumi prophetici, studiate Christo, Paolo, Agostino, Girolamo e l'altre squille della religione» (*Carteggio*, pp. 148-150).

72. Si vedano in proposito le pertinenti osservazioni di Peyronel Rambaldi, *Una gentildonna irrequieta*, p. 142: «Si trattò anzitutto di una temperie culturale prima ancora che spirituale, che toccò precocemente le corti, quelle laiche come quelle ecclesiastiche [...] Un nuovo clima culturale curioso e assieme mondano». Ciò che spiega la grande affluenza alle innumerevoli prediche (su cui cfr. G. Caravale, *Sulle tracce dell'eresia. Ambrogio Catarino Politi (1484-1553)*, Firenze 2007, pp. 94-102 e *passim*) e alle «letture» sui testi sacri tenute in quegli anni a Roma, stando a quanto scriveva Ottaviano Lotti al card. Ercole Gonzaga: «Et certo che vostra signoria reverendissima non potria pensare il numero delle persone che di qua, lasciando li altri studij, si sono dati alle sacre lettere, et dirò questo che nella Sapientia, dove vi sono cinque che tra la matina et la sera leggeno evangeli et le epistole di san Paulo, che ognun di loro ha ad tre doppi audientia di quel che si habbia qual si voglia altro lettore, et non si sta più come prima su li punti di Scoto et san Thomaso, ma sul vero senso del Evangelio o della epistola con l'expositione di santo Augustino, o Hieronimo o vero Chrisostomo, et rarissime volte si esce de questi» (citata in Rebecchini, *Libri e letture eterodosse*, p. 201, il quale non fornisce la data precisa della lettera, ma la fa risalire alla fine del 1538). Sulla presenza della Colonna indifferentemente alle prediche dei cappuccini, dei gesuiti, dei domenicani, cfr. Fragnito, *Vittoria Colonna e l'Inquisizione*, pp. 163-164.

73. Definisce San Silvestro «convent salon» D. Robin, *Publishing Women: Salons, the Presses, and the Counter-Reformation in Sixteenth-Century Italy*, Chicago 2007, p. 18.

74. Ottaviano Lotti, presente all'incontro, al card. Ercole Gonzaga, Roma 16 dicembre 1538, citata in Peyronel Rambaldi, *Una gentildonna irrequieta*, pp. 144-145. Un'eco delle reazioni critiche della Colonna nei confronti di chi si opponeva alle riforme potrebbe cogliersi in *Rime*, p. 143, «*Veggio d'alga e di fango omai sì carca*, / Pietro, la rete tua, che se qualche onda / di fuor l'assale, o intorno la circonda, / potria spezzarsi, e a rischio andar la barca [...] Il tuo buon sucessor, ch'alta cagione / dirittamente elesse, e cor e mano / move sovente per

Era, quindi, una donna perfettamente edotta sulle dottrine controverse allora dibattute e sul rischio del fallimento delle istanze di rinnovamento ecclesiastico quella che, in pratica "bandita" da Roma da Paolo III durante la «guerra del sale» contro il fratello Ascanio, fu relegata da marzo del 1541 a Orvieto nel monastero di San Paolo poi, da settembre, a Viterbo nel monastero di Santa Caterina,[75] dove soggiornò, a intervalli, per circa tre

condurla a porto; / ma contra il voler suo ratto s'oppone / l'altrui malizia, onde ciascun s'è accorto / ch'egli senza 'l tuo aiuto adopra invano». Sulle visite del Contarini alla Colonna a San Silvestro vedi *supra* nota 67, e quelle di altri frequentatori Deswarte-Rosa, *Vittoria Colonna und Michelangelo in San Silvestro al Quirinale nach den* 'Gesprächen' *des Francisco de Holanda*, in *Vittoria Colonna. Dichterin*, pp. 349-373, e Caravale, *Sulle tracce dell'eresia*, pp. 94-102 e *passim*. Per gli incontri a Sant'Anna dei Funari si veda la lettera di Carlo Gualteruzzi al card. Pietro Bembo, Roma 12 dicembre 1543, in cui lo informava di essere andato a trovare con il cardinale Trivulzi Vittoria «la quale è visitata ora a doppio di quello che già soleva essere. S.S. fu da N.S. l'altro giorno in *Aracoeli* che le fe' le solite carezze e dimostrazioni. Madama [Margherita d'Austria] vi va quasi per l'ordinario una volta alla settimana. Io per mia disavventura sono costretto stare alle volte quattro giorni che non vi posso andare, e pur le sono ora più vicino» (Carlo Gualteruzzi, *Lettere inedite di Carlo Gualteruzzi da Fano*, raccolte da S. Tomani Amiani, Pesaro, Presso Annesio Nobili, 1834, p. 76).

75. La Colonna, infatti, non vi si recò «per poter vivere lontano da sguardi indiscreti e dagli impegni pubblici» (Firpo, *Vittoria Colonna, Giovanni Morone*, p. 137, e Id., *Giovanni Morone, Vittoria Colonna e Michelangelo*, in *L'uomo del Concilio. Il cardinale Giovanni Morone tra Roma e Trento nell'età di Michelangelo*, a cura di R. Pancheri, D. Primerano, consulenza scientifica di M. Firpo, Trento 2009, pp. 83-84), ma come scrisse lei stessa ad Alfonso de Lagni, signore di Bassano, Viterbo 25 agosto 1542: «Circa il mio star qui le cagion furno le controversie di mio fratello con Sua Santità; et essendo io stata obedientissima della Santità Sua et molto obligata, viddi ch'el mio absentarmi da Roma li parve allora al proposito; et così mi sto sotto la sua obedientia in questo santo loco ove mi trovo sana et l'aire mi è proficuo, et quanto meno intendo del mondo più mi piace. Le mie terre detti in governo al signor Marchese del Guasto, mio cognato, et io attendo a governare l'anima a quel Signor che la creò» (P. Tacchi Venturi, *Nuove lettere inedite di Vittoria Colonna*, Roma 1901, p. 9). A riprova che, nonostante le formule edulcorate da lei adoperate, si trattasse di un allontanamento forzato da Roma il fatto che a Orvieto venisse costantemente sorvegliata dal governatore della città, il quale teneva al corrente il cardinale Alessandro Farnese dei suoi incontri (cfr. D. Tordi, *Vittoria Colonna in Orvieto durante la guerra del sale*, in «Bollettino della Società umbra di Storia Patria», 1 (1895), pp. 523-529). D'altro canto il trasferimento a Orvieto, dove giunse il 17 marzo 1541, seguì di poco l'intimazione papale ad Ascanio di comparire a Roma come ribelle (25 febbraio), l'inizio della campagna militare pontificia contro di lui (14 marzo) e l'autorizzazione di Vittoria e di Alfonso d'Avalos, marchese del Vasto, ai loro sudditi di unirsi alle truppe di Ascanio in difesa della Rocca di Paliano (cfr. lettera del Guidiccioni a Paolo III, 24 marzo 1541, in Giovanni Guidiccioni, *Le lettere*, edizione critica con introduzione e commento di M.T. Graziosi, Roma 1979, I, pp. 228-230). È evidente la volontà del papa di ostacolare i suoi aiuti militari ad Ascanio e le sue pressioni sul marchese di Aguilar, ambasciatore imperiale a Roma, perché Carlo V intervenisse

anni e dove ebbe modo di intensificare i rapporti con il Pole già intrattenuti a Roma.[76] Come si è accennato, basandosi prevalentemente sulle fonti inquisitoriali, si è voluto vedere in quel soggiorno «una svolta religiosa profonda, una vera e propria cesura».[77]

Non sembra, tuttavia, si possa sostenere alla stregua dei giudici di fede che solo a contatto con il Pole e l'*Ecclesia viterbiensis* la Colonna sia approdata «infine alla dottrina della giustificazione per fede»,[78] una dottrina da molti condivisa – sia pure con varie sfumature incentrate sul rapporto tra libero arbitrio umano e onnipotenza divina[79] – fino alla condanna tridentina del 1547. Basti richiamare l'esperienza del sabato santo del 1511 di Gasparo Contarini, dalle forti assonanze con il *Turmerlebnis* di Lutero,[80] o il XIV

a protezione dei Colonna. Vittoria si trattenne a Orvieto fino al 9 agosto 1541, quando tornò a Roma per trasferirsi a Viterbo nel settembre dello stesso anno (sul soggiorno a Orvieto, cfr. Tordi, *Vittoria Colonna in Orvieto*, pp. 473-533).

76. Pole fu nominato legato di Viterbo il 12 agosto 1541. Sulla *Ecclesia viterbiensis* cfr. Firpo, *Vittoria Colonna, Giovanni Morone*; Id., *Tra alumbrados e "spirituali". Studi su Juan de Valdés e il valdesianesimo nella crisi religiosa del '500 italiano*, Firenze 1990; Juan de Valdés, *Alfabeto cristiano*, a cura di M. Firpo, Torino 1994; M. Firpo, *Il "Beneficio di Christo" e il concilio di Trento (1542-1546)*, in «Rivista di storia e letteratura religiosa», 31 (1995), pp. 45-72; Id., *The Italian Reformation and Juan de Valdés*, in «Sixteenth Century Journal», 27 (1996), pp. 353-364; Id., *Juan de Valdés e la Riforma nell'Italia del Cinquecento*, Roma-Bari 2016, pp. 161-23, e Marcantonio Flaminio, *Apologia del "Beneficio di Christo" e altri scritti inediti*, a cura di D. Marcatto, Firenze 1996. Sul Flaminio cfr. A. Pastore, *Marcantonio Flaminio. Fortune e sfortune di un chierico nell'Italia del Cinquecento*, Milano 1981.

77. Firpo, *Vittoria Colonna, Giovanni Morone*, p. 139; Pagano, Ranieri, *Nuovi documenti su Vittoria Colonna*, pp. 63-88.

78. Firpo, *Vittoria Colonna, Giovanni Morone*, p. 138.

79. Cfr. Caravale, *Sulle tracce dell'eresia*, pp. 86-107.

80. Cfr. H. Jedin, *Ein Turmerlebnis des jungen Contarini*, in «Historisches Jahrbuch», 70 (1951), pp. 115-130. Nella lettera a Paolo Giustiniani, 24 aprile 1511, Contarini affermava che, quand'anche si fosse impegnato in «tutte le penitentie possibile et molto più anchora», non sarebbe mai potuto riuscire a «satisfar a le colpe passate» e che, pertanto, non poteva che abbandonarsi totalmente e fiduciosamente alla misericordia divina che volle mandare il suo figlio Unigenito affinché «per la sua passion satisfacesse per tutti collori, i quali el voranno per capo et voranno esser membri di quel corpo di qual Christo è capo» e rivolgersi «a quella summa bontà, la qual vedeva per amor mio esser in croce con le bracie aperte et con el pecto aperto in fin al core»; e nella lettera sempre al Giustiniani del 10 agosto 1511, si richiamava a «li innumeri beneficii de Dio particularmente a mi concessi da una parte, immo contra mia volgia al mio despecto datime da quella infinita largeza, et da l'altra parte considero la infinita mia ingratitudine passata et presente [...]» (H. Jedin, *Contarini und Camaldoli*, estratto dall'«Archivio italiano per la storia della pietà», 2 [1959], pp. 12-17, citazione a p. 16). Persino Tommaso de Vio, detto Gaetano, generale dei domenicani, nel suo commento ai *Salmi* del 1530, nell'interpretare

canto dell'*Orlando Furioso* dell'Ariosto in cui, fin dalla prima edizione del 1516, il rifiuto del valore meritorio delle opere nel processo di salvazione e la totale fiducia nella grazia divina non potrebbero essere stati più espliciti:

So che i meriti nostri atti non sono
A satisfare al debito d'un'oncia;
né devemo sperar da te perdono,
se riguardiamo a nostra vita sconcia:
ma se vi aggiugni di tua grazia il dono.
Nostra ragion fia ragguagliata e concia;
né del tuo aiuto disperar possiamo,
qualor di tua pietà ci ricordiamo.[81]

Ma al di là di esperienze individuali, di poemi cavallereschi di largo consumo, di predicatori che dai pulpiti di tutt'Italia divulgavano la dottrina della giustificazione *ex sola fide*, Carlo Ossola, nel tracciare l'itinerario della formula "beneficio di Cristo"/"benefici di Dio" – dalle *Enarrationes in Psalmos* di sant'Agostino, definito dalla Colonna «il mio gran lume»,[82] agli scritti di Lefèvre d'Étaples (*Quincuplex Psalterium*, 1508 e 1512, e le *Epistres et Evangiles des cinquante et deux dimanches de l'an*, redatte con la collaborazione di allievi nel 1525), ai commenti ai salmi del primo Lutero (*Dictata super Psalterium*, *Operationes in Psalmos*), al Valdés del commento a *Lo Evangelio di San Matteo* e al *Beneficio di Cristo*, fino alle *Rime* della Colonna e di Michelangelo – ha mostrato come intorno a essa si fossero coagulati, con diverse articolazioni, i temi della preminenza della grazia, della giustificazione per sola fede, della svalutazione delle opere e vanità dei meriti acquisibili per loro tramite, della remissione dei peccati fatti o da farsi, della latitudine dell'"indulto" di chi ha soddisfatto sulla croce per tutti, della misericordia divina, dell'incorporazione e del vestirsi di Cristo.[83]

l'ultimo verso del secondo salmo (*Beato chi in lui si rifugia*) aveva scritto: «nessun'altra fatica si affianchi, per conseguire la beatitudine, se non la speranza, ovvero la confidenza in Cristo: questa da sola non basta, ma è necessaria per evitare l'inferno e per conseguire la beatitudine: poiché non per i nostri meriti, ma per i suoi veniamo salvati», citazione in S. Ricci, *Inquisitori, censori, filosofi sullo scenario della Controriforma*, Roma 2008, p. 74.

81. Ottava 72. In proposito cfr. Fragnito, *Intorno alla "religione" dell'Ariosto*, e Ead., «*Vanissimus et spurcissimus homo*»: *Ariosto all'esame dei censori*, in *Dalla bibliografia alla storia. Studi in onore di Ugo Rozzo*, a cura di R. Gorian, Udine 2010, pp. 115-137.

82. Vittoria Colonna a Costanza d'Avalos Piccolomini, duchessa di Amalfi, in *Carteggio*, pp. 292-294.

83. Juan de Valdés, *Lo Evangelio di San Matteo*, a cura e con introduzione di C. Ossola, testo critico di A.M. Cavallarin, Roma 1985, pp. 11-93. Cfr. anche C. Ossola, *Nei*

A questi temi, presenti anche negli scritti di Savonarola, dai quali li aveva ripresi Federico Fregoso nel *Pio et christianissimo trattato dell'oratione*,[84] il messaggio sfumato, flessibile e poco sistematico dell'*alumbrado* Valdés aggiungeva l'insistenza sull'interiorità del vivere cristiano, sulla dimensione individuale dell'esperienza religiosa, sull'illuminazione dello Spirito Santo, sul ripiegamento nel silenzio della coscienza, e sul rifiuto di dispute e controversie in materia di fede. Temi tutti che ricorrono nelle *Rime* della Colonna, che li aveva attinti da diverse fonti e correnti di spiritualità, come si è detto, ma che vennero precisandosi soprattutto a contatto con Bernardino Ochino, le cui «mirabil prediche» la indussero a invitarlo nei feudi colonnesi[85] e a seguirne le orme a Ferrara, Prato, Lucca e Pisa tra il 1537 e il 1538[86] e ad adottarne nelle *Rime spirituali* temi e lessico.[87] La marchesa vi trovava, infatti, il costante richiamo alla gratuità del perdono, alla mise-

"labirinti" del "Beneficio di Cristo", in *Cultura e società nel Rinascimento tra Riforme e manierismi*, Firenze 1984, pp. 385-425, e Id., *Lutero e Juan de Valdés: intorno alla formula "Beneficio di Cristo"*, in *Lutero e la Riforma*, Vicenza 1985, pp. 5-47. Ai testi esaminati da Ossola si può ora aggiungere l'esposizione dei salmi CXXX e CXLV di Federico Fregoso del 1528 in cui l'influenza di Lefèvre è avvertibile anche nell'uso della formula «benefici di Dio» (cfr. Alonge, *Tra evangelismo francese*, pp. 260-269). Anche nelle prediche dell'Ochino, in particolare modo in quelle ascoltate a Lucca dalla Colonna nel 1538, il ricorso alla formula «benefici di Dio» è frequentissimo (cfr. Campi, *Michelangelo e Vittoria Colonna*, pp. 22-33, e Camaioni, *«De homini carnali fare spirituali»*, pp. 481-482).

84. Per un puntuale raffronto cfr. Alonge, *Tra evangelismo francese*, pp. 271-297. Si veda anche L. Lazzerini, *Teologia del Miserere. Da Savonarola al 'Beneficio di Cristo' 1490-1543*, Torino 2013. Fregoso, peraltro, non si limitava ad attingere agli scritti di Savonarola, ma suggeriva a Eleonora della Rovere, duchessa di Urbino, «le prediche de frate Gironimo, le quali la potrà farsi legere insino che la trova qualch'altra cosa», visto che Gregorio Cortese non era riuscito a scrivere un'opera devozionale che gli aveva chiesto (sua lettera a Eleonora, Gubbio 11 gennaio 1531, in Fragnito, *Il cardinale Gregorio Cortese*, p. 48).

85. A fine giugno 1535 Ochino predicò a Genzano alla presenza di Vittoria e di Ascanio Colonna (cfr. Belluzzi, *Diario autobiografico*, pp. 46-47).

86. Sulla predicazione dell'Ochino a Ferrara cfr. Fragnito, *Intorno alla «religione» dell'Ariosto*, pp. 222-225; a Prato cfr. M. Belardini, *Quando Margherita d'Austria vedova del duca Alessandro de' Medici si trovò a soggiornare a Prato, in* «Bollettino Roncioniano», 7 (2007), pp. 51-62, e Ead., *"Lontano da' sua parenti et suo paese". Margherita d'Austria: la costruzione di un'identità*, in *Le donne Medici nel sistema europeo delle corti*, a cura di G. Calvi, R. Spinelli, Firenze 2008, pp. 169-194; a Pisa si veda la lettera della Colonna a Ercole II d'Este, Pisa 26 marzo 1538, in *Carteggio*, pp. 156-158. Sul soggiorno di Vittoria Colonna a Lucca durante la predicazione dell'Ochino cfr. S. Adorni-Braccesi, *«Una città infetta». La Repubblica di Lucca nella crisi religiosa del Cinquecento*, Firenze 1994, pp. 88-100.

87. Cfr. A. Aubert, *Misticismo, valdesianesimo, e riforma della Chiesa in Vittoria Colonna*, in «Rivista di storia della Chiesa in Italia», 46 (1992), pp. 143-166, e Bardazzi, *Le Rime spirituali di Vittoria Colonna*, il quale segnala con un'analisi molto puntuale le affi-

ricordia divina, alla *via larga* alla salvezza, dottrine che si erano innestate su temi neoplatonici, su correnti mistiche e spiritualistiche più antiche, tra le quali quella del "libero spirito", incentrate sull'illuminazione interiore e sull'unione dell'anima con Dio, ampiamente presenti tra francescani e benedettini cassinesi, ma anche tra gli *alumbrados* spagnoli, che le trasmisero a Valdés. Il cammino parallelo di quelle dottrine spiega le contiguità tra gli scritti di Valdés e le prediche di Ochino, senza che vi debba essere necessariamente dipendenza di quest'ultimo dallo spagnolo,[88] ma anche la disponibilità della Colonna ad accogliere il messaggio valdesiano dispensato dal Flaminio a Viterbo e confluito nel *Beneficio di Cristo*.

È, quindi, molto improbabile che la Colonna avesse aderito alla giustificazione *ex sola fide* a Viterbo. Tuttavia, non ci si può non chiedere il perché di tanta insistenza nelle deposizioni di fronte al Sant'Ufficio su questa dottrina e sul ruolo del Pole nel propagarla. Innanzitutto va osservato che gli interrogatori riguardavano anni in cui non vi era una definizione di tale dottrina e che, quindi, discuterne e diffonderla non poteva essere considerato un reato.[89] Inoltre, era più prudente identificarne nel Pole, cardinale di Santa Madre Chiesa, il propagatore, piuttosto che attribuirne la diffusione all'apostata Ochino, dal quale l'avrebbe, invece, appresa la Colonna,

nità tematiche e di linguaggio tra le prediche dell'Ochino e le *Rime spirituali* e ricostruisce con precisione i rapporti tra il cappuccino e la Colonna.

88. Sui legami tra spiritualità valdesiana e spiritualità francescano-begarda vedi Camaioni, *«De homini carnali fare spirituali»*, *passim*; Id., *Libero Spirito e genesi cappuccina. Nuove ipotesi e studi sul* Dyalogo della unione spirituale di Dio con l'anima *di Bartolomeo Cordoni e sul misterioso trattato dell'*Amore evangelico, in «Archivio italiano per la storia della pietà», 24 (2012), pp. 303-372; Id., *«Non c'è altra vera religione che quella di Christo». Bernardino Ochino e il francescanesimo radicale di fronte alla Riforma: una ricerca in corso*, in «Studi Francescani», 112 (2015), pp. 441-510; e Aubert, *Misticismo, valdesianesimo*.

89. Carnesecchi (costituto del 24 luglio 1566) osservava che della giustificazione «si parlava assai in quel tempo [...] e in quella casa [*del Pole*]» (PC, II/1, p. 155); che tra Priuli, Flaminio, Merenda e Soranzo «non se tractava d'altro articulo per conto della religione che di quello della giustificatione per la fede: il che non si può dire che fusse allhora heresia, non essendo ancora stato determinato dal concilio quello che si havesse a credere di tale articulo» (*ibidem*, p. 422, costituto del 9 novembre 1566); inoltre, alla domanda se l'Ochino e Pietro Martire Vermigli avessero complici prima di fuggire oltralpe, replicò: «Io non saprei nominare nissuno complice delli sudetti perché in quel tempo che erano da queste bande conversava con loro tutto il mondo, essendo tenuti ambedue non solamente catholici ma quasi due apostoli, di maniera che non si poteva distinguere da chi praticava con loro per un conto chi praticava per un altro» (*ibidem*, II/3, p. 1113, costituto del 6 marzo 1567).

secondo la testimonianza di Pietro Carnesecchi il quale, diversamente da delatori o "pentiti" come lo Scotti e il Bartoli, tendeva a rispondere con cautela, se non con reticenza, evitando di cascare nella trappola dei giudici determinati a strappargli confessioni utili a incriminare da vivi o da morti il Pole e il Morone.[90] Né d'altro canto va trascurato un dato oggettivo che spiega la centralità della giustificazione nei dibattiti viterbesi. Nella primavera-estate del 1541 si svolgeva il colloquio di Ratisbona, durante il quale il cardinale legato Contarini aveva raggiunto un accordo (2 maggio 1541) con i protestanti sulla formula della duplice giustificazione, accordo non avallato da Roma e, solo dopo il fallimento dei negoziati sul sacramento dell'eucarestia, oggetto di forti riserve da parte del Pole e della sua cerchia e, di conseguenza, di animati dibattiti. Dibattiti che si protrassero per mesi e che si ripeterono nell'estate successiva in occasione delle trattative condotte dal Contarini e dal Morone per ricomporre il dissenso religioso modenese facendo sottoscrivere agli Accademici il *Formulario di fede* redatto dal cardinale veneziano, che, per le tesi dottrinali sostenute anche in merito alla dottrina della giustificazione, non incontrarono l'approvazione dei viterbesi. In questi dibattiti la Colonna, a riprova della sua solida cultura teologica, fu personalmente coinvolta dal Contarini, che le fece pervenire l'*Epistula de justificatione* da lui redatta a chiarimento della formula concordata a Ratisbona e scritti relativi al *Formulario*.[91]

Se sembra, dunque, da ridimensionare l'influenza del Pole sulla sua adesione alla dottrina della giustificazione per sola fede, ciò non toglie che il «divin Polo», da lei tenuto «per padre et mastro spirituale» e di cui

90. Interrogato il 19 febbraio 1567 sulle deviazioni dottrinali della Colonna, rispose: «Non posso dire di certa scientia che quella signora deviasse in nissuno articulo dalla fede catholica, ma ho bene per opinione ch'ella tenesse l'articulo della giustificatione per la fede, se ben non mi ricordo ch'ella s'aprisse mai talmente meco ch'io lo possi testificare altrimente che per coniettura, fondata principalmente nella intrinsichezza che haveva havuta con fra Bernardino Ochino et in quella che hebbe poi col Priuli et col Flaminio, i quali tenevano ancor essi la medesima opinione circa il sudetto articolo, oltra a l'inditio che di ciò danno i sonetti composti et stampati di detta signora» (*ibidem*, II/2, p. 1030).

91. In proposito cfr. M. Firpo, *Gli «spirituali», l'Accademia di Modena e il formulario di fede del 1542: controllo del dissenso religioso e nicodemismo*, in «Rivista di storia e letteratura religiosa», 20 (1984), pp. 40-111, e per l'edizione critica degli *Articuli orthodoxae professionis* cfr. PM1, III, pp. 190-235. Cfr. anche Firpo, *Vittoria Colonna, Giovanni Morone*, pp. 166-170; Fragnito, *Gasparo Contarini. Un magistrato veneziano*, pp. 58-74, e Ead., *Il cardinale Gregorio Cortese*, pp. 94-99.

innalzava la dottrina e la santità «sopra le stelle»,[92] insieme ai discepoli del Valdés che lo circondavano, abbia segnato profondamente la sua religiosità, accentuandone gli atteggiamenti anticerimoniali e la consapevolezza teologico-dottrinale in relazione ai temi centrali del dibattito religioso del tempo, quali i sacramenti e la giustificazione. Non è, peraltro, dalle lettere a lui indirizzate dalla Colonna che si riescono a cogliere i profili dottrinali e teologici della fede della marchesa. A renderle oscure e indecifrabili contribuiscono il loro esasperato misticismo, l'ambiguità del rapporto con il cardinale inglese – che assume a tratti toni di pura esaltazione, imputabili forse anche alla grave malattia polmonare che l'affliggeva – nonché il bisogno di proporre un'immagine di totale estraneità ai problemi politici per alleggerire i sospetti e la sorveglianza papali a causa del suo coinvolgimento nella «guerra del sale»[93] e la necessità di esprimersi con cautela a seguito della creazione della Congregazione dell'Inquisizione e del ruolo svolto da lei e dal fratello Ascanio nella fuga dell'Ochino.[94] Concentrate sull'appassionata ricerca di Dio e ricche di inflessioni prequietiste, esse riepilogano il lungo, tormentato itinerario di perfezione interiore e di ascesa a Dio sul quale ella si era da tempo incamminata, ma sono estremamente elusive e impenetrabili sull'approdo ultimo delle sue convinzioni teologiche. È, quindi, ad altre fonti che occorre rivolgersi per verificare se effettivamente la Colonna si fosse avventurata su terreni più pericolosi, in breve se avesse tratto le «consequentie» della dottrina della giustificazione per sola fede, come sostennero alcuni imputati e delatori.[95]

Fu solo, infatti, al termine della sua vita, mentre spirava in casa Cesarini assistita dalla cugina Giulia Colonna, confortata da Marcantonio Flaminio e Alvise Priuli e accompagnata dallo struggente baciamano di Michelangelo, che la marchesa di Pescara, raggiunta la «tranquilla pace» dell'«uom che tace»,[96] depose la maschera e dai silenzi delle ultime vo-

92. PM1, VI, p. 141, e *Rime*, p. 155.

93. Vedi *supra* nota 75, e sull'importanza assunta dalla «guerra del sale» nel corso del colloquio di Ratisbona, cfr. E. Gleason, *Gasparo Contarini. Venice, Rome, and Reform*, Berkeley-Los Angeles-Oxford, 1993, pp. 213-222.

94. G. Fragnito, *Gli "spirituali" e la fuga di Bernardino Ochino*, in «Rivista storica italiana», 84 (1972), pp. 777-813 (ora in Ead., *Cinquecento italiano*, pp. 141-188).

95. Cfr. *supra*, pp. 178-180.

96. *Rime*, p. 104: *Non dee temer del mondo affanni o guerra*. Per la narrazione della morte della Colonna cfr. le lettere ad Ascanio Colonna di due testimoni, Lorenzo Bonorio e Tommaso Maggio, del 25 febbraio 1547, in cui si dice che la mattina del giorno in cui morì aveva ragionato

lontà, dettate il 15 febbraio 1547, lasciò filtrare qualche significativo indizio dell'esito del suo travagliato percorso di fede. Raccomandò, infatti, l'anima all'«omnipotenti deo creatori» e al suo «sanctissimo unico filio domino nostro yhesu christo», senza invocare la Vergine e i santi, né destinare legati pii per messe di suffragio.[97] Negando implicitamente alcuni capisaldi della fede cattolica – culto della Vergine e dei santi, esistenza del purgatorio, messe di suffragio – Vittoria Colonna sembra aver decisamente valicato i confini dell'ortodossia, anzi passato «li termini», come osservò il Contarini a proposito del *Beneficio di Christo* rivisto dal Flaminio a Viterbo.[98]

Non è un caso, del resto, che i silenzi che seguono la *commendatio animae* solo a Dio e a Gesù Cristo, tipici dei testamenti di chi aveva aderito alla Riforma nelle sue varie espressioni,[99] si ritrovino nelle ultime volontà di alcuni dei "discepoli" del Pole, a cominciare da Vittore Soranzo, cui la morente Colonna affidò la distribuzione di un cospicuo lascito.[100] Il vescovo di Bergamo – che nella sua azione pastorale, dagli esiti sempre più consapevolmente filoluterani, aveva cercato di sradicare una serie di pratiche superstiziose legate al culto dei santi, delle immagini, delle reliquie, delle indulgenze – nel testamento del 20 settembre 1554 non chiese messe di

«con sì sano senso delle cose di Dio, dell'Evangelio et S. Paulo esponendo essa propria alcuni passi che pareva non avesse alcun male né manco si poteva pensar dovesse morir sì presto» (J.J. Wyss, *Vittoria Colonna. Leben, Wirken, Werke*, Frauenfeld 1916, pp. 122-123).

97. B. Amante, *La tomba di Vittoria Colonna e i testamenti finora inediti della poetessa*, Bologna 1896, pp. 53-64, ma si veda anche il precedente testamento del 27 gennaio 1547. Occorre aggiungere che, contrariamente alla consuetudine diffusa tra i ceti nobiliari, non vi è un lascito per il confessore o il consigliere spirituale. Assenti anche lasciti «per la salute dell'anima», salvo che la formula fosse contenuta nella «cedula», non allegata al testamento, con istruzioni per la distribuzione di 9.000 scudi a persone e istituzioni da mantenere segrete. Anche il lascito ai monasteri di San Paolo di Orvieto, Santa Caterina di Viterbo, San Silvestro e Sant'Anna a Roma, si configura come ricompensa per l'ospitalità e l'assistenza ricevute e non è accompagnato dalla richiesta di preghiere per l'anima.

98. PC, I, p. 5: deposizione di Niccolò Bargellesi (8 giugno 1557).

99. Cfr. S. Seidel Menchi, *Se l'eretico fa testamento*, in *La fede degli italiani. Per Adriano Prosperi*, a cura di G. Dall'Olio, A. Malena, P. Scaramella, Pisa 2011, I, pp. 33-39.

100. La sostituzione nel testamento del 15 febbraio 1547 di Alvise Priuli, designato in quello del 27 gennaio 1547 per la distribuzione di 9.000 scudi tra persone il cui nome doveva rimanere segreto, con Vittore Soranzo è con ogni verosimiglianza dovuta alla morte di Enrico VIII il 28 gennaio di quell'anno che avrebbe potuto comportare il trasferimento del cardinale Pole e del Priuli in Inghilterra.

suffragio né raccomandò l'anima alla Vergine e ai santi, ma più esplicitamente della Colonna la consegnò alla misericordia divina:

> Lasso et renoncio liberamente l'anima mia a Dio benedetto, padre del nostro signor Iesu Christo, il quale con la sua onnipotentia di nulla l'ha creata et con la sua misericordia di dannata et immonda col preciosissimo sangue del suo unigenito figliuolo l'ha mondata per salvarla; et con questa speranza me ne vado all'altra vita.[101]

Analogamente Ludovico Beccadelli, che aveva gravitato intorno alla cerchia degli «spirituali», raccomandò la sua anima

> al Signor Gesù Christo Signor, et Redentor nostro, et umilmente gli chiedo perdono de tutte le mie colpe, che sono molte, pregando sua Divina Maestà che le lavi con suo pretiosissimo Sangue, sparso per noi miseri peccatori sul legno della Santa Croce,

non evocando né Vergine, né santi, né chiedendo messe di suffragio.[102] Anche Federico Fregoso, formatosi alla scuola di Jacques Lefèvre d'Étaples e dei benedettini cassinesi e influenzato dagli scritti di Lutero, seppure non annoverabile tra i discepoli del Pole, ma intimo della cugina Vittoria, nello stilare il testamento il 18 luglio 1541, si limitava, dopo

101. Sull'attività pastorale del Soranzo cfr. M. Firpo, *Vittore Soranzo. Vescovo ed eretico. Riforma della Chiesa e Inquisizione nell'Italia del Cinquecento*, Roma-Bari 2006, pp. 137-303. Il testamento in Venezia, Archivio di Stato, *Notarile*, *Testamenti*, 1214, n. 1024 (notaio Antonio Marsilio), in cui è conservato anche il codicillo del 10 dicembre 1557, che conferma il contenuto del precedente testamento. Ringrazio Massimo Firpo per avermelo comunicato. Anche il vescovo Nacchianti, la cui azione pastorale e la cui predicazione di stampo eterodosso erano state indirizzate alla lotta ad alcune tradizionali pratiche devote, tra cui il culto dei santi e della Vergine, nel testamento non fa lasciti per messe di suffragio, non invoca i santi e la Vergine e addirittura Cristo. In proposito cfr. G. Italiano, *La pastorale eterodossa di Iacopo Nacchianti a Chioggia (1544-1548)*, in «Rivista storica italiana», 123 (2011), p. 791 e per l'azione pastorale pp. 765-780, e sulle sue traversie inquisitoriali G. Caravale, *Predicazione e Inquisizione nell'Italia del Cinquecento. Ippolito Chizzola tra eresia e controversia antiprotestante*, Bologna 2012.

102. Testamento del 2 luglio 1566 in G. Morandi, *Monumenti di varia letteratura tratti dai manoscritti originali di mons. Lodovico Beccadelli, arcivescovo di Ragusa*, Bologna 1797, I/1, pp. 157-162. Anche Galasso Ariosto, fratello di Ludovico, amico del Beccadelli e del Carnesecchi, nel suo testamento rogato il 9 ottobre 1545, coerentemente con le proprie posizioni religiose, si limitò a raccomandare l'anima a Dio, non invocando né i santi, né la Vergine, né le schiere celesti; non dispose alcun legato a favore delle istituzioni regolari o secolari della Chiesa, né chiese messe di suffragio. In proposito cfr. Fragnito, *Intorno alla «religione» dell'Ariosto*, p. 316.

aver evocato la passione di Cristo, a raccomandare l'anima a Dio Padre, al Figlio e alla Vergine, non menzionando i santi e non chiedendo messe di suffragio.[103]

D'altro canto, l'avversione nei confronti del culto dei santi – e non solo dei suoi eccessi – non era nuova tra gli "spirituali", alcuni dei quali, nonostante la diversità delle scelte individuali, si erano allontanati dalle originarie matrici evangeliche. Pur determinati a salvaguardare l'unità della fede e ad astenersi da polemiche contro il papato, alcuni di loro, muovendo dall'adesione convinta alla dottrina della giustificazione per sola fede, si erano incamminati verso mete sempre più distanti dall'ortodossia cattolico-romana, facendo proprie idee riformate e/o valdesiane. Basti un accenno tra i tanti – oltre al Soranzo, al Morone,[104] all'Ochino[105] –al Fregoso, il quale fin dal *Trattato dell'oratione*, sulla scia di Lefèvre e dei suoi discepoli, si era espresso contro l'intercessione dei santi.[106]

Le ultime volontà della marchesa di Pescara sollevano, però, un problema: come conciliare il suo rifiuto dell'intercessione della Vergine e dei santi con la devozione nei loro confronti manifesta nei suoi scritti? Un problema dalla non facile soluzione, su cui, tuttavia, le relazioni di Tatiana Crivelli e di Abigail Brundin in questo convegno gettano qualche luce: la prima, fornendo dati nuovi sulla produzione di stampe popolari delle *Rime*, che ne testimoniano la circolazione anche al di fuori delle cerchie elitarie cui le si ri-

103. Cfr. Alonge, *Tra evangelismo francese*, pp. 448-449.

104. Nella deposizione nel processo a carico del Morone il domenicano Reginaldo Nerli ricordava come «essendo legato monsignor Morone reverendissimo di Bologna, visitando il capo di san Dominico, credo che fusse il dì della sua festa, scandalizò molto i frati che furono presenti, perché a modo loro Sua Signoria reverendissima non s'inginocchiò. Io le lo dissi. Mi rispuose che non parevali che se dovesse far tanta reverenza alle reliquie di sancti come allo santissimo sacramento et a nostro signor Dio, et che molto se maravigliava che i nostri padri dotti et prudenti comportassero tanti lumi alla testa et arca di san Domenico et così puochi nanzi al santissimo sacramento» (PM2, I, p. 136). Inoltre, durante il conclave che elesse Pio V, circolò a Roma una pasquinata contro Morone «nemico della Vergine e de' santi» (PM2, III, p. XXXVIII).

105. Giovanni Grillenzoni scriveva al card. Giovanni Morone, Modena 3 luglio 1542: «Già sono due anni, predicò il grande frate Bernardino. Non si vergognano di dire che più non predicava come soleva. Alcuni dicevano che troppo predicava Christo e che mai non haveva nominato san Geminiano» (citazione in K. Benrath, *Bernardino Ochino von Siena. Ein Beitrag zur Geschichte der Reformation*, Braunschweig 1892, p. 69).

106. Cfr. Alonge, *Tra evangelismo francese*, p. 271-297, attingendo oltre che agli scritti di Lefèvre, Margherita d'Angoulême e Savonarola anche a quelli di Lutero.

teneva indirizzate;[107] la seconda, illustrando come il lettore ne potesse fare un uso devozionale paragonabile a quello delle orazioni.[108] Alla luce delle loro interessanti considerazioni e di quelle sulla mariologia della Colonna, nei cui scritti in prosa e in versi non vi sarebbe «traccia alcuna di una partecipazione attiva della Vergine Madre all'opera mediatrice e redentrice del Figlio», né di una sua funzione salvifica, le contraddizioni sembrano più facilmente componibili.[109] Appare, infatti, ipotizzabile l'adozione da parte della Colonna di due registri di comunicazione: uno riservato ai "dotti", capaci di cogliere, tra le sottigliezze teologiche presenti nei suoi scritti, la tesi dell'unicità di Cristo come mediatore e salvatore, l'altro rivolto ai cosiddetti "semplici", cui venivano riproposte le tradizionali devozioni della Chiesa. In tal senso appare illuminante il confronto tra due edizioni della lettera della Colonna a Costanza d'Avalos Piccolomini. Nelle *Litere della divina Vetoria Colona marchesana di Pescara ala duchessa de Amalfi sopra la vita contemplativa di Santa Caterina et sopra de la activa di Santa Madalena non piu viste in luce*, stampate nel 1544 con scarsa cura da Alessandro Viani, la cui produzione editoriale, prediligendo romanzi cavallereschi e libri di devozione, era chiaramente indirizzata a un'ampia circolazione tra fasce di lettori di diverso livello culturale, si legge a proposito di Caterina e Maddalena: «Così ne concedino elle impetrare da lui che senza interposition di tenebre per lor santo mezo a esso vero luminoso fin condur ci possiamo». Nella riproposta delle *Litere* nel *Nuovo libro di lettere scritte da piu rari auttori e professori della*

107. Vedi *supra* pp. 137-158: *Godere di cattiva stampa: spunti per una rilettura della tradizione editoriale delle rime di Vittoria Colonna*. Sulla diffusione cortigiana delle *Rime* della Colonna, che lei stessa recitò nel febbraio del 1538 alla corte di Ferrara, cfr. Peyronel Rambaldi, *Una gentildonna irrequieta*, pp. 142-143.

108. Vedi *supra* pp. 159-176: *Poesia come devozione: leggere le rime di Vittoria Colonna*. Si veda anche E. Ardissino, *Poesia in forma di preghiera nel Cinquecento. Sulle* Rime *di Vittoria Colonna*, in *La Bibbia in poesia. Volgarizzamenti dei Salmi e poesia religiosa in età moderna*, a cura di R. Alhaique Pettinelli, R. Morace, P. Petteruti Pellegrino, U. Vignuzzi, in «Studi (e testi) italiani», 35 (2015), pp. 35-52 (ringrazio l'autrice per avermi trasmesso il saggio prima della pubblicazione). Per il rapporto tra testi e immagini cfr. A. Prosperi, *Tra mistici e pittori: Vittoria Colonna*, in Id., *America e apocalisse e altri saggi*, Pisa-Roma 1999, pp. 367-379, e le pertinenti osservazioni di Camaioni, *Per «sfiammeggiar di un vivo e ardente amore»*, relative ai dipinti della Maddalena commissionati dalla Colonna e la sua personale devozione alla santa. Più in generale sul tema si veda *Visibile teologia. Il libro sacro figurato in Italia tra Cinquecento e Seicento*, a cura di E. Ardissino, E. Selmi, introduzione di G. Mazzotta, Roma 2012.

109. Campi, *Michelangelo e Vittoria Colonna*, pp. 48-54, citazione a p. 50.

lingua volgare italiana, pubblicata da Paolo Gherardo a Venezia nel 1545, il riferimento all'intercessione dei santi verrà eliminato dall'eterodosso Giovanni Antonio Clario, curatore della raccolta.[110]

Se, in questo caso, ci troviamo di fronte a una "censura" dettata non solo dalle convinzioni teologiche, ma anche dalla consapevolezza del curatore di rivolgersi a lettori, quali quelli delle raccolte di lettere, più attrezzati culturalmente e potenzialmente disponibili a essere orientati verso una religiosità cristocentrica, nel caso della Colonna si potrebbe ipotizzare la convergenza tra forme di nicodemismo di matrice valdesiana[111] e preoccupazioni di non recare scandalo ai "semplici". Da tempo, infatti, gli "spirituali" si interrogavano sull'opportunità o meno di rivelare al popolo i misteri della fede, come emerge con chiarezza dagli scritti del cardinale Contarini. Aderendo, grazie alla lettura delle opere di Lutero, con maggiore consapevolezza teologica rispetto al *Turmerlebnis* del sabato santo del

110. Stampata nella Inclita Cita di Venetia per Alessandro de Viano Venetian. Ad Instantia di Antonio detto el Cremaschino. Ne l'anno del Nostro Signore. M.D.XXXXIIII, un libriccino di 8 carte. In proposito cfr. *Novo libro di lettere scritte da i più rari auttori e professori della lingua volgare italiana* (rist. anast. delle edd. Gherardo, 1544 e 1545), a cura di G. Moro, Bologna 1987, pp. xviii e lxxxiv-lxxxv. Il Clario, che curò l'edizione Valgrisi delle *Rime spirituali* della Colonna, promossa da Donato Rullo contro la volontà dell'autrice (cfr. *Carteggio,* p. 225), fu processato nel 1547 dal Sant'Ufficio di Venezia per eresia in quanto, tra l'altro, negava la validità delle cerimonie ecclesiastiche e la venerazione e intercessione dei santi (*ibidem*, pp. lxxvii-lxxxvi, e A. Ricciardi, *Clario, Giovanni Antonio*, in *Dizionario storico dell'Inquisizione*, a cura di A. Prosperi, V. Lavenia, J. Tedeschi, Pisa 2010, I, p. 336). La terza delle *Litere*, dedicata alla Maddalena e a Caterina d'Alessandria, in cui appare il passo "censurato", è riprodotta in appendice del saggio di Camaioni, *Per «sfiammeggiar di un vivo e ardente amore»*. Più che il loro ruolo di intercessione, la Colonna, tuttavia, sottolinea l'esemplarità della loro «viva fede» e del loro perfetto amore: «quali specchi le opre dei bellissimi lor corpi, et i pensieri delle sante et chiare menti imitando, rendiamo il vero culto al conveniente nostro Signore».

111. In proposito cfr. D. Romano, *Reginald Pole tra Erasmo e Valdés: dal De unitate Ecclesiae alle meditazioni sui salmi (1536-1541)*, in «Rivista storica italiana», 124 (2012), pp. 872-873, il quale osserva come nelle inedite meditazioni sui Salmi il Pole avesse tratto dalle opere valdesiane «una diversa modalità di pensare e di praticare la dissimulazione religiosa non più solo come pedagogica prudenza verso gli indotti, bensì come maturo nicodemismo a salvaguardia di una consapevole alterità teologica, fondata sulla netta scissione tra una religiosità puramente esteriore e formale, "magis publica et pluribus communis", e l'autentica esperienza, "secretior et cognita paucioribus", che si svolge nell'interiorità, è guidata dall'illuminazione dello spirito "per fidem in Christum" e assume evidenti connotazioni esoteriche».

1511 alla dottrina della giustificazione *ex sola fide*[112] e ribadendo fino alla vigilia della morte che «il fondamento dello aedificio de Luterani è verissimo, né per alcun modo devemo dirli contra, ma accettarlo come vero et catholico, immo come fondamento della religione christiana»,[113] il cardinale veneziano nelle istruzioni redatte alla fine del 1538 a uso dei predicatori della propria diocesi di Belluno, si era tuttavia raccomandato: «vitandum praeterea est ne populo dicamus, homines justificari sine operibus, ac ne nimium operibus detrahamus, idque saepius inculcemus», perché, sebbene la dottrina della giustificazione per sola fede fosse vera, «debeamus abstinere ab his altissimis quaestionibus coram ignaro populo» onde evitare che «fiet segnior ad bene agendum, tanquam nihili sint nostra opera».[114] E, d'altro canto, lo stesso Pole – il quale, nei commenti ai Salmi, la cui stesura

112. Vedi *supra*, nota 80. Se già il 20 aprile del 1513, scrivendo al Giustiniani, manifestava la totale sfiducia nella capacità dell'uomo di concorrere alla propria salvezza sulla base di Paolo (2 Cor. 3, 5): «nui da per nui non semo sufficienti [...] pur di pensar non che di operar cosa che buona sia» (Jedin, *Contarini und Camaldoli*, p. 39), solo dopo la dieta di Worms, cui fu presente come oratore della Repubblica, formulò in maniera teologicamente più precisa la sua adesione: «niuno per le opere sue se puol giustificare over purgare lo animo da li affecti, ma bisogna rincorrere a la divina gratia la quale se ha per la fede in Iesu Christo, come dice Sancto Paulo, et con lui dire: *Beatus, cui non imputavit Dominus peccatum sine operibus*. Onde concludo *quod universa vanitas omnis homo vivens*, et che bisogna che se iustificamo per la iustitia de altrui, cioè de Christo, al quale coniungendose, la iustitia sua se fa nostra, né de nui stessi fidarsi in un minimo puncto, ma dire: *A nobis retulimus responsum mortis*» (lettera a Paolo Giustiniani da Valladolid, 7 febbraio [1523], *ibidem*, p. 67). In proposito si veda Fragnito, *Gasparo Contarini. Un magistrato veneziano*, pp. 11-14 e 110-118.

113. Lettera *De poenitentia* indirizzata al cardinale Pole nel quadro della vicenda dell'Accademia modenese in F. Dittrich, *Regesten und Briefe des Cardinals Gasparo Contarini (1483-1542)*, Braunsberg 1881, p. 358.

114. Dittrich, *Regesten und Briefe*, pp. 308-309. Aggiungeva che non bisognava predicare che «nostrum arbitrium infirmum esse ac non posse bonum velle», perché, sebbene anche questo fosse vero, il popolo ignorante si sarebbe abbandonato «ad torporem quendam». In proposito cfr. Fragnito, *Gasparo Contarini. Un magistrato veneziano*, pp. X-XIII. Un anno prima, in una lettera da Roma del 12 giugno 1537 il cui destinatario non è noto, Contarini aveva difeso il benedettino cassinese Marco da Cremona, che aveva tenuto lezioni sulle epistole paoline a Santa Giustina di Padova affrontando i temi del libero arbitrio e della grazia, accusando i suoi avversari «li quali perche Lutero ha detto cose diverse de gratia Dei et libero arbitrio, si hanno posto contra ogni uno il quale predica et insegna la grandezza della gratia, et la infirmita humana: et credendo questi tali contradire a Lutero contradicono a Santo Augustino, Ambrosio, Bernardo, Hieronimo, San Thomaso, et breviter, mossi da buono zelo, ma con qualche vehementia et ardore di animo, non se ne acorgendo in queste contradictioni loro deviano dalla verità catholica et si acostano alla heresia pelagiana e pongono tumulti nel populo» (*ibidem*, p. 270).

lo impegnò durante il soggiorno viterbese, aveva fatto proprie non soltanto le idee valdesiane, ma molte delle dottrine dei riformatori d'oltralpe[115] –, nelle discussioni incandescenti del 1541 e del 1542 non poté eludere la distinzione tra messaggio essoterico, destinato alla divulgazione, e messaggio esoterico, riservato alla comunicazione privata, tanto più che proprio in quei mesi attendeva alla composizione dello smarrito *De modo praedicandi* in risposta alle posizioni moderate assunte dal Contarini nell'*Instructio pro praedicatoribus* redatta nell'ottobre del 1541 e dal tenore ormai distante dalle istruzioni del 1538. Rivelatori in tal senso il consiglio dato dal Pole alla Colonna «che ella dovesse attendere a credere come se per la fede sola s'havesse a salvare, et d'altra parte attendere a operare come se la salute sua consistesse nelle opere»,[116] e l'osservazione di Giulia Gonzaga, secondo la quale «il signor cardinale è prudentissimo et essendo cardinale vuol dimostrare che non dissente dalle commune opinioni degli altri, overo che non è ben bene risoluto sopra tale articolo [*della giustificazione*]».[117]

Di questa, quantomeno apparente, irrisolutezza fu partecipe in una qualche misura anche Vittoria Colonna. Fino al «disïato fine», «lungo e dubbioso» fu, infatti, il suo «sentero»[118] e sfuggente il suo profilo religioso, se scelse di affidare le ultime volontà alla protezione dei cardinali Pole, Morone e Jacopo Sadoleto. Scelta ovvia quella dei due primi, assai meno quella del Sadoleto, il quale aveva tacciato di luteranesimo il compromesso raggiunto dal cardinale Contarini a Ratisbona, che gli altri due protettori avevano giudicato troppo cattolico...[119]

115. Cfr. Romano, *Reginald Pole tra Erasmo e Valdés*, pp. 859-874.

116. PC, II/2, p. 431.

117. PM2, I, p. 827. In proposito cfr. M. Firpo, *Le 'Meditationi et orationi formate sopra l'epistola di san Paolo ai romani' di Marcantonio Flaminio*, in Id., *Valdesiani e spirituali. Studi sul Cinquecento religioso italiano*, Roma 2013, p. 127.

118. *Rime*, p. 167, *Doi modi abbiam da veder l'alte e care*.

119. Cfr. Fragnito, *Gasparo Contarini. Un magistrato veneziano*, pp. 58-68.

V

Per una biografia di Vittoria Colonna

Ramie Targoff

La volontà segreta di Vittoria Colonna: una lettera smarrita a Clemente VII

La vita di Vittoria Colonna era divisa tra il mondo laico e quello religioso. Ha sempre vissuto, si può dire, fra i due mondi. Nella biografia che sto scrivendo su di lei, *Divina Vittoria*, sostengo che intimamente Vittoria desiderava una vita religiosa, fatta di preghiera e riflessioni spirituali, senza le distrazioni della sua famiglia. Se avesse potuto scegliere, avrebbe vissuto tutta la vita in convento, e non è un caso che abbia sfruttato ogni opportunità per fare vita conventuale. Anche quando veniva invitata dagli amici nelle loro lussuose residenze come il palazzo ducale di Ferrara, sceglieva invece di stare in un convento nelle vicinanze. E quando fa testamento, esprime il desiderio di giacere tra le suore nel sepolcro comune.

Le prove più forti della volontà di Vittoria di seguire un cammino religioso sono le lettere che scrive a due papi – Clemente VII, e Paolo III – per chiedere il permesso di vivere, come suora laica, in una casa privata con altre donne caste. Sono due le occasioni in cui Vittoria esprime questa sua intenzione: la prima nel 1526, alcuni mesi dopo la morte del marito; la seconda nel 1536. In entrambi i casi, abbiamo solo la risposta del papa, e non la lettera originale. Sia Clemente VII che Paolo III le accordano il permesso, ma invano: nel primo caso a causa del conflitto tra i Colonna e il papa, nel secondo per ragioni sconosciute, il suo sogno non è mai stato realizzato.

Nella biografia che sto scrivendo, il contenuto di queste lettere rinvia ad un problema più generale: la volontà di Vittoria è sempre stata frustrata. Non nego, certo, che lei abbia avuto delle esperienze e relazioni ricchissime nel mondo laico – questo è fuor di dubbio – ma nonostante ciò, è importante per comprendere la sua vita e inquadrarla nella storia delle donne nel senso più ampio, riconoscere il suo desiderio di una vita diversa da quella che alla fine ha vissuto. Nella relazione seguente, espongo un esempio significativo dei problemi che si devono affrontare cercando di capire la sua storia. Scrivere la biografia di Vittoria Colonna è stato, come spesso accade, anche un processo di ricerca archeologica in cui si trovano sempre tracce parziali con le quali ricostruire, nel modo più onesto possibile, i contorni della sua vita.

****

Vittoria Colonna, come tante signore (e signori) della sua classe sociale, scriveva lettere ogni giorno. La sua corrispondenza è caratterizzata da una grande varietà di tono, umore e forma. È facile notare, per esempio, che le lettere inviate a suo fratello Ascanio oppure a Michelangelo – tutte scritte di suo pugno e non da una segretaria – comunicano sempre familiarità e rilassatezza. Le lettere all'imperatore Carlo V, al contrario, o quelle a Ercole II D'Este – che faceva invece scrivere alla sua segretaria – sono molto più formali e rispettano le convenzioni epistolari dell'epoca. Se vogliamo capire chi è stata Vittoria Colonna, le lettere sono rivelatrici e al contempo frustranti. Sebbene di tanto in tanto lascino intravedere la sua vita privata, il più delle volte si limitano, infatti, a presentare la sua vita pubblica: esplicitano, cioè, il suo ruolo sociale, quel ruolo che Vittoria voleva mostrare al mondo.

La maggior parte del carteggio di Vittoria ancora esistente è stata pubblicata per la prima volta a Torino nel 1888.[1] Consta di 185 lettere, scritte tra il 1523 e il 1546, l'anno prima della sua morte. Spesso si tratta di lettere non scritte da Vittoria, ma dai suoi corrispondenti, i cui carteggi sono stati conservati con cura perché si tratta di uomini più importanti o famosi di lei. Giacché il più delle volte si tratta di risposte, da questo gruppo di lettere si può risalire facilmente alle missive precedenti di Vittoria. Volendo, potremmo immaginare un altro gruppo di lettere, delle lettere fantasma, in cui Vittoria esprime le proprie opinioni e desideri – opinioni e desideri della sua storia altrimenti irrecuperabili.

Per questa relazione mi interessa una lettera in particolare: quella che Clemente VII scrisse a Vittoria il 5 maggio 1526. Si tratta di un documento che appartiene all'Archivio Segreto Vaticano che è stato pubblicato nella raccolta del carteggio del 1888. Prima di occuparmi della lettera, però, ho

1. Vittoria Colonna, *Carteggio,* a cura di E. Ferrero, G. Mueller, seconda edizione con Supplemento raccolto ed annotato da D. Tordi, Torino 1892.

bisogno di fare una piccola digressione sulla storia delle biografie di Vittoria: in effetti, un accenno di storiografia.

La biografia di Vittoria Colonna di Alfred von Reumont uscì nel 1881.[2] Reumont era uno storico e diplomatico tedesco che lavorò come segretario della delegazione prussiana a Firenze e a Roma, e fu proprio in tale veste che egli ebbe accesso diretto alle biblioteche e agli archivi italiani. Reumont scrisse la vita di Vittoria in tedesco, ma il libro venne tradotto in italiano già nel 1883 da Giuseppe Mueller ed Ermanno Ferrero, gli stessi che nel 1888 avrebbero pubblicato a loro cura il carteggio.[3] Von Reumont morì nel 1887, un anno prima di questa importante pubblicazione. Nella prefazione al carteggio, Mueller e Ferrero elencano con precisione le lettere a disposizione di Reumont e quelle che egli non aveva avuto modo di consultare durante la compilazione della biografia di Vittoria. Le lettere dall'Archivio Segreto Vaticano appartengono a questa seconda categoria. Essendo state scoperte, oppure ritrovate, nell'Archivio del Vaticano nel 1885 o 1886, ovviamente non sono state coinvolte nella biografia da Reumont. Quel che sorprende, tuttavia, è l'assenza di una lettera di questo gruppo – ovvero di quella di cui vorrei parlare – anche da tutte le biografie successive, sia quelle scritte a cavallo del secolo sia quelle dei decenni successivi. Ricordo qui che, per ragioni ancora non completamente chiare, mentre tra la fine dell'Ottocento e l'inizio del Novecento si sono susseguite diverse biografie di Vittoria, negli anni successivi c'è stato, più o meno, il silenzio.

Nessun biografo ha mai fatto accenno alla lettera di Clemente VII che, a tutti gli effetti, è scomparsa, come cancellata dalla storia di Vittoria senza lasciare traccia.[4] La ragione di questa sparizione è ovvia: le biografie che sono venute dopo Reumont si sono basate quasi esclusivamente su Reumont, come se tutti i biografi fossero stati convinti che egli avesse già reperito e fatto uso di tutte le informazioni disponibili. Nessun di loro, in breve, è stato disposto a immaginare l'esistenza di altre fonti, anche di fonti già stampate, da cui trarre profitto. La lettera che mi interessa, inoltre, è scritta

2. A. von Reumont, *Vittoria Colonna: Leben, Dichten, Glauben im XVI Jahrhundert.* Herder 1881.

3. A. Reumont, *Vittoria Colonna: vita, fede e poesia nel secolo decimosesto*, versione di G. Mueller, E. Ferraro, Torino 1883.

4. Non c'e nessun accenno a questa lettera, ad esempio, nelle biografie di A.A. Bernardy, *La vita e l'opera di Vittoria Colonna,* Firenze 1928; M.F. Jerrold, *Vittoria Colonna, with some account of her friends and her times*, London 1906 e S. Thérault, *Un cenacle humaniste de la Renaissance autour de Vittoria Colonna, chatelaine d'Ischia*, Firenze 1968.

in latino, un latino per la verità molto formale: un fatto, questo, che forse può aver contribuito a rendere difficile la sua fruibilità.

Ma quello che trovo davvero affascinante, ed è anche la ragione di questa lunga digressione, è il fatto che il racconto della storia di una persona, in questo caso Vittoria Colonna, dipende sempre dalle contingenze che riguardano gli storici che scrivono la sua storia – cioè dal fatto che Reumont sia morto poco prima della pubblicazione del carteggio, dalla fiducia nei riguardi della sua ricerca, oppure addirittura dalla pigrizia delle biografe (tutte donne) venute dopo, e soprattutto dall'eventualità o meno di rinvenire una lettera che avrebbe potuto cambiare, in modo sottile certo, e ciononostante non senza conseguenze, la nostra interpretazione della persona che ancora oggi cerchiamo di conoscere meglio.

Torniamo ora alla lettera del 5 maggio del 1526. È molto lunga e quindi riproduco qui solo le parti più rilevanti in traduzione italiana[5] (l'originale latino si troverà in nota):

[Il Nostro saluto e la Nostra benevolenza a Vittoria Colonna, Marchesa di Pescare e figlia diletta in Cristo.

Ci avete informati che poiché Voi, privata del Vostro sposo, uomo di memoria insigne, avete quindi stabilito per la pace e la salute della Vostra anima e per trovar un rifugio libero dalle umane cure, di prendere dimora nella città di Napoli, in una casa legata Vi dal predetto marito, insieme a quattro o sei rispettabili donne che conducono vita casta; che lì intendiate servire l'Altissimo con un sentimento e un ardore maggiori che nella professione di qualsivoglia regola; che desideriate per l'intimo fervore della Vostra devozione far celebrare la Messa e gli Uffici divini in un sacello o una cappella che avete in animo di far costruire presso la predetta casa e che per il Vostro culto desideriate di poter tenere il Sacramento dell'Eucaristia in un tabernacolo marmoreo e dorato chiuso a chiave e con lampade di giorno e di notte sempre accese; e che non sia possibile far ciò se non per licenza speciale della Sede Apostolica, e pertanto a Noi avete fatto umile supplica affinché con la Nostra apostolica benevolenza accondiscendessimo al Vostro pio e onesto desiderio].[6]

5. Vittoria Colonna, *Carteggio*, Lettera XXVII, pp. 38-39; traduzione italiana di Francesco Caruso.

6. «Dilecta in Christo filia, salutem et apostolicam benedictionem.

Exponi nobis fecisti, quod cum tu viro tuo (insignis memoriae) orbata, deinceps pro tui animi quiete et salute liberoque ab humanis curis secessu quandam domum in civitate Neapolis tibi per dictum tuum virum relictam unacum quattuor aut sex honestis et vitae celibis

Prima di andare avanti, è necessario chiarire subito qualcosa. Ferrante D'Avalos, il marito di Vittoria, era morto il 25 novembre del 1525. Questa lettera, quindi, è stata scritta all'incirca cinque mesi dopo. In quel periodo, Vittoria abitava nel convento di San Silvestro in Capite a Roma, e tuttavia non si trovava lì come suora – come in realtà avrebbe desiderato – bensì come ospite laica, giacché il papa aveva proibito alle suore, minacciandole delle più severe censure ecclesiastiche, di permetterle di prendere il velo.[7]

mulieribus inhabitare ibique Deo altissimo magis animo et affectu, quam ullius regulae professione, famulari intendas, cuperes ex devotionis intimo fervore in quodam sacello seu cappella, quod seu quam in dicta domo construi facere intendis, missam et divina officia celebrari facere ac pro tua devotione Eucharistiae sacramentum in tabernaculo marmoreo deaurato et clave clauso cum lampadibus die noctuque semper accensis retinere posse, quod tibi absque Sedis Apostolicae licentia speciali facere non licet, et propterea nobis humiliter supplicasti, ut huiusmodi tuo pio et honesto desiderio annuere de benignitate apostolica dignaremur.

Nos autem, etsi id quod tua Nobilitas a nobis petiit, hactenus forsan aliis non concessimus, et raro ab hac Sancta Sede concedi consuevit, cum ipsius sacramenti domus (quam sapientia sibi edificavit) sola ecclesia esse debeat, tamen cum apud nos devotio ac pietas tua multiplicesque virtutes quas tu muliebrem supergressa sexum ad tui nobilitatem generis adiunxisti tantum valerent, quantum etiam paterna nostra benivolentia erga te et tuos omnes exigebat, id ipsum ad spiritualem consolationem tuam tibi non duximus denegandum, sperantes ac pro certo habentes, te huius coelestis sponsi ac Domini (quem ospitatura es) dignitatis et gloriae memorem, ea puritate animae et devotionis affectu tantum sacramentum culturam ac veneraturam esse, qua te decet tali genere partam ac tot virtutibus insignitam.

Itaque tuis humilibus et devotis praecibus annuentes, tibi quoad vixeris in dicto tabernaculo ut decet ornato ipsum Eucharistiae sacramentum per idoneum sacerdotem a te eligendum honore et reverentia debitis sacello seu cappella domus tuae huiusmodi, quod seu quam ab aliquo antistie gratiam et communionem Apostolicae Sedis habente benedici facies ita, quod ad profanos usus ob huiusmodi sacramenti collocationem amplius nunquam revertatur, collocari et asservari facere, inibique continue in debita veneratione habere et cum lampadibus accensis continue tenere et quotiens volueris inibi missam et alia divina officia celebrari facere, ac Eucharistiae sacramentum tam tu quam mulieres praedictae ab eodem sacerdote etiam in die Pascatis (sine rectoris parrochialis praeiudicio) recipere, cuiusvis licentia super hoc minime requisita possitis et valeatis, auctoritate apostolica tenore praesentium concedimus et indulgemus, non obstantibus apostolicis ac sinodalibus et provincialibus constitutionibus et ordinationibus caeterisque contrariis quibuscumque.

Datum Romae apud Sanctum Petrum sub annulo Piscatoris, die V maij MDXXVI, pontificatus nostri anno tertio.

(Dilectae in Christo filiae nobili mulieri Victoriae de Columna Marchionissae Piscariae)».

7. Per il testo latino di questa lettera, veda P.E. Visconti, *Le Rime di Vittoria Colonna,* Roma 1840, pp. CXLIV-CXLV.

Il motivo di tale proibizione era determinato dalla natura del suo dolore: troppo nuovo, e troppo intenso – secondo Clemente – per poter prendere una decisione del genere in piena coscienza.[8] Reumont non fornisce alcuna spiegazione circa la decisione di Clemente, ma la sua biografia suggerisce che il papa non avesse piacere che Vittoria sciogliesse i propri legami col mondo.

Ci troviamo in un momento politicamente complesso: Carlo V mirava con crescente determinazione a prendere il potere in Italia e i Colonna erano tra i suoi maggiori alleati. Il fratello di Vittoria, Ascanio, era tuttavia un uomo molto difficile, se non addirittura squilibrato, e Vittoria era l'unica Colonna con cui il papa avrebbe potuto negoziare. Ovviamente, se Vittoria fosse entrata in convento questa possibilità gli sarebbe stata negata. In ogni caso e qualunque ne sia stata la ragione, Clemente VII negò a Vittoria il suo desiderio più grande, quello di diventare una suora, di lasciare il mondo in cui era nata e in cui aveva vissuto fino a quel momento. La decisione di Clemente era senza appello. O per lo meno così abbiamo sempre creduto, giacché non sapevamo nulla dell'esistenza di una lettera del papa del maggio del 1526, o – fatto ancora più interessante – ignoravamo l'esistenza di una lettera di Vittoria, oggi perduta, che deve essere stata all'origine della lettera di risposta del papa.

Cosa poteva esserci nella lettera di Vittoria? Direi una richiesta di natura pratica: Vittoria chiedeva al papa il permesso di vivere in una casa religiosa a Napoli, con quattro o sei donne ugualmente caste; gli chiedeva, inoltre, il permesso di avere un santuario in casa, in cui poter conservare il pane per il sacramento in un tabernacolo di marmo che sarebbe stato chiuso a chiave – Vittoria su quest'aspetto è molto precisa – e illuminato da lampade per tutto il giorno e tutta la notte. In altre parole, chiedeva al papa il permesso di creare un piccolo convento privato.

Non citerò il resto della risposta di Clemente, ma la riassumerò per punti: egli concesse a Vittoria il permesso di vivere nel modo che aveva chiesto e anche il diritto di scegliere il proprio prete, così da poter prendere i sacramenti senza uscire da casa e quando voleva, anche – specifica Clemente – durante la Pasqua. Clemente faceva tuttavia notare che queste concessioni erano assolutamente eccezionali e gliele accordava come segno di riconoscenza per la «vostra virtù e la vostra pietà», che, spiegava, «superando il sesso femminile, accrescono la nobiltà della vostra famiglia». Vittoria, insomma, era una donna straordinaria che meritava condizioni speciali.

8. Per un'analisi di questa lettera, si veda la mia biografia: *Divine Vittoria*, i.c.s.

Inutile dire che queste promesse non sono mai diventate realtà. Non lo possiamo affermare in modo definitivo perché, come ho già accennato, non c'è alcuna traccia di tutto questo nell'archivio di Vittoria, fatta eccezione per la lettera di Clemente che ricomparve alla fine dell'Ottocento. Ciononostante possiamo formulare alcune ipotesi sugli accadimenti che seguirono l'estate e l'autunno del 1526. In questo periodo Vittoria avrebbe potuto reinventarsi una nuova vita a Napoli, se solo gli eventi esterni non glielo avessero nuovamente impedito, ovvero, se non fosse sopraggiunto lo scontro tra i Colonna e Clemente, che avrebbe portato Clemente a rifugiarsi in Castel Sant'Angelo, e a cui, poco tempo dopo, come rivincita, sarebbe seguita la distruzione di quattordici castelli dei Colonna, incluso quello di Marino dove Vittoria era tornata a dimorare.

È probabile che Vittoria abbia inviato la sua lettera al papa prima di lasciare il convento di San Silvestro e di trasferirsi nel più sicuro – almeno fino a quel momento – castello di Marino. Non possiamo dire esattamente quando sia avvenuto questo spostamento ma diversi elementi suggeriscono che sia stato nel maggio del 1526. Visto tale scenario, la collocazione della lettera che ho proposta appare plausibile perché Vittoria non aveva la minima intenzione di lasciare la vita religiosa di cui godeva a San Silvestro in Capite (sebbene senza velo) né di rientrare nel mondo feudale di Marino dove era o nel mondo di corte di Ischia dove viveva prima di diventare vedova. Tali spostamenti, dunque, non riflettevano quello che lei aveva scelto, ma quel che la vita, o la sorte, avevano scelto per lei.

La lettera perduta di Vittoria – che possiamo solo immaginare – rivelerebbe qualcosa di molto importante in un momento critico – forse il più critico – della sua vita. Anziché accettare la decisione che il papa aveva espresso in dicembre, cioè la proibizione di prendere il velo, nel maggio successivo Vittoria stava evidentemente cercando il modo di aggirare tale divieto, di trovare una soluzione, diciamo pure creativa, che le consentisse di allontanarsi dal mondo laico. Questa soluzione, come si sa, non è stata realizzata e la sua vita ha preso un'altra direzione, che le ha permesso di scoprire la propria vocazione di poetessa, di interessarsi ai diversi movimenti di riforma che attraversavano la Chiesa, di sviluppare rapporti intimi e importanti con uomini straordinari, quali Pietro Bembo, Michelangelo, Bernardino Ochino, Reginald Pole.

Insomma, Vittoria Colonna, come personaggio storico, possedeva quella che il filosofo inglese Bernard Williams ha definito «sorte morale», o *moral luck* (espressione che considerava un ossimoro, sebbene non lo sia del tutto):[9] si tratta dell'idea secondo cui la sorte, o fortuna, giocherebbe un ruolo preminente nel determinare il carattere morale di una persona. L'esempio più famoso fornito da Williams è quello di Paul Gauguin: se non avesse realizzato i suoi meravigliosi dipinti a Tahiti, la sua reputazione sarebbe stata legata esclusivamente al fatto che aveva abbandonato sua moglie e la sua famiglia e che si era dedicato a svariate avventure con avvenenti ragazze dei Mari del Sud. Oggi, però, Gauguin è celebre per i suoi capolavori che non avrebbe mai dipinto se non si fosse comportato tanto male in casa. Gauguin aveva *moral luck*.

Ovviamente la pia Vittoria non ha mai tenuto un comportamento del genere ma vorrei sostenere che i grandi successi della sua vita derivano dall'impossibilità di realizzare il sogno di vivere come vedova/suora a Napoli. La lettera del papa indica proprio questo: che Vittoria non voleva più vivere in modo pubblico e laico, così come aveva fatto fino a quel momento; ma ci spinge anche a valutare quanto Vittoria sia stata brava a trovare il modo di vivere sia dentro sia fuori le mura del convento nei decenni successivi. In questo periodo, inoltre, essa ha provato almeno una volta a creare una nuova casa simile a quella che aveva proposto a Clemente: c'è un'altra lettera da parte di un altro papa, Paolo III, che risponde a una richiesta di Vittoria di poter vivere una vita casta con alcune donne, questa volta a Roma, presso il Quirinale. Questa lettera, scritta nel 1536, è stata inclusa nel carteggio pubblicato, ma anche in questo caso, né Reumont né gli altri biografi ne hanno mai parlato.[10] Fatta eccezione per una tesi di dottorato di una studiosa americana, Marjorie Och,[11] non c'è stato alcun dibattito su questo secondo tentativo di Vittoria, che è stato di nuovo – non si sa perché – senza risultato, ma che nonostante ciò suggerisce come la volontà di Vittoria non sia mai cambiata. Direi, in conclusione, che la vita pubblica e l'attività diplomatica di Vittoria Colonna devono essere considerate una scelta di ripiego. E tuttavia una scelta di cui noi, meno pii, non possiamo che essere grati.

9. B. Williams, *Moral Luck: philosophical papers*, Cambridge 1981.

10. Vittoria Colonna, *Carteggio,* Lettera LXVII. Veda anche Lettera LXXV, che serve a riaffermare tutto quello che il papa aveva scritto nella lettera precedente, come se Vittoria forse gli avesse scritto di nuovo con le stesse richieste.

11. M. Och, *Vittoria Colonna: Art, patronage, and religious reform in sixteenth-century Rome*, Proquest Dissertations Publishing 1993.

Indice dei nomi

Finito di stampare
nel mese di ottobre 2016
dalla Arti Grafiche CDC S.r.l.
Roma